대한민국 주식투자자를 위한 완벽한 재무제표 읽기

대한민국 주식투자자를 위한 **완벽한**

재무제표 읽기

한눈에 오를 주식만 골라내는 재무제표 완전 공략법

· 이강연 지음 ·

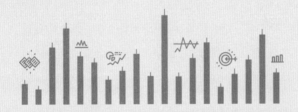

비즈니스북스

대한민국 주식투자자를 위한 완벽한 재무제표 읽기

1판 1쇄 발행 2018년 10월 30일
1판 22쇄 발행 2024년 1월 31일

지은이 | 이강연
발행인 | 홍영태
편집인 | 김미란
발행처 | (주)비즈니스북스
등 록 | 제2000-000225호(2000년 2월 28일)
주 소 | 03991 서울시 마포구 월드컵북로6길 3 이노베이스빌딩 7층
전 화 | (02)338-9449
팩 스 | (02)338-6543
대표메일 | bb@businessbooks.co.kr
홈페이지 | http://www.businessbooks.co.kr
블로그 | http://blog.naver.com/biz_books
페이스북 | thebizbooks
ISBN 979-11-6254-048-0 03320

비즈니스북스는 독자 여러분의 소중한 아이디어와 원고 투고를 기다리고 있습니다.
원고가 있으신 분은 ms1@businessbooks.co.kr로 간단한 개요와 취지, 연락처 등을 보내 주세요.

재무제표 공부는 주식투자 수익률을
높여줄 최고의 방법이다

주식투자자들이 가장 궁금해 하는 것은 무엇일까? 그것은 바로 기업의 실상이다. 투자자는 흔히 기업 실적이 좋아지면 주가가 오를 것이라고 생각한다. 그러니 당연히 기본적 분석이 궁금해질 수밖에 없다.

　장기적으로 주가는 실적에 근거해 움직이는 경향이 강하다. 반면 단기적인 주가 움직임은 무작위적 흐름처럼 보인다. 가령 차트에는 어떤 추세나 패턴이 엿보인다. 투자자들은 이를 기반으로 투자전략을 수립하기도 하는데 이른바 기술적 분석에 따른 투자다.

　이처럼 주식투자자는 기본적 분석과 기술적 분석의 도움을 받아 의사결정을 한다. 기본적 분석으로 기업 실적이 좋아지는지 확인하고 기술적 분석으로 적절한 시점을 선택하는 것이 일반적으로 추천되는 투자전략이다.

　기본적 분석과 기술적 분석에는 어떤 차이가 있을까? 기본적 분석은 기업이 공표한 실적을 분석하는 일이다. 일차적으로 재무제표를 보고 기업의 과거 실적이 어땠는지 확인한다. 이때 최근 몇 년의 실적 흐름을 알 수 있다. 과거 실적을 분석하는 이유는 이를 기반으로 미래를 예측하기 위해서다. 과거 실적이 좋은 기업일지라도 미래 실적이 낙관적이지 않으면 주가는 하락한다. 한데 미래는 정확히 알 수 없다. 단지 과거에 걸어온 길을 보고 미래 방향을 추정하는 것일 뿐이다. 우리가 미래 통찰력을 얻기 위해 주로 들여다보는 것이 바로 기업의 과거 재무제표다.

기술적 분석도 주가의 과거 발자취를 추적해 미래 흐름을 예측하는 일이다. 기술적 분석의 출발점은 '주가는 일정한 패턴을 보이며 움직인다'는 사고방식이다. 이를테면 주가가 상당히 오른 뒤 대량 거래를 수반하는 장대음봉이 나타나면 시세가 정점에 달했다고 판단한다. 과거에 그런 경향이 여러 번 있었으니 이번 패턴 역시 과거 주가흐름과 비슷한 궤적을 그릴 것이라고 판단하는 것이다. 이는 확률적 관점이다. 기술적 분석은 어떤 패턴이 나오면 이후 주가가 하락하거나 상승할 확률이 높다는 경험 지식에 기반한다. 기술적 분석 역시 예측이다.

결국 기본적 분석과 기술적 분석에는 접점이 있다. 예컨대 기본적 분석으로 실적이 좋아질 것으로 보이는 기업을 발견하면 기술적 분석을 활용해 적절한 진입 시점을 찾아낼 수 있다. 기술적 분석으로 매력적인 종목을 발굴하는 것도 가능하다. 이때 기본적 분석으로 그 종목의 재무상태와 실적, 경제적 해자 등을 알아내면 좀 더 확신을 갖고 투자에 임할 수 있다. 이처럼 이 두 가지 분석은 서로 도움을 주고받는다.

그러면 실전투자에서 투자전략을 수립할 때 기업의 재무제표를 어떻게 분석하고 해석해서 이용해야 할까? 이 책은 이러한 고민을 기반으로 하고 있다. 투자자가 공식적으로 접할 수 있는 가장 중요한 자료는 기업이 분기마다 발표하는 사업보고서다. 사업보고서를 읽을 줄 알면 기업 정보를 많이 알아낼 수 있다.

이 책은 재무제표 구성을 따라 자산, 부채, 자본, 손익계산서, 현금흐름표

순으로 배열했다. 분야별로 투자자들이 궁금해 하는 항목의 숫자를 어떤 방식으로 읽어야 하는지는 사례를 들어 기술했다. 인용한 표는 대부분 사업보고서에서 가져온 것이다. 특히 투자자들이 중요한 계정과목이라 여기는 항목별로 구성했으므로 재무제표를 읽다가 쉽게 참조할 수 있으리라고 본다. 가령 잉여현금흐름이 궁금할 경우 그 부분을 찾아 읽으면 된다.

무엇보다 전작《재무제표로 좋은 주식 고르는 법》에서 충분히 다루지 못한 부분을 감안해 '재무제표가 상호 연결되는 지점'에 주안점을 두고 이 책을 썼다. 재무상태표와 손익계산서, 현금흐름표는 서로 밀접하게 연결되어 있다. 따라서 세 가지 재무제표를 종합적으로 보는 습관이 중요하다.

이 책을 읽고 재무제표의 유기적 연관성을 파악하면 기업이 총체적으로 눈에 들어올 것이다. 재무제표에서 투자자가 반드시 알아야 할 항목은 그리 많지 않다. 숫자로 가득한 회계 자료가 앞에 있어도 겁을 낼 필요가 없다. 주식투자자가 꼭 알아야 할 항목을 이해하고 이를 분석하는 능력을 배양하는 것으로 충분하다. 이 책이 실전투자에 필요한 재무제표 해석에 도움을 주었으면 한다.

이강연

Contents

제1장
자산 공부하기

제2장
부채 공부하기

제4장
손익계산서 공부하기

제5장
현금흐름표 공부하기

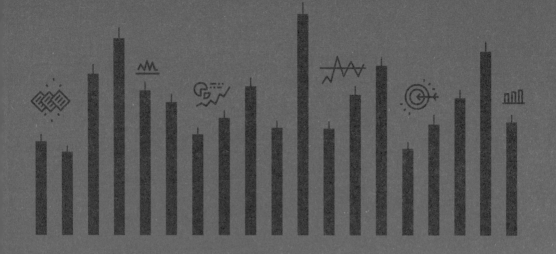

제1장

자산 공부하기

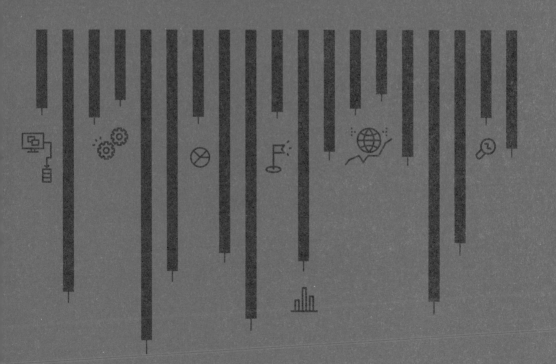

01

재무상태표는
어떤 정보를 제공할까

⠿ 재무상태표 제대로 이해하기

만일 삼성전자 재무상태표가 궁금할 경우 전자공시에 들어가 사업보고서를 보면 자세한 항목이 나온다. 온통 숫자만 나열된 까닭에 당장 뭘 봐야 할지 난감할 수도 있다. 그러나 구조만 알면 의외로 쉽다. 회계의 틀을 이해하면 어렵지 않기 때문에 여기서 그 틀을 이해하는 데 주력해보자.

재무상태표에서 가장 먼저 눈에 띄는 것은 두 줄로 나오는 숫자 부분이다. 다음 표에서 보듯 제48기말, 제49기 3분기말 하는 식으로 비교해서 나온다. 제49기란 삼성전자가 설립한 지 49년이 되었다는 의미다. 1년을 '1기'라고 하며 비교해서 보여주기 위해 2개년도 숫자를 대비한다. 이 표를 보면 삼성전자가 제48기말 대비 제49기 3분기말에 자산상태가 어떻게 변했는지 알 수 있다.

▶ 삼성전자 재무상태표

제49기 3분기말　2017.09.30. 현재
제48기말　2016.12.31. 현재

(단위: 백만 원)

	제49기 3분기말	제48기말
자산		
유동자산	65,782,329	69,981,128
현금 및 현금성자산	2,955,954	3,778,371
단기금융상품	20,110,259	30,170,656
단기매도가능금융자산		
매출채권	30,265,906	23,514,012
미수금	1,251,655	2,319,782
선급금	1,214,660	814,300
선급비용	2,476,895	2,375,520
재고자산	6,600,153	5,981,634
기타유동자산	623,157	743,163
매각예정분류자산	283,690	283,690
비유동자산	123,027,161	104,821,831
장기매도가능금융자산	1,070,598	913,989
종속기업, 관계기업 및 공동기업 투자	55,688,643	48,743,079
유형자산	58,493,282	47,228,830
무형자산	2,688,016	2,891,844
장기선급비용	3,009,582	3,507,399
순확정급여자산	120,688	557,091
이연법인세자산	69,065	110,239
기타비유동자산	1,887,287	869,360
자산총계	188,809,490	174,802,959
부채		
유동부채	42,071,538	34,076,122
매입채무	7,454,401	6,162,650
단기차입금	12,610,934	9,061,167
미지급금	8,911,763	7,635,740
선수금	171,085	200,445
예수금	386,174	389,528
미지급비용	3,492,646	6,284,646
미지급법인세	4,378,336	2,055,829
유동성장기부채	5,559	5,854

충당부채	4,606,772	2,221,717
기타유동부채	53,868	58,546
비유동부채	2,454,577	3,180,075
사채	50,035	58,542
장기미지급금	1,852,541	2,808,460
이연법인세부채		
장기충당부채	551,832	312,467
기타비유동부채	169	606
부채총계	44,526,115	37,256,197
자본		
자본금	897,514	897,514
우선주자본금	119,467	119,467
보통주자본금	778,047	778,047
주식발행초과금	4,403,893	4,403,893
이익잉여금(결손금)	143,900,883	140,747,574
기타자본항목	(4,918,915)	(8,502,219)
자본총계	144,283,375	137,546,762
자본과 부채 총계	188,809,490	174,802,959

이어 굵게 표시한 큰 항목으로 자산, 부채, 자본이 나온다. 자산은 조달한 자금을 어떻게 운용했는지 보여준다. 부채와 자본은 자금을 어떻게 조달했는지 알려준다. 기업이 자금을 조달해 운용한다는 점에서 부채와 자본이 자산보다 앞서 나와야 할 것 같지만 그렇게 하지 않는다. 이는 회사의 전체 자산상태를 중요하게 보는 시각이다. 재무상태표에서 가장 중요한 것은 세 가지 커다란 항목, 즉 자산, 부채, 자본이라는 점을 꼭 기억해야 한다.

재무상태표는 재무+상태+표로 분해할 수 있다. 한마디로 재무나 재산상태를 나타내는 표라는 말이다. 삼성전자라는 법인체 자산이 특정 시점에 어떤 상태에 있는지 말해주는 것이다. 두 줄로 비교하는 이유는 비교 연도 대비 현재 재산상태가 어떻게 변했는지 보여주기 위해서다. 투자자 입장에서는 삼성전자의 재산상태가 작년보다 좋아졌는지 아니면 나빠졌는지 알 필요가 있기 때문이다. 재산상태가 나빠지는 기업을 계속 보유할 경우 주가가 하락해 손실을 볼 수 있으니 투자자는 매번 삼성전자의 재산상태 변화를 들여다봐야 한다.

재무상태가 나빠졌다거나 악화되었다는 것은 어떤 의미일까? 이는 두 가지 측면에서 살펴볼 수 있다. 자본조달 측면에서 자기자본보다 타인자본 비중이 커지는 경우가 있다. 타인자본은 부채라서 반드시 갚아야 하므로 부채를 많이 쓸수록 재무상태가 나빠졌을 확률이 높다. 자산운용 측면도 살펴봐야 한다. 현금성 자산이 줄어들거나 재고자산 혹은 매출채권이 증가하면 자산운용이 질적으로 나빠졌을 가능성이 크다. 이처럼 재무상태표를 보면 자금 조달과 운용 측면에서 회사가 어떻게 변했는지 알 수 있다.

상장회사는 3개월에 한 번씩, 1년에 네 번 재무상태를 주기적으로 보고해야 한다. 이는 상장회사가 분기별로 투자자 등에게 회사 정보를 제공한다는 것을 의미한다. 투자자 입장에서 분기마다 회사의 변화를 추적할 수 있다는 것은 대단한 일이다. 투자자는 어떤 부분이 어떻게 변했는지 판단해 주식을 계속 보유할지, 매도할지, 신규로 매수할지 결정할 수 있다.

፨ 부자라는 말의 진짜 의미

우리는 보통 재산과 자산이라는 용어를 혼용하지만 회계에서는 '자산'이라고 한다. 예를 들어 우리는 대화를 나눌 때 "너, 재산이 얼마쯤 있니?"라고 묻는다. 여기서 말하는 재산이 회계에서는 자산이다. 그때 이렇게 대답할 수 있다.

"내 재산은 10억이야."

이 말은 무슨 뜻일까? 내가 가진 땅, 아파트, 자동차, 컴퓨터, 골프채, 책상 등을 다 계산하면 재산이 10억 원이라는 말이다. 그럼 '나'는 10억 원을 갖고 있으니 부자일까? 위 표에서 삼성전자의 재산(=자산)은 약 188조 원인데 과연 삼성전자는 부자일까?

외형상 내 재산은 10억 원이지만 여기에는 빚도 포함되어 있다. 만약 은행에서 대출을 받아 집을 사고 자동차를 할부로 구입하느라 진 빚이 6억 원이라면 어떨까? 빚은 정해진 기일이 오면 반드시 갚아야 한다. 그 빚을 다 갚으면 내 재산은 4억 원으로 줄어든다. 단지 지금은 빚을 갚지 않아 재산이 10억 원일 뿐이다. 즉, 10억 원은 온전한 내 재산이 아니다. 내 재산에서 부채를 뺀 금액인 4억 원이 '순수한' 내 재산이다. 고로 누군가가 재산이 얼마쯤 있느냐고 물으면 '나'는 재산 10억 원, 부채 6억 원, 순재산 4억 원이라고 말해야 정확하다.

삼성전자도 마찬가지다. 삼성전자는 재산 188조 원, 빚 44조 원 그리고 순재산이 144조 원이다. 이때 재산을 자산으로, 빚을 부채로 바꾸면 고상해 보이긴 한다. 자산에서 부채를 빼면 순자산인데 이 순자산을 자기자본이라고도 한다. 이는 순수하게 내 돈이라는 의미로 순자산(=자기자본)이다. 종종 순자산이라는 말도 나오니 헷갈리지 마시라.

▓ 기업의 재산상태를 한눈에 파악한다

간단히 말해 재무상태표는 기업의 재산상태를 나열한 표다. 이제 삼성전자의 재무상태표를 큰 항목만 정리해서 살펴보자.

재무상태표는 자산은 왼쪽, 부채와 자본은 오른쪽에 배치하는 것이 이해

▶ **삼성전자 재무상태표**

제49기 3분기말 (단위: 조 원)

자산		부채	
유동자산	65	유동부채	42
		비유동부채	2
		자본	
비유동자산	123		
		자본금	0.9
		자본잉여금	4
		이익잉여금	144
		(기타)	-4.9
자산총계	**188**	**부채와 자본 총계**	**188**

하는 데 도움을 준다. 공시 자료는 밑으로 죽 내려쓰지만 표처럼 정리하면 자산운용과 자본조달 상태가 한눈에 들어온다. 삼성전자는 자산이 188조 원, 부채가 44조 원, 순자산이 144조 원인데 이것이 재무상태표의 전부다. 좀 더 세세하게 들어가면 자산 중 1년 내에 현금화가 가능한 유동자산은 65조 원이고, 현금화하는 데 1년 이상이 걸리는 비유동자산은 123조 원이다. 이는 유동성 정도에 따라 자산을 분류한 것이다. 이렇게 분류하는 이유는 회사에 당장 현금이 필요할 때 확보 가능한 자금 규모를 파악하기 위해서다. 결국 유동성은 매우 중요한 기준이다. 부채도 마찬가지인데 여기서는 1년 이내에 갚아야 할 부채가 42조 원이다. 부채의 만기가 언제 돌아오는지 알아야 회사가 대처할 수 있으므로 부채는 만기에 따라 분류한다.

더 세부항목으로 들어가 보자. 현금화하는 데 1년 이상 걸리는 자산이 구체적으로 어떻게 구성되어 있는지 알려면 비유동자산을 보아야 한다.

(단위: 백만 원)

	제49기 3분기말	제48기말
비유동자산	123,027,161	104,821,831
장기매도가능금융자산	1,070,598	913,989
종속기업, 관계기업 및 공동기업 투자	55,688,643	48,743,079
유형자산	58,493,282	47,228,830
무형자산	2,688,016	2,891,844
장기선급비용	3,009,582	3,507,399
순확정급여자산	120,688	557,091
이연법인세자산	69,065	110,239
기타비유동자산	1,887,287	869,360

정리하면 재무상태표의 큰 얼개는 두 가지로 볼 수 있다.

첫째, 재무상태표는 기업의 재산상태를 특정 시점을 기준으로 정리한 표다. 개인이든 기업이든 재산상태는 매일 바뀌는데 그렇게 변하는 재무상태를 투자자에게 날마다 알려줄 수는 없다. 이에 따라 상장회사는 3개월마다 변화된 재무상태를 알려준다.

둘째, 재무상태표는 자산, 부채, 자본 항목으로 구성되어 있다. 자산=부채+자본이다.

이러한 재무상태표는 비교 연도 실적을 표기함으로써 기준 시점 대비 회사의 재무상태 변화 정도를 알려준다.

자본을
조달하는 방법

삼성전자가 처음 창업하던 때를 생각해보자. 가장 먼저 해야 할 것은 자기자본을 만드는 일이다. 창업할 때 주주들이 자본금을 출자하지만 이것만으로는 부족해 부채로 자금을 조달한다. 이처럼 자금조달에는 주주의 투자와 타인에게 빌리는 방법이 있다. 주주의 출자금이 많으면 굳이 빌릴 필요가 없지만 창업할 때 이는 쉬운 일이 아니다.

주주가 투자한 자금과 타인에게 빌린 자금이 사업 운용자금이다. 재무상태표 오른쪽에는 이렇게 자금을 조달한 내용을 부채와 자본으로 나눠 기록한다. 부채는 타인에게 빌린 자금이고, 자본은 주주에게 조달한 자금이다.

회사는 조달한 자금을 밑천으로 사업을 시작한다. 먼저 공장을 짓기 위해 땅을 사는데 이는 유형자산 매입이다. 이어 제품을 만들어야 하므로 원재료를 구입하고 차량과 컴퓨터도 산다. 종업원을 채용해 월급을 줘야 하므로 현금을 일정액 보유하고 있어야 한다. 또한 제품을 만들어 재고로 갖고 있어야 거래처에서 제품을 달라고 할 때 줄 수 있다. 이렇게 사업을 진행하면서 여러 곳에 돈을 사용한다. 이것이 바로 자산운용이다. 그 내역은 재무상태표 왼쪽의 자산항목에 기록한다.

재무상태표는 자금을 어떤 방식으로 조달하고, 그렇게 조달한 자금을 어디에 사용하는지 나타내는 것이 핵심 내용이다. 삼성전자가 타인에게 44조 원을 빌리고 주주로부터 144조 원을 조달해 만든 자금은 188조 원이다.

그 188조 원으로 사업을 진행하면서 자산에 자금운용 내역을 적는다. 가령 보유한 현금, 재고자산, 외상매출금, 공장 설비투자금, 자회사에 투자한 금액, 보유한 주식과 채권 등을 기록한다.

자금조달과 자산운용 금액은 서로 일치한다. 자금을 조달한 만큼 운용할 수밖에 없으니 이는 당연한 일이다. 이런 내용이 재무상태표의 전부다. 그다음으로 좀 더 자세히 들어가면 타인의 돈을 어떤 방식으로 빌렸는지 알 수 있다. 이를테면 회사채를 발행해서 조달했는지, 은행에서 빌렸는지, 원재료를 사고 아직 결제하지 않았는지 알 수 있다. 자산 구성도 마찬가지다.

▶ **삼성전자 재무상태표**

(단위: 조 원)

자산		부채	44
		자본	144
자산총계	188	부채와 자본 총계	188

자산운용　　　←　　　자금조달

⠿ 자본은 수동적으로 결정된다

자본은 주주가 출자한 자금으로 자산과 부채의 관계에 따라 수동적으로 결정된다. 부채의 성격 중 가장 핵심적인 것은 반드시 갚아야 한다는 점이다. 만기가 오면 부채는 정확히 상환해야 한다. 채권자가 부채를 깎아주지 않는 한 부채총계에는 변화가 없다. 원금을 상환해야 부채 금액이 변한다. 이처럼 부채는 실제적이다.

그러면 자산은 어떨까? 가령 회사가 소유한 토지의 가격은 수시로 변한다. 주식, 채권, 단기금융상품 역시 그 가치가 매일 변한다. 관계기업에 투자한 주식의 가치도 변한다. 현금만 빼고 대부분의 자산가치는 변하게 마련이다.

재무상태표는 왼쪽과 오른쪽이 일치해야 하는데 자산과 부채는 변한다. 이는 자본이 자산과 부채의 변화에 따라 수동적으로 결정되는 숫자임을 의미한다.

실제로 우리가 '자본'을 떠올리면 구체적으로 잡히는 것이 없다. 실체가 잡

▶ 삼성전자 재무상태표

(단위: 조 원)

자산		부채	44
		변함	
변함		자본	
		자본=자산-부채	
자산총계	188	부채와 자본 총계	188

히지 않는다는 얘기다. 반면 은행에 갚아야 할 빚, 만기가 돌아오는 회사채, 외상으로 매입한 원재료 대금 같은 부채는 금세 실체가 잡힌다. 마찬가지로 자산도 공장, 재고자산, 매출채권, 보유채권, 단기금융자산 등 실체가 확실히 잡힌다. 그렇지만 자본은 실체가 없기 때문에 숫자만 보인다.

예를 들어 연초에 자산 100억 원이 있는데 부채가 40억 원, 자본이 60억 원이라고 해보자. 연말이 되어 부채는 그대로인데 보유한 토지가격이 올라 자산이 105억 원이 되었다면 어떨까? 이 경우 자본이 65억 원으로 변한다. 만약 자산에는 변화가 없고 부채만 10억 원 증가해 50억 원이 되었다면? 그러면 연말에 자본이 50억 원으로 변한다. 이처럼 자본은 자산과 부채의 변화에 따라 수동적으로 결정된다.

⠿ 자기자본이익률은 왜 중요할까

이제 주주의 입장에서 재무상태표를 분석한다고 해보자. 주주의 주요 관심사는 투자한 돈이 1년 뒤 얼마나 증가했는가 하는 점이다. 따라서 주주에게 중요한 것은 자기자본이다. 투자자 입장도 마찬가지인데 이는 기업가치가 자기자본에 따라 결정되기 때문이다.

가장 보편적으로 사용하는 지표가 주당 장부가치BPS, Book-value per Share다. 예를 들어 주주가 한 주당 5,000원을 투자했는데 회사가 흑자를 내 1년 만에 주당 장부가치가 6,000원이 되었다고 해보자. 주주들은 자신이 투자한 기업의 가치가 1년 만에 20퍼센트 증가하니 행복할 것이다. 은행이 예금액을 1년에 3퍼센트 정도 불려주는 것에 비하면 이는 투자수익률이 높은 편이다. 이때문에 주식투자자들은 자본이 매년 어떻게 변하는지 주의 깊게 살펴본다.

자본의 변화 정도는 자기자본이익률ROE, Return on Equity 지표로도 알 수 있다. 이것은 주주들이 출자한 돈이 1년 동안 얼마나 증가했는지 보여준다.

자기자본이익률 = 순이익 / 자기자본

자기자본으로 1년간 얼마나 순이익을 냈는지 보자. 만일 20퍼센트의 자기자본이익률을 달성했다면 그 기업은 훌륭하다. 투자자들이 중요하게 생각하는 것은 이익률이다. 다시 자기자본으로 돌아가 보자. 자기자본은 매우 중요한데 정작 이것은 자산과 부채의 변화에 따라 수동적으로 변하는 수치다. 그러니 자산과 부채의 변화에 주목하는 수밖에 없다. 자산과 부채는 왜 변할까? 그 답은 손익계산서에 있다. 1년간 영업을 하면 이익이 나든 손실이 나든 둘 중 하나다. 즉, 경영활동 결과 회사의 손익이 결정되면서 자산과 부채가 변한다. 물론 손익과 상관없이 자산과 부채가 변하기도 한다.

그럼 손익계산서와 재무상태표가 연결되는 지점을 몇 가지 살펴보자.

회사가 영업을 위해 원재료를 외상으로 구입하면 매입채무 부채가 증가하는 동시에 원재료라는 재고자산이 늘어난다. 이때 자산과 부채가 동일하게 변하므로 자본은 변하지 않는다. 가령 제품을 만들어 팔아 수익이 10억 원 발생했다고 해보자. 현금으로 판매할 경우 증가한 수익 10억 원이 현금으로 들어오는데 이는 자산 증가다. 제품을 판매했으므로 재고자산 9억 원이 감소한다. 자산총계가 1억 원 증가하는 일이 발생한 것이다. 이 경우 부채에는 변화가 없고 자본은 1억 원 증가한다. 손익계산서가 변하면 곧바로 자산과 부채가 변하고 결국 자본이 변한다.

⠿ 재무상태표로 좋은 회사 골라내기

예를 들어 반도체 소재업체 티씨케이의 재무상태표를 살펴보자. 중요한 것은 자산과 부채가 1년 만에 어떻게 변했는지와 자본의 전년 대비 증가율이다.

표에서 자산은 28.2퍼센트 증가하고 부채비율은 16.0퍼센트로 약간 상승했다. 무엇보다 이자를 지불하는 부채를 쓰지 않아 무차입 경영이다.

티씨케이는 1년간 주주의 재산을 27.5퍼센트 늘려주었다. 이와 같은 자기자본이익률을 3년만 유지하면 자기자본은 두 배로 늘어난다. 이것을 부동산이나 은행예금 수익률과 비교해보기 바란다. 은행이자 3퍼센트를 받을 경우 몇 년간 예금해야 원금이 두 배가 되는지 생각해보라. 자기자본이익률 20퍼센트 이상이 얼마나 대단한 것인지 알 수 있을 것이다.

▶ **티씨케이 재무상태표**

(단위: 억 원)

	2017년	2016년		2017년	2016년
자산	1,687	1,315	부채	233	175
			자본	1,454	1,140
자산총계	1,687	1,315	부채와 자본 총계	1,687	1,315

자산은 어떻게
구성될까

재무상태표의 큰 틀을 살펴보았으니 이제 재무상태표를 구성하는 세 축인 자산, 부채, 자본의 구체적인 내용으로 들어가 보자. 이해를 돕기 위해 메디톡스의 연결재무상태표를 예로 들겠다.

메디톡스의 자산은 유동성에 따라 유동자산과 비유동자산으로 나뉜다. 그 두 개의 범주 내에는 각각 구체적인 항목들이 들어 있다.

유동자산	795 억 원
비유동자산	2,949 억 원
자산	3,744 억 원

여기서 주목해야 할 것은 자산을 유동성으로 나누는 부분이다. 유동성이

▶ 메디톡스 연결재무상태표

제18기 3분기말 　2017.09.30. 현재
제17기말 　　　2016.12.31. 현재

(단위: 원)

	제18기 3분기말	제17기말
자산		
유동자산	79,529,684,563	68,598,146,667
현금 및 현금성자산	18,583,840,969	15,801,586,220
단기금융상품	0	13,535,626,426
매출채권 및 기타유동채권	45,456,443,048	31,352,482,609
재고자산	13,377,022,786	6,879,306,539
기타유동자산	2,112,377,760	1,029,144,873
비유동자산	294,938,496,369	255,432,273,830
장기금융상품	4,048,296,000	1,048,296,000
장기매출채권 및 기타비유동채권	2,197,074,506	2,598,185,128
유형자산	185,751,027,678	150,552,807,899
투자부동산	55,739,414,336	61,549,493,077
영업권 이외의 무형자산	26,076,033,519	19,310,786,233
기타비유동금융자산	1,321,837,280	1,429,901,394
종속기업, 조인트벤처, 관계기업에 투자한 자산	9,966,505,035	8,233,839,912
조인트벤처에 투자한 자산	6,752,752,432	6,059,638,180
관계기업에 투자한 자산	3,213,752,603	2,174,201,732
이연법인세자산	9,838,308,015	10,708,964,187
자산총계	374,468,180,932	324,030,420,497

란 자산을 얼마나 빨리 현금화할 수 있느냐를 의미한다. 1년 내에 현금화가 가능하면 유동자산이다. 현금화하는 데 최소 1년 이상이 걸리면 비유동자산이다. 부채도 유동성에 따라 유동부채와 비유동부채로 분류한다. 1년 내에 갚아야 하는 것은 유동부채다.

　왜 자산과 부채를 유동성을 기준으로 분류하는 걸까? 이는 부도 가능성 때문이다. 기업에도 생명이 있기에 법인法人이라 부르는데 이는 법적인 사람 혹은 법적 인격체라는 뜻이다. 부도는 기업의 목숨이 달려 있는 문제다.

∷ 부도의 위험성을 알려주는 유동비율

기업이 가장 신경 써야 하는 부분은 부도 위험이며 이는 유동성 문제를 의미한다. 메디톡스는 부채가 많지 않지만 여타 자본구조가 취약한 기업은 항상 자금관리에 신경을 쓴다. 예컨대 부채를 많이 끌어오는 방식으로 자금을 조달했을 경우 부채상환일이 오기 전에 미리 자금을 준비한다. 그래서 유동성을 기준으로 1년 내에 상환할 부채가 얼마인지, 만기가 1년 이상인 부채가 얼마인지에 따라 부채를 나눠 관리한다. 이렇게 분류해서 자금을 관리하면 기업이 부채상환에 대비하기가 훨씬 수월하다.

자산도 마찬가지다. 1년 안에 갚아야 할 빚이 100억 원이면 1년 내에 현금화할 수 있는 자산 역시 100억 원 이상이어야 한다. 이처럼 자산과 부채를 유동성에 따라 분류하면 회계장부가 한눈에 들어온다. 유동성 문제를 단박에 확인할 수 있는 지표가 바로 유동비율이다.

유동비율 = 유동자산 / 유동부채

유동비율이 100퍼센트라는 것은 기업이 소유한 유동자산으로 1년 내에 만기가 돌아오는 부채를 상환할 수 있다는 의미다. 물론 부채만 상환하면 되는 것이 아니다. 종업원에게 월급을 지불하고 원재료도 사야 하므로 부채상환액보다 더 많은 현금이 있어야 한다. 그러니 유동비율이 100퍼센트 미만이면 그 기업의 자금 사정이 얼마나 어려운지 짐작할 수 있을 것이다.

재무상태표를 확인할 때 부채와 자산을 비교하면서 동시에 봐야 하는 이유가 여기에 있다. 부채와 자산에 미스매치Mismatch(부채와 운용자금의 만기가 서로 달라 발생 기간이 일치하지 않는 것)가 있을 경우 기업이 구조적으로 자금

▶ 재무상태표

자산		부채	
유동자산		유동부채	
		비유동부채	
비유동자산		자본	
종속기업, 관계기업, JV			
유형자산			
무형자산			
자산총계		부채와 자본 총계	

* 비유동자산 투자에 유동부채로 자금을 조달할 경우 문제가 생긴다. 만기가 긴 부채나 자기자본으로 비유동자산을 구성해야 한다. 그렇지 않으면 유동성 부족에 시달린다. 유동비율이 중요한 이유가 여기에 있다.

난에 시달릴 수 있기 때문이다. 만일 단기자금으로 장기 설비투자에 필요한 자금을 조달하면 큰 문제가 생길 확률이 높다. 비유동자산은 만기가 긴 비유동부채나 자기자본으로 조달하는 것이 좋다. 즉, 유동성을 고려해 자금조달을 해야 한다.

고미야 가즈요시는《1초 만에 재무제표 읽는 법》에서 "재무제표는 딱 1초만 보면 끝"이라고 말한다. 유동비율 하나만 확인하면 만사 오케이라는 얘기다. 이는 그만큼 기업의 유동성이 중요하다는 것을 의미한다. 기업은 장기적으로 생존해야 하는 법적 인격체로 유동성이 없으면 목숨이 끊어지고 만다.

그럼 메디톡스의 유동비율을 살펴보자(34쪽 표 참조).

메디톡스는 비유동부채보다 유동부채가 훨씬 더 많다. 유동비율을 계산하면 61퍼센트에 불과하다. 만일 재무상태가 부실한 기업일 경우 이 정도 유동비율은 매우 심각한 상황이다. 그렇지만 메디톡스는 영업이익률이 50퍼센트고 현금흐름도 양호하다. 1년에 500억 원 이상의 현금흐름을 창출하므로 유동성 문제가 일어나지 않는다. 이는 현금장사를 할 경우 군이 현금을 많이 갖고 있을 필요가 없는 것과 비슷하다. 메디톡스는 과거 현금흐름을 감안해 향후 현금흐름을 추정하고 실질 유동비율을 계산해봐야 한다. 이

▶ 메디톡스의 유동부채와 비유동부채

(단위: 원)

	제18기 3분기말	제17기말
부채		
유동부채	129,812,013,148	76,561,473,901
매입채무 및 기타유동채무	10,283,572,898	8,030,071,332
당기법인세부채	11,794,527,622	18,338,760,317
기타유동금융부채	96,607,068,350	39,756,558,000
기타유동부채	11,126,844,278	10,436,084,252
비유동부채	51,332,536,107	99,790,327,344
기타비유동금융부채	20,000,000,000	61,753,000,000
퇴직급여부채	2,515,806,874	1,201,423,185
기타비유동부채	28,816,729,233	36,835,904,159
부채총계	181,144,549,255	176,351,801,245

▶ 메디톡스의 향후 현금흐름 추정

(단위: 억 원)

주요 재무정보	연간							
	2013/12 (IFRS연결)	2014/12 (IFRS연결)	2015/12 (IFRS연결)	2016/12 (IFRS연결)	2017/12 (IFRS연결)	2018/12(E) (IFRS연결)	2019/12(E) (IFRS연결)	2020/12(E) (IFRS연결)
매출액	391	759	885	1,333	1,812	2,287	2,718	3,222
영업이익	168	500	517	752	902	1,073	1,361	1,758
영업이익(발표기준)	168	500	517	752	902			
세전계속사업이익	168	539	520	750	884	1,076	1,352	1,652
당기순이익	143	436	423	592	732	851	1,070	1,305
영업활동현금흐름	166	1,054	224	541	597	934	1,147	1,354
투자활동현금흐름	-60	-837	-75	-1,143	-413	-167	-166	-169
재무활동현금흐름	-70	-209	68	492	-74	-388	-218	-190

* 2016년 유형자산 투자로 1,300억 원 현금유출이 있었다. 이 때문에 단기적으로 유동비율이 낮아졌을 뿐 향후 현금흐름 추정을 보면 투자가 마무리 단계라 영업활동현금흐름이 좋을 것으로 예상된다. 따라서 유동비율이 일시적으로 100퍼센트 미만으로 낮아져도 잉여현금흐름이 좋아졌기 때문에 문제가 없다.

에 따르면 메디톡스는 연간 500억 원 이상 영업활동현금흐름을 창출할 능력을 갖추고 있다.

결국 메디톡스의 실질 유동자산은 기존 유동자산 795억 원에 추정 영업 현금흐름을 더해 계산해야 한다.

또한 메디톡스는 자사주를 36만 주 보유하고 있다. 이를 주당 60만 원으로 계산하면 약 2,160억 원이다. 자금 사정이 빠듯할 경우 언제든 자사주를 시장에 매각해 현금으로 사용할 수 있다. 메디톡스는 장부상 유동비율이 100퍼센트를 넘지 않아도 단기적인 유동성에 아무 문제가 없는 셈이다.

⁛ 유동자산과 비유동자산의 비중 따지기

자산을 살펴볼 때는 가장 먼저 유동자산과 비유동자산의 비중을 봐야 한다.

비유동자산에서 가장 큰 비중을 차지하는 유형자산은 감가상각 대상이므로 자산인 동시에 부채의 성격을 띤다. 감가상각은 자산의 일부를 비용화하는 것을 의미한다. 나중에 손익계산서를 다룰 때 감가상각을 자세히 살펴보겠다. 비유동자산 중 유형자산이 많은 기업은 앞으로 감가상각비로 계상할 비용성 자산이 많다고 봐야 한다.

반면 유동자산은 현금성 자산, 단기금융자산, 매출채권, 재고자산 등이 핵심이다. 이들 자산 중에는 매출채권이나 재고자산 같이 가치 감소가 일어나는 것도 있지만 그렇다고 유형자산처럼 계속 비용으로 떨어내야 하는 자산은 아니다. 물론 유형자산은 영업의 기반으로 사업에 반드시 필요한 자산이다. 실은 감가상각비보다 훨씬 더 많은 돈을 벌어들이는 자산이다. 다만 유동자산과 비유동자산을 구분하고 그 성격이 다르다는 점을 이해해야 한다.

▶ **중요한 자산항목 7가지**

재무상태표

자산		부채	
유동자산			
현금			
단기금융상품			
매출채권			
재고자산			
비유동자산		자본	
종속기업, 관계기업, JV			
유형자산			
무형자산			
자산총계		부채와 자본 총계	

자산에는 여러 종류가 있으므로 비중이 큰 항목 위주로 살펴봐야 한다. 중요한 자산항목은 대략 일곱 가지인데 나중에 구체적으로 들어갈 때 하나씩 살펴보기로 하겠다.

04

자산 구분하기:
사업용 자산 vs. 금융자산

예전에 우리가 대차대조표라고 부르던 것이 지금은 그 명칭이 재무상태표로 바뀌었다. 재무상태표는 'Statement of Financial Position'이라 하고 대차대조표는 'Balance Sheet(B/S)'라고 한다. 대차대조표는 대변과 차변을 대조한다는 뜻이다. 회계학적으로 재무상태표가 보다 더 의미를 정확히 전달해주는 까닭에 지금은 재무상태표로 일반화해서 사용한다.

재무상태는 말 그대로 재무의 상태를 의미한다. 재무상태표는 자산, 부채, 자본으로 구성되는데 여기서 부채와 자본은 자금조달 내역이다. 그럼 자산은 무엇일까? 보통 재산이라고 생각하지만 회계에서는 그 의미가 약간 다르다.

자산항목에는 현금, 유가증권, 외상매출금, 재고자산, 건물, 토지, 기계장치 등이 있고 이는 재산목록으로 볼 수도 있다. 그런데 시간이 지나면서 감가상각해야 하는 건물, 기계장치 등은 재산이자 미래에 비용으로 처리할 대상이다. 재산이 비용으로 전환되는 '상태'에 있는 셈이다. 외상매출금은 어떤가? 매출이 발생한 뒤 돈을 회수하는 '상태'에 있다. 재고자산은 팔리기를 기다리는 '상태'다.

자산은 '미래에 경제적 효익을 가져다줄 수 있는 것'이라고 정의한다. 즉, 자산은 앞으로 기업에 현금이라는 경제적 효익을 가져올 목록이다. 향후 돈의 증감과 관련이 있는 것이다. 결국 자산은 기업에 현금을 유입해줄 어떤 '상태'에 있는 것으로 이해할 수 있다.

부채는 갚아야 할 자금을 의미하는 동시에 현금 등 자산 증가를 뜻한다. 부채가 증가하면 회사에 현금이나 자산이 늘어난다. 은행에서 현금을 빌릴 경우 부채 증가이자 자산의 현금 증가다. 기계설비를 외상으로 구입하면 부채 증가이자 유형자산 증가다. 이와 반대로 부채 감소는 현금 혹은 자산 감소를 뜻한다.

자산, 부채, 자본으로 구성된 재무상태표가 알려주는 정보는 명확하다. 부채와 자본은 자금을 어떻게 모았는지 알려주고, 자산은 그렇게 조달한 자금이 사업 과정에서 어떤 '상태'에 있는지 보여준다. 현금은 이미 회수한 돈, 외상매출금은 회수 단계, 재고자산은 판매를 기다리는 단계, 건물과 기계장치는 미래에 비용으로 처리할 단계에 있는 것이다. 이 상태를 기록한 목록이 바로 자산이다. 결론적으로 재무상태표는 자금을 어디서 어떻게 모았고, 그 자금이 특정 시점에 어떤 상태에 있는지 보여준다고 할 수 있다.

재무상태표를 이렇게 정의하는 이유는 회사는 돈을 조달하고 사업을 해서 이익을 내는 존재이기 때문이다. 자금 조달과 운용으로 이익을 내는 것이 회사의 존재 목적이다. 재무상태표는 회사의 생존 과정에서 특정 시점을 기준으로 회사의 자본조달과 자산운용 상태가 어떤지 나타낸다. 개인이 특정 시점에 재산상태와 부채 규모 등을 점검해보듯 기업도 일정 시점을 정해 재

무상태를 점검한 뒤 경영에 참고하거나 투자자 혹은 채권자에게 알려주어야
하기 때문에 주기적으로 재무상태표를 작성한다.

፧ 재고의 순환 과정을 이해하면 재무상태표가 한눈에 보인다

사업을 재고의 순환 과정으로 보면 재무상태표를 보다 쉽게 이해할 수 있다.

기업은 자금을 조달해 자산을 구성하고 제품을 생산한다. 이렇게 생산한
제품은 재고자산이다. 기업은 이 제품을 판매해 자금을 회수한다. 자금을 회
수하면 새롭게 자산을 구성한 뒤 다시 제품을 생산한다. 이처럼 기업의 일생
은 재고의 순환 과정으로 볼 수 있다. 재고를 만들고 이를 현금화한 다음 이
것으로 다시 재고자산을 만드는 과정이 이어지니 말이다. 이를 위해 기업은
자금을 조달하고 자산도 구성한다.

재무상태표는 이러한 재고의 순환 과정에서 특정 시점을 정해 현재의 재
고와 현금, 설비자산, 부채 등을 정리한 것이다. 이 원리로 이해하면 재무상태
표 의미가 좀 더 명확해진다.

앞으로 재무상태표를 볼 때 재고자산·외상매출금·유형자산을 발견하면
판매를 기다리는 단계에 있는 자산, 회수 단계에 있는 자산, 미래에 비용으로
처리할 자산으로 이해하는 것이 좋다. 그러면 자산을 단순히 재산목록이라
고 생각하는 것보다 회사상태를 더 잘 이해할 수 있다.

◦◦ 사업용 자산과 금융자산의 차이는 무엇일까

더존비즈온 재무상태표를 살펴보자. 중소기업용 회계 프로그램을 판매하는 회사인 더존비즈온은 대기업용 ERP 시장에 진출했다. 위하고 플랫폼으로 통해 새로운 수요층을 개발 중에 있다. 재무상태가 좋고 현금흐름도 우월한 회사이다. 경제적 해자가 있어서 안정적인 사업을 영위하면서 신성장 동력에 투자하고 있는 기업이다.

자산은 용도에 따라 세 가지로 구분할 수 있다. 그것은 금융자산, 사업용 자산 그리고 투자자산이다. 현금, 단기금융자산, 유가증권, 매출채권 등은 금융자산이다. 이 중 매출채권은 회수 중인 금융자산이라 할 수 있다. 기업이 물건을 외상으로 판매하면 매출채권이 발생하고, 이 외상을 회수할 경우 현

▶ 더존비즈온 재무상태표

(단위: 원)

과목		제42기말	제41기말
자산			
유동자산		149,280,605,972	122,911,461,500
현금 및 현금성자산	금융자산	44,151,630,313	52,638,388,031
기타금융자산		63,733,387,012	24,810,867,383
매출채권및기타채권		37,952,903,243	34,561,908,237
기타유동자산		1,882,655,342	9,798,336,206
재고자산		1,560,030,062	1,101,961,643
비유동자산		129,420,833,714	151,371,725,311
매도가능금융자산		-	1,903,651,416
유형자산	사업용 자산	83,632,630,820	103,531,563,188
투자부동산		4,307,703,777	4,350,207,995
무형자산		27,980,325,277	28,977,840,819
기타금융자산		7,812,905,275	6,633,737,484
이연법인세자산		5,687,268,565	5,974,724,409
자산총계		278,701,439,686	274,283,186,811

금이라는 금융자산이 들어온다.

사업용 자산은 사업에 쓰이므로 비용처리하는 자산이다. 유무형자산을 사업에 사용하면 마모가 일어나 가치가 감소하므로 이 부분을 비용으로 처리한다. 이는 사업을 하느라 들어간 비용이다. 재고자산도 사업용 자산이다. 재고자산이 팔리면 재고자산을 만드는 데 들어간 비용을 매출원가에 계상해 처리한다. 이처럼 비용으로 처리하는 자산을 사업용 자산 혹은 비용성 자산이라고 한다. 투자자산은 관계기업이나 조인트벤처에 지분을 투자한 자산이다.

사업용 자산은 비용으로 처리하는 반면 금융자산은 비용으로 처리하지 않는다. 투자자산 역시 비용으로 처리하지 않고 지분법으로 손익을 계상한다. 더존비즈온 자산상태를 보면 비용으로 처리하는 자산인 유무형자산은 1,116억 원이다. 금융자산은 1,477억 원이다. 회사의 자산구조에서 유무형자산 위주로 사업용 자산이 많을 경우, 이는 감가상각비 부담이 크기 때문에 이익률을 낮추는 요인으로 작용한다.

⠿ 자산가치의 불투명성을 따져야 한다

가치투자의 아버지로 불리는 벤저민 그레이엄Benjamin Graham은 자산가치를 평가할 때 현금 및 현금성 자산만 가치를 100퍼센트 인정하고 재고자산과 매출채권은 할인해서 계산했다. 유형자산은 약 15퍼센트만 가치를 인정했는데 이는 자산가치의 불투명성 때문이다.

현금과 예금, 단기금융자산 등은 시간이 지나도 장부가치와 크게 다르지 않다. 하지만 외상매출금, 받을어음, 재고자산 등은 그 가치가 불투명하다.

외상매출금은 회수하지 못하는 경우도 있고, 재고자산은 시간이 갈수록 가치가 감소한다. 고정자산은 사용할수록 마모되므로 비용으로 처리해야 한다. 그래서 그레이엄은 고정자산 가치를 야박하게 평가했다.

이 생각을 계승한 그레이엄의 제자 워런 버핏도 자산항목 중 가장 좋은 것을 현금이라고 했다. 현금은 감가상각할 필요가 없을 뿐더러 투자기회 보유를 의미한다. 유무형자산에 큰돈을 쏟아 붓는 기업을 싫어하는 버핏은 이런 회사에 많이 투자하지 않는다. 이러한 버핏의 관점은 그가 자산의 속성을 정확히 이해하고 있음을 의미한다.

이런 관점에서는 고정자산이 마치 천덕꾸러기처럼 보인다. 예를 들어 포스코 같이 거대한 설비장치를 갖춘 기업을 보면 대단하다는 생각이 들지만 그만큼 비용이 많이 들어 이익률이 낮을 수밖에 없다. 예를 들어 저마진 구조의 대량생산 기업인 포스코의 경우 영업이익률이 5~7퍼센트에 불과하다.

손익계산서를 다룰 때 살펴보겠지만 감가상각비가 비용의 큰 부분을 차지하는 대규모 장치산업은 이익률이 높을 수가 없다. R&D 위주의 헬스케어 기업 중에 영업이익률이 높은 기업이 많은 이유는 감가상각비 비중이 낮기 때

▶ **더존비즈온 비용구조**

(단위: 천 원)

구분	당기	전기
재고자산의 판매	8,713,722	8,680,811
종업원급여	74,496,821	66,045,663
지급수수료	28,294,002	26,272,622
유·무형자산 상각비	16,328,444	15,702,842
판매수수료	161,379	79,077
외주용역비	19,515,968	12,193,545
기타	25,419,869	24,946,484
합계	172,930,205	153,921,044

고정비(종업원급여, 유·무형자산 상각비)

문이다. R&D 위주 기업은 연구개발 인력의 인건비가 비용에서 가장 큰 비중을 차지한다. 이들은 고정비형 기업으로 매출이 본격적으로 일어나면 영업레버리지Operating Leverage가 발생해 이익률이 급격히 높아진다.

표에서 보듯 더존비즈온은 고정성 경비인 인건비와 유무형자산상각비가 큰 비중을 차지하는 고정비형 기업이다. 고정비형 기업은 매출이 증가할 때 영업레버리지를 향유한다. 영업레버리지란 매출 증가폭보다 영업이익 증가폭이 큰 경우를 말한다. 매출이 증가하면 단위당 고정비가 감소하므로 이익률이 높아진다.

매출채권과
운전자본 관계를 이해하라

매출채권은 제품이나 상품을 외상으로 팔았을 때 발생한다. 식당에서 식사한 뒤 카드로 결제할 경우 식당 입장에서 이는 외상매출채권이다. 식당이 카드매출 전표를 모아 카드사에 갖다 주면 카드사는 일정 수수료를 떼고 식당 주인에게 카드결제대금을 지불한다. 식당 입장에서는 식사비를 현금으로 받는 것이 좋다. 카드결제로 식사비를 받으면 며칠간 돈이 묶이고 수수료도 나간다. 그렇지만 식당이 문 앞에 '카드결제 사절'이라고 써 붙이지 못하는 이유는 고객수가 줄어들기 때문이다. 식당은 고객과 관계에서 을의 입장에 있다.

기업도 마찬가지다. 가령 소비자와 직접 거래(B2C)하는 기업은 고객이 외상을 원하면 외상을 줘야 한다. 기업 간 거래(B2B) 역시 다르지 않다. 기업은 납품한 뒤 결제대금을 어음으로 받기도 하는데 보통 3개월에서 10개월짜리

어음을 받는다. 곤혹스럽게도 이 기간 동안 돈이 묶이고 만다. 더구나 납품처가 부도라도 나면 대금회수가 어렵다. 그래도 기업은 이 위험을 무릅쓰고 납품할 수밖에 없다.

기업은 제품을 팔 때는 을의 입장이지만 원재료를 구매할 때는 갑의 입장이다. 이때 기업은 외상매입을 하거나 지급어음을 끊어준다. 어떤 경우든 사는 쪽이 갑이고 파는 쪽이 을이다.

만일 기업의 매출채권이 매입채무보다 적으면 자금 사정에 큰 문제는 없다. 외상판매보다 외상매입이 많은 경우 돈이 묶이는 것이 아니라 오히려 무이자로 여유자금을 활용할 수 있다. 이는 원재료를 외상으로 사서 대부분의 매출을 현금결제로 올릴 경우에 가능하다. 대표적으로 백화점 영업이 그러한데 하나의 사례로 롯데쇼핑의 재무상태표를 살펴보자.

▶ **롯데쇼핑 재무상태표**

제48기 3분기말　2017.09.30. 현재
제47기말　2016.12.31. 현재

(단위: 원)

	제48기 3분기말	제47기말
자산		
유동자산	4,084,361,859,969	3,896,693,330,582
현금 및 현금성자산	757,020,558,986	882,890,128,352
매출채권 및 기타채권	715,727,476,019	635,818,359,910
기타금융자산	446,447,424,220	290,383,304,998
재고자산	2,065,733,469,683	2,015,161,917,761
기타비금융자산	99,432,931,061	72,439,619,561
비유동자산	19,471,866,358,346	22,086,116,736,437
자산총계	25,867,879,856,879	25,982,810,067,019
부채		
유동부채	9,473,713,407,983	6,261,733,649,474
차입금 및 사채	1,528,204,808,283	1,226,181,798,458
매입채무 및 기타채무	3,545,396,265,315	3,749,301,641,683
기타금융부채	744,723,975,372	368,258,425,991

	제48기 3분기말	제47기말
당기법인세부채	46,979,609,568	77,199,401,439
선수수익	55,783,217,205	56,448,783,843
충당부채	21,571,751,719	1,285,774,702
기타비금융부채	889,517,815,355	783,057,823,358
미지급배당금	2,641,535,965,166	
비유동부채	4,022,312,196,835	4,215,322,167,166
부채총계	14,793,145,657,241	10,477,055,816,640

　보다시피 매입채무는 3조 5,453억 원인데 비해 매출채권은 7,157억 원이다. 백화점에서 결제는 대부분 신용카드로 이뤄지고 카드대금 회수 기간이 길지 않으므로 거의 현금거래에 가깝다. 그래서 백화점은 매출채권이 많지 않다. 같은 기간 매출액은 11조 1,748억 원이었다. 백화점은 판매할 물건을 외상으로 사들여 현금을 받고 영업을 한다. 심지어 매입채무가 없는 기업도 있다. 그러면 민앤지의 연결재무상태표를 한번 보자.

　민앤지는 소프트웨어 서비스기업이라 원재료를 구입할 일이 없다. 이에 따라 매입채무가 없는 반면 B2B 거래를 하므로 매출채권이 발생한다. 물론 이동통신사를 상대로 영업하기 때문에 매출채권을 떼일 염려는 없다.

　매출채권은 물건을 파는 과정에서 회사가 불가피하게 금융적 부담을 지는 일이다. 물건을 팔고 대금을 받지 못할 경우 그만큼 자금이 묶이고 만다. 이때 회사는 여기에 해당하는 자금을 조달해야 한다. 매출채권은 회사 돈을 이자 없이 소비자에게 대출해준 것과 비슷하다. 결국 매출채권에 해당하는 만큼 회사에 기회비용이 발생한다.

　재고자산도 마찬가지다. 기업은 영업을 위해 일정 물량을 재고로 보유한다. 그래야 소비자의 수요에 제때 응할 수 있기 때문이다. 기업의 입장에서는 재고자산 역시 돈이 묶이는 것과 같다. 즉, 재고자산도 매출채권처럼 영업을 위해 감내해야 하는 기회비용이다. 이처럼 기업은 영업활동을 하느라 재고

제9기 3분기말   2017.09.30. 현재
제8기말   2016.12.31. 현재

(단위: 원)

	제9기 3분기말	제8기말
자산		
유동자산	95,405,118,629	61,475,153,806
현금 및 현금성자산	60,647,164,439	33,867,705,110
매출채권	10,181,664,841	8,613,728,977
당기손익인식금융자산	7,888,698,000	7,888,698,000
기타금융자산	16,006,320,016	10,857,514,651
기타유동자산	681,271,333	247,507,068
비유동자산	86,965,354,940	99,293,678,238
자산총계	182,370,473,569	160,768,832,044
부채		
유동부채	34,124,468,745	31,504,442,856
단기차입금	100,000,000	5,030,000,000
기타금융부채	4,394,839,766	3,744,801,680
기타유동부채	27,433,262,074	20,240,131,166
당기법인세부채	2,196,366,905	2,489,510,010
비유동부채	11,983,899,293	12,063,576,114
부채총계	46,108,368,038	43,568,018,970

자산과 매출채권을 기회비용으로 떠안는데 이를 운전자본Working Capital이라고 한다.

운전자본 = 매출채권 + 재고자산

매출채권과 반대로 매입채무는 기업 입장에서 이자 없이 자금을 쓰는 것과 같다. 다시 말해 이것은 기회이익이다. 운전자본에서 매입채무를 차감한 것이 순운전자본이다.

순운전자본 = 매출채권 + 재고자산 − 매입채무

순운전자본은 적을수록 좋다. 영업상 필요해서 묶이는 자금이 적어야 금융비용을 절감하기 때문이다. 롯데쇼핑의 경우 순운전자본이 −7,639억 원이다. 영업에 필요한 자금이 묶이는 게 아니라 영업을 하면서 돈놀이할 자금이 생기는 행복한 경우다. 제조업은 이런 일이 드물다.

⠿ 대손충당금을 설정하는 이유

재무상태표에서 매출채권은 대손충당금을 차감한 금액이다. 예를 들어 기업에 외상매출 100억 원이 있는 경우를 가정해보자. 이 매출채권을 100퍼센트 회수할 수 있을까? 그중에는 회수하지 못하는 채권도 있을 것이다. 그동안 기업이 매년 통계를 내본 결과 3퍼센트 정도는 채권이 회수되지 않았다고 해보자. 이 경우 기업은 재무상태표에 매출채권을 100억 원으로 기입하지 않고 대손충당금 3억 원을 설정한 뒤 이를 매출채권에서 차감한다. 결국 우리가 재무상태표에서 보는 매출채권은 97억 원이 된다. 이처럼 재무상태표에 기록된 매출채권은 대손충당금을 차감한 금액이다.

대손충당금은 회수하기 어려울 것으로 예상하는 금액을 미리 비용으로 처리하는 것이다. 충당금을 설정하면 그만큼 판매관리비(이하 판관비)가 증가한다. 다음은 메디톡스가 매출채권에서 대손충당금을 설정한 내용이다.

메디톡스가 보유한 매출채권은 429.1억 원이고 대손충당금은 17.5억 원이다. 그동안 이만큼을 비용으로 처리해왔다는 얘기다. 메디톡스는 매출채권 중에서 17.5억 원은 회수하기 어렵다고 보고 있다. 이에 따라 재무상태표에

(단위: 천 원)

구분	당분기말	전기말
매출채권	42,912,045	28,281,720
차감: 대손충당금	(1,756,246)	(704,118)
매출채권(순액)	41,155,799	27,577,602
미수수익	36,031	16,259
미수금	1,728,102	2,559,418
주임종단기대여금	2,297,610	945,590
관계회사대여금	238,901	253,614
합계	45,456,443	31,352,483

기록한 매출채권은 411.5억 원이다.

⠿ 매출채권은 어떻게 회계처리할까

어떤 기업에서 외상매출채권이 500억 원 발생했는데 그간 평균 대손발생률이 3퍼센트였다고 해보자. 몇 년간 영업을 해보니 매출채권 중 회수가 불가능한 채권비율이 3퍼센트라는 의미다. 그러면 회사 입장에서는 매출채권의 3퍼센트 정도를 회수하지 못할 채권으로 보고 미리 비용처리하는 것이 합리적이다. 물론 나중에 확인해봐야겠지만 전액 회수할 수도 있고, 3퍼센트보다더 많은 채권을 회수하지 못할 수도 있다. 다만 과거에 평균적인 채권 회수수준을 감안해 비용으로 계상하는 것뿐이다.

이때 이 기업은 대손충당금으로 15억 원을 적립해야 한다. 사실 대손충당금을 적립한다기보다 회계상 대손상각으로 비용처리한 내용을 기록할 뿐이다. 회사 장부에 원래 매출채권이 500억 원인데 이 중 받을 가능성이 없다고

▶ 외상매출 500억 원 발생, 대손충당금 3% 적립하는 경우 회계처리

재무상태표				손익계산서	
자산		**부채**		**매출액**	
				매출원가	
매출채권	500			판매관리비	15
(대손충당금)	−15			**영업이익**	
	485			금융수익	
		자본		금융비용	
		자본금		세전순이익	
		자본잉여금		법인세	
		이익잉여금			
자산총계		**부채와 자본 총계**		**당기순이익**	

본 금액이 15억 원이고, 이를 대손상각비로 처리했음을 기록하는 것이다.

이 내용을 재무상태표와 손익계산서에 위와 같이 기록한다.

외상매출액이 500억 원 발생했지만 매출채권은 485억 원으로 기재한다. 그 속내는 대손충당금 15억 원을 매출채권에서 차감했음을 의미한다. 우리가 재무상태표에서 보는 매출채권 금액은 485억 원으로 나오지만 구체적인 회계장부에는 그 차감 내용을 기록한다. 사업보고서 주석란에도 이 내용을 기록한다. 매출액과 매출채권의 차이에 따라 대손충당금을 설정하면 이를 판관비에서 비용으로 처리하며 그만큼 이익은 줄어든다.

위 표에서 대손충당금을 설정해 비용으로 계상하는 것은 실제로 매출채권을 회수하지 못한 탓에 비용처리한 게 아니다. 앞으로 '채권을 회수하지 못할 가능성이 있다'고 보고 미리 비용처리한 것이다. 그러면 실제로 매출채권을 회수하지 못할 경우 어떻게 회계처리할까? 가령 10억 원 대손이 확정되었다면 이때 회계처리는 다음과 같이 이뤄진다.

기존에 설정한 대손충당금 15억 원에서 10억 원을 차감한다. 이때 대손충당금은 5억 원이다. 매출채권도 10억 원만큼 회수 불능이므로 차감하는데 이를 제각除却이라고 한다. 기록에서 제거한다는 뜻이다. 이는 판관비에 아

▶ 매출채권 10억 원이 대손확정일 경우 회계처리(제각)

재무상태표

자산			부채	
매출채권	~~500~~	490		
(대손충당금)	~~-15~~	-5		
	485	485		
			자본	
			자본금	
			자본잉여금	
			이익잉여금	
자산총계			부채와 자본 총계	

손익계산서

매출액	
매출원가	
판매관리비	
영업이익	
금융수익	
금융비용	
세전순이익	
법인세	
당기순이익	

▶ 회수 불능 매출채권 10억 원 추가 발생 시 회계처리

재무상태표

자산			부채	
매출채권	~~490~~	480		
(대손충당금)	~~-5~~	0		
	~~485~~	480		
			자본	
			자본금	
			자본잉여금	
			이익잉여금	
자산총계			부채와 자본 총계	

손익계산서

매출액	
매출원가	
판매관리비	5
영업이익	
금융수익	
금융비용	
세전순이익	
법인세	
당기순이익	

무런 영향을 주지 않는다. 매출채권과 대손충당금 항목에서 동시에 10억씩 제거했으므로 재무상태표 매출채권에는 변화가 없다.

만일 회수가 불가능하다고 확정된 매출채권이 추가로 10억 원이 더 발생했을 때는 어떻게 회계처리할까? 대손충당금을 제각하고도 5억 원이 부족하므로 그 부족한 부분을 판관비에서 대손상각비로 처리한다.

매출채권은 485억 원에서 5억 원을 제각했기에 480억 원으로 감소했다. 나머지 5억 원은 판관비에서 대손상각비로 처리한다.

∷ 채권을 회수하면 대손상각비 환입으로 처리한다

간혹 전 회계연도에 회수 불능 채권으로 비용처리했는데 이번 회계연도에 채권을 회수하는 경우도 있다. 이때는 자산항목에서 현금이 증가하고 손익

▶ 전년도 회수 불능 처리한 채권 중 5억 원을 회수한 경우(대손상각비 환입)

재무상태표					손익계산서	
자산		부채			매출액	
					매출원가	
현금	5				판매관리비	-5
					영업이익	
					금융수익	
		자본			금융비용	
		자본금			세전순이익	
		자본잉여금			법인세	
		이익잉여금				
자산총계		부채와 자본 총계			당기순이익	

계산서 판관비에서는 대손상각비 환입으로 차감한다. 판관비에서 차감하므로 이익 증가다. 회수 불능 채권으로 처리한 5억 원을 회수했을 경우 회계처리는 앞의 표와 같다.

분개 과정을 생략하고 바로 재무제표에 변화한 부분을 써넣어 약간 어려울 수 있으나 충분히 이해할 수 있을 것이다.

06

자금 사정과 관련 있는 재고자산

재고자산은 중요한 자산항목으로 매출원가나 기업의 자금 사정과 관련이 있다. 이제 재고자산을 보는 방법을 알아보자.

다음 표는 메카로의 재무제표와 재고자산 내용이다.

메카로의 재고자산은 138.2억 원인데 그 구체적인 내용은 주석사항에 나온다.

재고자산에도 여러 종류가 있으며 이 중 '상품'은 외부에서 사온 것이다. 기업이 만든 것은 제품이라고 하며 메카로의 완제품 액수는 37.9억 원이다. 원재료 역시 재고자산이다. 재공품은 더 가공해야 판매가 가능한 상태를 의미하며 재공품 상태로는 판매할 수 없다. 반제품은 완성한 상태가 아니지만 판매는 가능하다.

당반기말 재고자산 취득원가는 144.7억 원, 평가충당금은 −6.46억 원이

▶ 메카로 재무제표

(단위: 천 원)

과목	2017년도 반기 (제18기 반기)	2016년도 (제17기)	2015년도 (제16기)	2014년도 (제15기)
회계처리 기준	K-IFRS	K-IFRS	K-IFRS	K-IFRS
자산				
I. 유동자산	40,812,990	23,231,527	20,222,235	17,782,551
현금 및 현금성자산	17,080,567	5,549,963	8,752,568	7,220,533
단기투자자산	1,000,000	–	400,000	400,000
매출채권	6,725,311	5,462,481	5,119,410	4,534,548
기타채권	1,391,100	850,566	338,116	273,037
선급금	675,992	203,701	236,085	140,215
선급비용	116,700	22,098	22,193	20,782
법인세자산	–	–	–	10,617
재고자산	13,823,320	11,142,717	5,353,862	5,182,820

▶ 메카로 재고자산

(단위: 천 원)

구분	당반기말			전기말		
	취득원가	평가충당금	장부금액	취득원가	평가충당금	장부금액
상품	26,625	–	26,625	6,962	–	6,962
제품	3,796,538	(157,083)	3,639,455	3,745,588	(157,083)	3,588,505
원재료	2,136,999	(489,740)	1,647,259	3,669,015	(503,050)	3,165,965
재공품	8,509,981	–	8,509,981	4,381,285	–	4,381,285
합계	14,470,143	(646,823)	13,823,320	11,802,850	(660,133)	11,142,717

다. 따라서 장부금액은 138.2억 원이다. 평가충당금은 재고자산을 판매했을 때 받을 수 있는 금액과 재고자산 제조원가를 비교해서 결정한다. 예를 들어 재고자산 제조원가가 1만 원이고 이것을 시장에 내다 팔 때 9,000원을 받을 경우 평가충당금을 1,000원 설정한다. 즉, 재고자산 가치가 떨어졌다고 보고 비용으로 처리하되 매출원가에서 차감한다. 원재료도 매입할 때보다 가격이 떨어졌을 경우 평가충당금을 설정한다.

장부금액은 취득원가에서 평가충당금을 차감해 기록한다. 가령 재고자산평가손실이 발생해 충당금으로 처리한 제품이 그다음 회계연도에 가격이 다시 오른 경우를 생각해보자. 이때는 재고자산 평가충당금을 매출원가에 환입한다. 이는 충당금 환입액만큼 매출원가가 감소하는 것과 같으므로 이익이 증가한다. 만약 재고자산 가격이 올랐을 때는 어떻게 할까? 평가충당금을 플러스하지 않는다. 보수적 회계 기준으로 처리하기 때문에 취득원가가 그대로 장부가로 남는다.

이처럼 재고자산의 현재가치 변동은 매출원가에 변화를 가져온다.

아래 표에서 보듯 제품 및 재공품의 변동은 −41.99억 원인데 이것은 매출원가와 관련이 있다. 메카로의 당반기 원재료 및 상품, 재고자산 판매 등이 매출원가에서 차지하는 금액은 171.8억 원이다. 이 금액은 메카로가 당반기에 매출액 453.4억 원을 만드는 데 들어간 원재료와 제품으로 보면 된다.

재고자산에서 항상 논란이 일어나는 것은 적정 재고가 얼마인가 하는 점이다. 회사의 자금 사정이 넉넉할 때는 그다지 문제될 것이 없지만 재고자산은 현금을 묶어버리는 효과가 있다는 점에 주의해야 한다. 예를 들어 지

▶ 메카로 비용 성격

(단위: 천 원)

구분	당반기	전반기 (검토받지 않은 재무제표)
제품 및 재공품의 변동	(4,199,309)	(651,703)
원재료 사용 및 상품매입액 등	21,380,652	9,217,861
종업원급여	4,172,863	3,481,049
감가상각비 및 무형자산상각비	1,326,859	1,177,936
광고비	34,980	39,535
지급수수료	729,002	483,477
기타	7,719,544	5,892,560
합계	31,164,591	19,640,715

난해에 평균 재고자산이 100억 원이었는데 올해 150억 원으로 증가했다면 현금 50억 원이 재고자산으로 묶인 것과 같다. 그만큼 회사에 현금이 줄어들어 자금 사정이 나빠진다. 적정 재고자산은 재고자산회전율로 파악해볼 수 있다.

재고자산회전율 = 매출액 / 재고자산

만약 재고자산이 100이고 매출액이 300이라면 회전율은 300퍼센트다. 당연히 회전율이 높을수록 좋다. 재고자산이 적정하느냐 문제는 과거의 회전율 수준을 비교해보고 판단한다. 변동 폭이 지나치게 크지 않으면 괜찮다.

중요한 것은 재고자산이 증가했을 때 어떤 이유로 증가했느냐 하는 점이다. 매출이 급성장하는 기업은 그만큼 재고자산도 빠르게 증가하므로 문제가 되지 않는다. 반면 매출은 증가하지 않았는데 재고자산은 증가했다면 이는 좋지 않다. 재고가 팔리지 않고 쌓일 경우 악성재고가 되어 재고자산 가치가 감소한다. 그러면 앞서 살펴본 대로 재고자산평가손실을 매출원가에 계상해야 한다. 결과적으로 비용이 증가하면서 이익은 줄어든다.

많은 기업이 재고자산을 공정가격에 맞춰 적정하게 평가하지 않는 경향이 있다. 즉, 재고자산평가손실을 회계장부에 적정하게 반영하지 않는다. 이는 사실상 분식회계다. 매출은 크게 증가하지 않는데 재고자산은 증가하는 기업은 분식회계를 의심해야 한다. 재고자산을 늘렸을 때 분식이 되는 이유는 매출원가 계산식을 보면 알 수 있다.

매출원가 = 기초제품 재고액 + 당기제품 제조원가 − 기말제품 재고액이 공식에서 기말제품 재고액을 크게 늘리면 매출원가는 낮아진다. 이 경우 이익이 증가한다. 재고자산 가치가 떨어졌는데 그대로 두거나 기말제품 재고를 속이는 경우에도 매출원가는 낮아진다. 회계사가 거대한 공장을 실사할 때 품목 하나하나의 재고가 얼마인지 알 수 있을까? 이는 쉽지 않은 일이다. 회사가 적어주는 대로 큰 항목만 파악하고 넘어갈 수도 있다. 재고자산에서는 얼마든지 문제가 발생할 소지가 있다. 특히 의류나 IT 제품을 취급하는 기업 중 재고를 많이 보유한 기업은 신중하게 검토해야 한다. 철이 지나면 금세 가치가 떨어지기 때문이다.

07

중요한 회계항목인
매도가능금융자산

약간 낯설지도 모를 매도가능금융자산은 중요한 회계항목으로 그리 어려운
부분이 아니다. 먼저 그 정의부터 살펴보자.

이것은 '매도가능'과 '금융자산'이라는 두 개념을 합한 것이다. 금융자산
은 현금, 주식, 채권, 수익증권 등을 의미한다. 여기서 현금을 빼고 유가증권
有價證券만 보면 이는 한자 그대로 가치가 있는 증권을 말한다. 한마디로 소유
할 가치가 있다는 얘기다. 유가증권은 크게 두 가지로 나뉜다.

```
유가증권 ┬─ 채무증권(채권)
         └─ 지분증권(주식, 수익증권 등)
```

채무증권은 줄여서 채권이라고 한다. 이것은 국채, 공채, 회사채(전환사채

CB, 신주인수권부사채BW 포함) 등 만기가 있는 증권으로 채권 보유자가 발행자에게 금전을 청구할 권리를 갖는다. 가령 국채를 보유하고 있다면 발행자인 정부에 원금과 이자를 달라고 청구할 수 있다.

지분증권은 소유지분을 말한다. 예를 들어 주식은 회사에 관한 지분이다. 수익증권 역시 지분 개념이다. 대표적인 수익증권 중 하나가 자산운용사 펀드다. 가령 자산운용사가 성장주에 투자할 목적으로 100억 원 규모의 성장주 펀드를 만든다고 해보자. 개인이 이 펀드에 10억 원을 투자할 경우 그의 펀드 지분은 10퍼센트다. 펀드를 잘 운용해 10퍼센트 이익을 냈다면 펀드 전체 이익이 10억 원이므로 지분을 10퍼센트 소유한 투자자의 수익은 1억 원이다. 지분율만큼 수익을 받기 때문이다.

창업투자회사(이하 창투사)가 만드는 투자조합에 투자했을 경우에도 지분증권이다. 예컨대 창투사가 투자조합을 만들고 1,000억 원을 모집해 그 돈으로 벤처기업에 투자했다고 해보자. 이때 투자조합에 100억 원을 출자했다면 지분율은 10퍼센트다. 투자에 성공해 투자조합 수익이 500억 원 발생할 경우 지분을 10퍼센트 소유한 사람은 이익배당으로 50억 원을 받는다.

'유가증권' 하면 보통 주식과 채권을 떠올리지만 수익증권도 있다. 소유지분율에 따라 권리를 행사할 수 있는 것이 지분증권으로 가장 대표적인 것이 주식이다.

채권과 지분증권을 분류하는 데는 그만한 이유가 있다. 둘 다 보유자에게 권리가 있는 증권이지만 증서에 적힌 채무금만큼 권리를 요구하느냐, 지분율대로 요구하느냐 하는 점이 다르다. 이 부분은 단순하면서도 중요하다. 가령 채권 보유자에게 10억 원 권리를 주장할 증권이 있을 경우 금액이 변하지 않는다. 반면 지분증권인 주식이나 수익증권, 창투사 투자조합 지분은 청구할 수 있는 금액이 시장가격에 따라 변한다. 지분율은 변하지 않지만 주가가 변하기 때문이다. 유가증권을 채권과 지분증권으로 나누는 이유가 바로 여기에 있다.

여유자금이 있을 때 기업은 주식 등 지분증권에 투자한다. 이때 지분을 보유한 규모에 따라 회계처리를 다르게 한다. 지분을 50퍼센트 이상 보유하면 연결회계, 50~20퍼센트를 보유하면 지분법 적용, 20퍼센트 미만은 매도가능금융자산으로 분류해 회계처리한다.

⠿ 창투사 사례로 매도가능금융자산 이해하기

이제 매도가능금융자산 내용을 좀 더 알아보자. 다음 사례는 창투사인 우리기술투자의 재무상태표다(62쪽 표 참조). 창투사는 자금을 유망한 벤처기업에 투자하는데 리스크가 따르지만 투자를 잘하면 대박이 나기도 한다.

낯설게 느껴지는 신기술금융자산이라는 용어도 매도가능금융자산이다. 주석사항에 나오는 내용을 중심으로 두 가지 항목에 어떤 자산이 들어 있는지 구체적으로 살펴보자.

매도가능금융자산은 시장성 보유 여부에 따라 나누는데, 시장성이 있다는 것은 시장에서 매매가 용이하다는 것을 의미한다. 주식시장에 상장한 상장주식은 시장성이 있는 반면 비상장주식은 시장성이 없다. 우리기술투자는 상장주식을 40.6억 원, 비상장주식을 150.2억 원 보유하고 있다. 상장주식은 공개 전에 매수한 종목으로 상장 이후 시장성 있는 주식으로 변한 것이다. 그 구체적인 내용은 표에 나와 있다(62쪽 표 참조).

우리기술투자는 레이언스와 인크로스를 보유 중이다. 여기에 나오는 취득원가, 공정가치, 장부금액 항목은 중요한 개념이니 꼭 이해해야 한다. 취

▶ 우리기술투자 재무상태표

(단위: 원)

과목	제22기 3분기	제21기말	제20기말
자산			
I. 유동자산	28,267,305,629	18,814,349,738	20,912,926,994
현금 및 현금성자산	20,983,599,235	12,658,368,589	18,388,269,193
단기금융상품	4,079,937,271	1,534,757,287	2,061,529,557
단기매매금융자산	2,521,224,620	3,303,044,600	252,340,000
기타유동자산	682,544,503	1,318,179,262	210,788,244
II. 비유동자산	31,001,983,880	42,152,200,034	37,672,321,019
여신금융자산	5,563,800,000	13,453,438,513	15,636,780,855
신기술금융자산	22,051,643,819	24,836,002,599	19,054,634,168
매도가능금융자산	2,386,175,400	2,929,693,130	2,032,081,620
유형자산	78,296,831	5,422,962	13,481,546
무형자산	642,873,830	648,648,830	656,348,830
기타비유동자산	279,194,000	278,994,000	278,994,000
자산총계	59,269,289,509	60,966,549,772	58,585,248,013

▶ 우리기술투자 매도가능금융자산

(단위: 원)

구분	당분기말
시장성 있는 지분증권	4,068,827,632
시장성 없는 지분증권	15,027,053,478
합계	19,095,881,110

▶ 우리기술투자 시장성 있는 지분증권

(단위: 원)

구분	당분기말				
	주식수 (주)	지분율 (%)	취득원가	공정가치	장부금액	미실현 보유손익
㈜레이언스	30,000	0.18	750,000,000	520,500,000	520,500,000	(229,500,000)
스톤브릿지디지털 PEF(㈜인크로스)	75,461	6.41	2,500,000,000	3,548,327,632	3,548,327,632	1,048,327,632
㈜하이셈	–	–	–	–	–	–
합계			3,250,000,000	4,068,827,632	4,068,827,632	818,827,632

득원가는 최초에 취득한 가격이다. 공정가치의 개념은 '합리적인 판단력과 거래의사가 있는 독립적인 당사자 사이에 거래 가능한 교환가격'으로 쉽게 말해 시장거래가격이다. 여기서는 상장했으니 증권시장에서 거래가격이며 2017년 9월 30일 가격으로 계산한 가치다. 공정가치는 재무상태표 자산란에 기록하는데 장부가격이 곧 공정가격이다.

레이언스는 미실현보유손익이 2.29억 원이고 인크로스는 10.4억 원 이익이다. 미실현손익은 주가 변화에 따라 계속 달라진다.

이제 우리기술투자가 보유한 시장성 없는 지분증권 내용을 살펴보자.

▶ **우리기술투자 시장성 없는 지분증권**

(단위: 원)

구분	주식수 (주)	지분율 (%)	취득원가	공정가치	장부금액
에스엠신용정보㈜	60,000	4.84	900,000,000	740,432,383	740,432,383
유비온㈜	133,914	3.98	1,212,175,375	177,763,655	177,763,655
파낙스이텍㈜	50,000	0.78	1,150,000,000	579,550,000	579,550,000
에이치엔에스하이텍㈜	211,750	2.82	2,616,403,377	2,616,403,377	2,616,403,377
㈜토파즈	736,850	8.17	500,000,000	–	–
두나무㈜	41,576	7.13	3,143,101,016	3,143,101,016	3,143,101,016
㈜노바렉스	35,000	0.46	1,431,500,000	1,431,500,000	1,431,500,000
Huuuge Inc.	1,073,154	6.08	6,338,303,047	6,338,303,047	6,338,303,047
합계			17,291,482,815	15,027,053,478	15,027,053,478

우리기술투자가 보유한 시장성 없는 지분증권 취득원가는 172.9억 원이고 공정가치는 150.2억 원이다. 시장성 없는 주식은 시장에서 가격이 형성되지 않아 공정가치로 계산하기 어렵다. 따라서 순자산 가치가 변하면 이를 감안해 공정가치를 수정해야 한다.

예를 들어 보유 주식 중 두나무의 지분가치를 보자. 2017년 9월말 기준 우리기술투자는 두나무 지분 7.13퍼센트를 보유하고 있고 취득금액은 31.4억 원이다. 두나무가 2017년 순이익을 기록했으니 이를 반영해 공정가치를 수정해야 한다. 그럼 2017년말 두나무의 공정가치가 변한 부분을 확인해보자.

▶ 두나무 공정가치가 변경된 내역

(단위: 원)

구분	주식수 (주)	지분율 (%)	취득원가	공정가치 또는 순자산지분가액	장부금액
스톤브릿지애드PEF	34,676	2.97	376,535,181	850,747,080	850,747,080
에스엠신용정보㈜	60,000	4.84	900,000,000	666,939,581	666,939,581
유비온㈜	133,914	3.98	1,212,175,375	177,763,655	177,763,655
파낙스이텍㈜	50,000	0.78	1,150,000,000	437,150,000	437,150,000
에이치엔에스하이텍㈜	211,750	2.82	2,616,403,377	949,063,500	949,063,500
두나무㈜	51,300	8.09	5,642,995,556	5,642,995,556	5,642,995,556
㈜노바렉스	35,000	0.46	1,431,500,000	454,335,000	454,335,000
Huuuge Inc.	1,073,154	6.62	6,338,303,047	6,990,645,349	6,990,645,349
㈜토파즈	736,850	8.17	500,000,000	–	–
합계			20,167,912,536	16,169,639,721	16,169,639,721

두나무가 순이익을 내자 우리기술투자는 이를 감안해 공정가치를 56.4억 원으로 변경했다. 시장성 없는 지분증권은 이처럼 결산할 때 순이익이 발생한 부분을 조정한다.

두나무 보유로 매도가능금융자산 가치가 증가하면 이는 평가이익이 발생한 셈이다. 이것은 우리기술투자의 손익에 영향을 미친다. 매도가능금융자산 평가이익은 손익계산서에서 기타포괄손익 항목에 계상하며 당기순이익에 영향을 주지 않는다. 자본항목에서는 기타포괄손익누계에 계상한다. 이 부분은 정확히 이해할 필요가 있다. 표가 보여주듯 두나무 가치가 31.4억 원에서 56.4억 원으로 증가한 부분의 손익계산서와 재무상태표는 이러한 변화를 반영해 회계처리한다.

결산회계에서 당기순이익을 이익잉여금 항목으로 처리하듯 기타포괄손익

▶ 두나무 공정가치가 31.4억 원에서 56.4억 원으로 증가했을 때 회계처리

재무상태표					손익계산서	
자산		**부채**			**매출액**	
유동자산		유동부채			매출원가	
					판매관리비	
		비유동부채			**영업이익**	
비유동자산		**자본**				
매도가능금융자산(두나무)	-31.4					
	56.4					
		기타포괄손익누계	+25	←		
					당기순이익	
자산총계	+25	부채와 자본 총계	+25		기타포괄손익	25

은 자본항목에서 기타포괄손익누계로 처리한다. 두나무의 지분가치 증가로 자산이 증가한 내용이 보이는가? 물론 자본도 증가했다. 다만 매도가능금융자산은 손익계산서에서 당기순이익으로 잡히지 않으므로 주당순이익EPS, Earning per Share이 늘어나지는 않는다. 설령 그럴지라도 우리기술투자 주주의 입장에서는 매도가능금융자산 평가이익 발생으로 주주가치가 증가했음을 알 수 있다.

단기투자 자산이나 지분법으로 보유한 주식에 평가이익이 발생할 경우, 손익계산서에서 금융수익으로 계상하기 때문에 순이익이 증가한다. 당연히 주당순이익도 늘어난다. 그리고 결산 시점에 순이익은 자본항목에서 이익잉여금을 늘린다. 결국 투자자산과 지분법 평가이익도 순자산을 늘린다. 매도가능금융자산과 똑같이 순자산을 늘리는 것이다. 다만 매도가능금융자산은 주당순이익 증가 요인이 아니고, 지분법과 투자자산은 주당순이익 증가 요인이다. 그러니 주가수익비율PER, Price Earning Ratio을 계산할 때 차이가 발생한다.

왜 똑같은 지분증권을 보유하고도 회계처리가 다르고 주당순이익 증가에 미치는 영향까지 달라지는 걸까? 매도가능금융자산 평가이익이 발생한 것도 사실상 이익 발생과 다름이 없는데 말이다. 이 부분에서 우리는 주주의 진정한 가치가 무엇인지 생각해봐야 한다. 주주가치는 곧 자기자본 가치다. 매도가능금융자산이든 지분법이든 투자자산이든 자기자본을 증감增減시킨다는 측면은 서로 같다. 주당순이익에 영향을 주느냐 마느냐는 중요하지 않다. 진정한 주주가치인 자기자본이 어떻게 변하는가를 봐야 한다.

요약하면 중요한 것은 손익계산서가 아니라 주주가치를 대표하는 자기자본이다. 자기자본이 증가했느냐 감소했느냐가 핵심이다. 손익계산서는 자기자본이 어떻게 증감했는지 알려준다. 주주들이 최종적으로 보는 것은 자신이 투자한 자본의 가치가 증가했느냐 감소했느냐다. 이것이 중요하다.

두나무에 투자한 기업에는 카카오와 우리기술투자가 있다. 카카오는 두나무 지분을 지분법으로 회계처리하고 우리기술투자는 매도가능금융자산으로 처리한다. 두나무가 이익을 낼 경우 카카오와 우리기술투자에는 보유지분율대로 이익이 발생한다. 이때 카카오는 지분법 이익이 금융수익으로 잡혀 주당순이익이 증가하는 반면, 우리기술투자는 기타포괄손익으로 계상해 주당순이익이 증가하지 않는다.

그러면 카카오는 주당순이익이 증가하니 좋고 우리기술투자는 주당순이익이 증가하지 않으니 좋지 않은 걸까? 그렇지 않다. 카카오나 우리기술투자 모두 자기자본이 증가했으므로 어떤 방식으로 회계처리를 했느냐는 중요하지 않다.

만일 우리기술투자가 두나무 지분을 시장에 팔 경우에는 어떻게 회계처리를 할까? 이때는 매도가능금융자산 처분이익이 발생하는데 이는 손익계산서에서 이익 증가 요인이다.

▶ **두나무 지분을 56.4억 원에 처분했을 경우 회계처리**

재무상태표

자산		부채	
유동자산		유동부채	
현금	56.4		
		비유동부채	
비유동자산		**자본**	
매도가능금융자산(두나무)	~~56.4~~	이익잉여금	56.4
		기타포괄손익누계	~~56.4~~
자산총계		부채와 자본 총계	

손익계산서

매출액	
매출원가	
판매관리비	
영업이익	
금융수익	56.4
금융비용	
세전순이익	
법인세	
당기순이익	56.4

자산항목에서는 두나무 지분을 매각했으니 매도가능금융자산이 제로가 되고 현금 56.4억 원이 증가한다. 자본항목에서는 기타포괄손익누계가 제로가 되고 당기순이익 56.4억 원이 발생해 이익잉여금이 그만큼 늘어난다. 최종적으로 재무상태표 차변과 대변에 변화가 없지만 순이익은 증가하는 것으로 회계처리된다.

08

매도가능금융자산의
부실화를 조심하라

이제 회사가 M&A를 잘못할 경우 재무상태표와 손익계산서가 어떻게 부실화하는지 알아보자. 이는 매우 중요한 문제다. 다음은 수성의 상장폐지 관련 안내인데 그 부실 과정을 한번 추적해보자.

기타시장 안내

제목: ㈜수성 상장폐지 관련 안내

동 사는 금일(2018.03.16.) "감사보고서 제출" 공시에서 최근 사업연도의 재무제표에 대한 감사인의 감사의견이 범위제한으로 인한 '의견거절'임을 공시하였습니다.

동 사유는 코스닥시장 상장규정 제38조의 규정에 의한 상장폐지 사유에 해당되며 이와 관련하여 동 사가 상장폐지에 관한 통지를 받은 날로부터 7일(영업일 기준) 이내에 이의신청을 할 수 있으며 이의신청이 없는 경우에는 상장폐지 절차가 진행될 예정입니다.

지분증권을 20퍼센트 미만으로 보유하고 있을 때 매도가능금융자산으로 회계처리한다. 보유지분의 공정가치 변동은 재무상태표와 손익계산서에 기록한다. 그럼 수성이 어떻게 부실 과정을 겪었고 리스크를 미리 감지할 수는 없었는지 살펴보자.

수성은 2017년 5월 이디를 매입하겠다고 공시했다.

- 2017년 5월 10일 최대주주 변경을 수반하는 주식양수도 계약 체결(장외 매수)
  1) 매매대상 주식 수: ㈜이디 보통주 4,851,792주(11.99%)
  2) 매매대금: 주당\4,769 / 총\23,138,196,048
  3) 대금지급방법: 매매대금 중
     - 계약금: 금 삼십억 원정(\3,000,000,000)\ / 2017. 05. 10. 현금 지급
     - 중도금: 금 일백육십일억삼천만 원정(\16,130,000,000) / 2017. 05. 15. ㈜수성 발행 제2회차 전환사채\16,130,000,000 발행)
     - 잔금: 금 사십억팔백일십구만육천사십팔 원(\4,008,196,048) / 2017. 05. 25. 현금 지급 예정

중도금 161.3억 원은 수성이 전환사채 발행으로 자금을 조달해 지급했다. 이에 따라 실제로 지분 매입에 들어간 자금은 계약금 30억 원과 잔금 40억 원을 합해 70억 원이다. 수성은 이 금액으로 이디 지분 11.99퍼센트를 인수해 최대주주로 올라섰다. 이렇게 실질적인 경영권을 가져왔지만 지분율이 적어 매도가능금융자산으로 분류해 회계처리했다.

지분인수 계약을 체결한 2017년 5월 10일 이디 주가는 3,290원이었고 수성은 이를 장외에서 주당 4,769원에 사들였다. 경영권 프리미엄에 71억 원을 지불한 셈이다. 이디의 3D프린터에 투자가치가 있다고 보고 인수한 것인데 과연 프리미엄을 지불할 만큼 가치가 있었을까? 다음은 지분인수 직전 분기인 2017년 3월말 이디의 분기별 실적이다.

▶ 이디 분기별 실적

(단위: 억 원)

주요 재무정보	2016/09 (IFRS연결)	2016/12 (IFRS연결)	2017/03 (IFRS연결)
매출액	117	51	16
영업이익	-19	-31	-36
영업이익(발표기준)	-19	-31	-36
세전계속사업이익	-19	-48	-38
당기순이익	-16	-37	-38
당기순이익(지배)	0	-15	-23
당기순이익(비지배)	-15	-22	-15
자산총계	1,048	1,081	1,081
부채총계	724	672	511
자본총계	324	409	570
자본총계(지배)	154	211	387

보다시피 매출액은 3개 분기 연속 감소하고 영업 적자가 확대되는 중이었다. 주당순자산 가치는 971원이다. 수성은 이디 주식을 시장가치에 경영권 프리미엄까지 70억 원을 얹어 인수했다. 아무리 3D프린터 사업의 미래가 밝더라도 이처럼 부실한 주식의 12퍼센트 지분을 인수하는 데 231억 원을 투자하는 것은 이해하기가 어렵다. 이는 회사 내에 아예 3D프린터 사업부를 만들거나 자회사를 새로 설립해도 좋을 만한 자금 규모다.

이디를 인수할 무렵인 2017년 3월 분기에 수성의 실적과 재무상태는 어땠을까? 과연 충분한 자금력을 보유하고 있었을까?

2017년 3월말 기준 부채비율 36퍼센트, 분기별 매출 60억 원 정도로 꾸준히 이익을 내면서 현금흐름이 좋은 회사였다. 수성은 중소형 지게차를 제조해 판매하는 분야에서 국내 시장점유율 50퍼센트로 탄탄한 입지를 구축한 회사다. 즉, 수성은 자기 사업 분야에서 한눈팔지 않으면 아무런 문제가 없는 기업이다. 잉여현금흐름FCF도 괜찮다. 그런데 2017년 4차 산업혁명 바람이

(단위: 억 원)

주요 재무정보	2016/09 (IFRS별도)	2016/12 (IFRS별도)	2017/03 (IFRS별도)
매출액	60	66	55
영업이익	4	4	5
영업이익(발표 기준)	4	4	5
세전계속사업이익	4	5	6
당기순이익	3	5	5
당기순이익(지배)	3	5	5
당기순이익(비지배)			
자산총계	396	402	444
부채총계	118	120	119
자본총계	278	282	324
자본총계(지배)	278	282	324
자본총계(비지배)			
자본금	41	41	41
영업활동현금흐름	10	27	20
투자활동현금흐름	1	0	5
재무활동현금흐름	−2	0	10
CAPEX	0	0	1
FCF	10	27	19

불고 3D프린터 사업이 유망하다고 하니 새로운 성장 동력을 찾아 유망사업에 진출하려는 욕심을 낸 것으로 보인다.

⠿ 매도가능금융자산 평가손실하기

이제 이디를 인수한 뒤 이디 주가가 하락하면서 수성이 어떻게 부실화됐는지 확인해볼 차례다. 매도가능금융자산은 공정가치로 평가한다. 즉, 주식시

▶ 수성 재무상태표

제37기 3분기말 2017.09.30. 현재
제36기말   2016.12.31. 현재

(단위: 원)

	제37기 3분기말	제36기말
자산		
유동자산	25,214,246,238	15,125,897,366
당좌자산	20,786,895,208	11,018,082,790
비유동자산	42,247,426,249	25,069,496,740
투자자산	15,503,362,095	93,971,045
특정현금과 예금	0	2,000,000
매도가능금융자산	13,095,292,095	91,971,045
장기대여금	2,408,070,000	0
유형자산	24,104,094,646	24,319,788,822
토지	19,102,363,380	19,102,363,380
건물	6,375,689,133	6,375,689,133

▶ 수성 인수 후 이디의 주가흐름

장에서 거래하는 이디 주가로 평가해 장부에 기재한다. 다음은 2017년 3분
기말 현재 이디의 결산실적이다.

이디를 인수한 금액이 231억 원인데 불과 4개월 만에 100억 원이 감소했다. 왜 그랬을까? 이는 두 가지 손실을 계상했기 때문이다. 먼저 경영권 프리미엄 70억 원을 손실처리하고, 그다음으로 이디의 주가하락에 따른 가치감소 30억 원을 매도가능금융자산 평가손실로 계상했다. 그래프에 나타낸 것은 수성이 인수한 이후 이디의 주가흐름이다.

자산가치가 감소하면 손익계산서에 영향을 미친다. 즉, 매도가능금융자산 가치 감소를 손익계산서에 반영해야 한다. 앞서 살펴보았듯 매도가능금융자산 손익은 영업외손익 항목이 아니라 기타포괄손익으로 계상한다. 매도가능금융자산은 금세 팔 것이 아니라고 보기 때문이다. 만일 매도가능금융자산 손익을 영업외손익으로 잡을 경우 당기순이익 변동성이 커진다. 당장 매도할 것이 아니라서 기타포괄손익 항목에 넣지만 손실은 어디까지나 손실이다. 그럼 수성의 2017년 9월말 손익계산서에서 기타포괄손익을 확인해보자(74쪽 표 참조).

수성의 2017년 3분기 손익계산서를 보면 당기순이익이 15.3억 원 적자다. 전년동기 순이익은 18.9억 원 흑자였는데 적자 전환한 것이다. 기업 인수를 위해 전환사채를 대규모로 발행해 금융비용이 증가했기 때문이다. 더 큰 손실은 따로 숨어 있다. 매도가능금융자산 가치가 크게 하락하면서 여기에서만 -101억 원의 손실이 났다. 이 때문에 3분기말까지 기타포괄손익 -79.1억 원이 발생했다.

총포괄손익 = 당기순이익(-15.3억 원) + 기타포괄손익(-79.1억 원) = -94.4억 원

수성의 당기순이익이 -15.3억 원으로 적자 전환한 것도 문제지만, 중요한 것은 액수가 훨씬 더 큰 기타포괄손익 적자 79.1억 원이다. 매도가능금융자

▶ 수성 포괄손익계산서

제37기 3분기   2017.01.01.부터 2017.09.30.까지
제36기 3분기   2016.01.01.부터 2016.09.30.까지

(단위: 원)

	제37기 3분기		제36기 3분기	
	3개월	누적	3개월	누적
수익(매출액)	7,417,614,277	19,060,436,939	6,039,268,523	21,539,490,578
매출원가	5,844,224,417	14,836,524,838	4,812,420,646	16,646,715,792
매출총이익	1,573,389,860	4,223,912,101	1,226,847,877	4,892,774,786
판매비와 관리비	1,532,533,172	3,574,172,414	831,642,219	2,581,885,290
영업이익(손실)	40,856,688	649,739,687	395,205,658	2,310,889,496
영업외손익	(1,972,043,656)	(2,112,236,722)	(11,207,569)	102,220,801
금융수익	87,601,234	106,245,291	(16,001,934)	28,188,881
금융비용	(2,140,730,023)	(2,686,039,963)	(51,925,038)	(144,231,944)
기타영업외 수익	81,085,133	471,295,073	56,719,550	271,724,557
기타영업외 비용	0	(3,737,123)	(147)	(53,460,693)
법인세차감전계속사업이익	(1,931,186,968)	(1,462,497,035)	383,998,089	2,413,110,297
법인세비용	0	67,267,319	98,647,801	514,384,265
당기순이익(손실)	(1,931,186,968)	(1,529,764,354)	285,350,288	1,898,726,032
기타포괄손익	0	(7,913,757,483)	0	(4,234,919)
당기손익으로 재분류하지 않는 항목(세후기타포괄손익)	0	(8,554,985)	0	(4,569,668)
확정급여제도의 재측정손익(세후기타포괄손익)	0	(10,967,930)	0	(5,858,549)
당기손익으로 재분류하지 않는 항목의 법인세	0	2,412,945	0	1,288,881
당기손익으로 재분류할 수 있는 항목(세후기타포괄손익)	0	(7,905,202,498)	0	334,749
매도가능금융자산평가손익(세후기타포괄손익)	0	(10,134,874,998)	0	429,165
당기손익으로 재분류할 수 있는 항목의 법인세	0	2,229,672,500	0	(94,416)
총포괄손익	(1,931,186,968)	(9,443,521,837)	285,350,288	1,894,491,113

산 가치가 하락하는 바람에 당기순이익보다 훨씬 큰 적자를 기타포괄손익에 기록한 것이며 당기순이익에 잡히지 않아도 적자가 아닌 게 아니다. 이것

은 실제 손실이다.

주식투자자 중에는 손실이 나면 매도하기 전까지는 손실이 아니라고 말하는 사람도 있다. 이는 손실을 확정했을 때 손실을 인정하겠다는 심리다. 그러나 이렇게 생각하면 쉽게 손절매하지 못한다. 투자한 주식을 시장가격대로 평가하는 것이 아니라 매입할 당시의 장부가격대로 두기 때문이다. 이는 개인투자자 자신의 재무상태표에 부실을 숨기고 있는 것과 같다. 매일매일 보유한 주식의 시가를 평가해 투자한 종목의 가치 변화를 점검해야 한다.

기업은 시가 기준으로 회계처리를 한다. 즉, 매입한 장부가격대로 놔두지 않는다. 이디의 경우 2017년 9월 30일 종가 기준으로 시가를 평가해 매도가능금융자산 평가손실을 기타포괄손익에 계상했다. 따라서 수성의 실질적인 적자는 총포괄손익 적자 -94.4억 원으로 보는 것이 합리적이다. 주당순이익을 계산하기 위해 당기순이익도 중요하지만 총포괄손익도 기타포괄손익을 아우르므로 반드시 확인해야 한다. 2017년 3분기에 수성의 재무제표는 회사 상황이 크게 악화되는 모습을 분명하게 보여줬다. 그러므로 3분기 결산 실적을 확인할 수 있는 11월에는 수성에 투자할지 판단할 때 이를 활용했어야 한다. 수성의 현금흐름표를 살펴보자(76쪽 표 참조).

영업활동현금흐름을 보면 2016년 3분기까지 22.1억 원의 현금흐름을 창출했다. 그런데 2017년 3분기에는 -145.3억 원의 영업활동현금흐름이 유출된다. 영업활동에서는 현금을 유입하는 것이 정상이다.

현금유출액이 큰 경우 여기에는 두 가지 이유가 있는데 그것은 순운전자본 변동과 이자지급이다. 순운전자본 변동은 재고자산, 매입채무, 매출채권, 금융자산, 금융부채 변화 내용을 봐야 한다. 수성은 빚을 내 기업을 인수하느라 이자지급이 많았다. 영업활동에서 현금흐름을 창출하지 못할 경우 투자자들은 긴장해야 한다. 애널리스트 윌리엄 오닐William O'Neil은 영업활동현

제37기 3분기 2017.01.01.부터 2017.09.30.까지
제36기 3분기 2016.01.01.부터 2016.09.30.까지

(단위: 원)

	제37기 3분기	제36기 3분기
영업활동현금흐름	(14,537,279,102)	2,219,397,891
영업활동에서 창출된 현금흐름	(12,201,194,978)	2,339,012,833
당기순이익(손실)	(1,529,718,154)	1,894,491,113
조정	2,983,754,036	1,010,359,483
순운전자본 변동	(13,655,230,860)	(565,837,763)
이자수취(영업)	60,702,825	8,745,786
이자지급(영업)	(2,397,236,949)	(128,810,728)
배당금수취(영업)	450,000	450,000
법인세납부(환급)	0	0

금흐름이 2분기 연속 마이너스면 주식을 매도해야 한다고 말했다. 이는 회사의 자금 사정에 빨간 불이 켜진 것이기 때문이다.

수성은 기존 사업인 중소형 지게차 제조판매업에만 주력했다면 상황이 악화될 이유가 없는 회사다. 하지만 3D프린터 사업에 진출해 새로운 성장 동력을 확보하려다 자금 사정이 악화되고 재무상태도 나빠졌다. 그러면 현재 하고 있는 사업에만 올인하는 것이 최상일까? 그렇지 않다. 기업은 지속적인 성장을 위해 늘 유망한 새 사업거리를 찾아 투자해야 미래를 보장받는다. 물론 사업 확장은 자신의 처지에 맞게 분수를 지키면서 이뤄져야 한다. 수성은 지나치게 큰 금액을 무리하게 투자했다. 이는 투자자가 주식을 살 때 최악의 상황을 염두에 둬야 하는 이치와 같다. 어떤 주식이 좋다고 판단해 그 주식의 비중을 크게 높이는 것은 수성이 이디에 무리하게 베팅한 것과 비슷하다. 미래가 좋을 것으로 예상하더라도 투자 포트폴리오에 적정한 비중을 편입해야 한다. 참고로 수성은 잘못된 투자 때문에 수렁에 빠졌지만 자체 사업만 보면 나름대로 경쟁력이 있는 회사다. 수성은 상장 폐지는 모면했다.

09

기업의 투자활동은
어떻게 회계처리될까

기업이 영업활동으로 이익을 내면 잉여자금이 쌓인다. 그럼 여기서 잉여현금흐름 개념을 생각해보자. 회사가 영업활동을 하면 회사 내에 현금 유출입이 일어나는데 이를 영업활동현금흐름이라고 한다. 현금 유입은 영업활동으로 이익을 낼 때도 생기지만 자산과 부채 변동에 따라 발생하기도 한다. 예를 들어 매출채권을 회수할 경우 회사에 현금이 들어오는데 이때의 영업활동현금흐름은 현금 유입으로 처리한다. 부채를 상환해 현금이 회사 밖으로 유출되면 기업이 보유한 현금은 줄어든다. 이 부분은 당기순이익과 상관없는 현금유출 요인이다. 회사가 꼭 이익을 내야 현금이 유입되는 것은 아니다. 영업활동현금흐름을 결정하는 요인에는 당기순이익, 감가상각비, 자산부채 변동이 있다.

이제 영업활동현금흐름에서 현금이 유입되었다고 가정해보자. 유입된 현금으로 무엇을 할 수 있을까? 기업은 그 돈으로 투자활동을 하는데 이는 두 가지로 나눌 수 있다.

사업용 투자: 유형자산 투자, 무형자산 투자 등

금융자산 투자 및 M&A: 유가증권 투자, 지분인수

민앤지 사례로 회사에 유입된 현금흐름이 어떻게 투자로 연결되는지 살펴보자. 민앤지는 현금흐름을 활용해서 금융자산에 투자하고 기업을 인수했다.

▶ **민앤지 자산 구성**

(단위: 원)

		제9기 3분기말	제8기말
자산			
유동자산		95,405,118,629	61,475,153,806
현금 및 현금성자산		60,647,164,439	33,867,705,110
매출채권		10,181,664,841	8,613,728,977
당기손익인식금융자산	금융자산 투자	7,888,698,000	7,888,698,000
기타금융자산		16,006,320,016	10,857,514,651
기타유동자산		681,271,333	247,507,068
비유동자산		86,965,354,940	99,293,678,238
관계기업 투자 지분법 대상		4,589,566,147	5,575,848,166
매도가능금융자산 20% 이하 지분보유		7,552,970,000	6,786,970,000
기타금융자산		2,185,994,378	5,830,150,310
기타비유동자산		3,000,000	3,000,000
유형자산	사업용 투자	2,309,772,888	8,426,576,087
무형자산		70,324,051,527	72,671,133,675
자산총계		182,370,473,569	160,768,832,044

투자자산 변화는 기업의 손익계산서에 영향을 미친다. 가령 당기금융자산에 투자해 이자를 받으면 기타수익이 증가한다. 관계기업 투자는 지분법으

로 손익계산서에 계상한다. 매도가능금융자산도 평가손익이 발생할 경우 기타포괄손익에 변화를 불러온다. 매도가능금융자산을 처분하면 당기순이익에 영향을 준다. 50퍼센트 이상 지분을 보유한 종속기업 실적은 연결실적에 영향을 미친다. 나아가 이러한 변화는 투자활동현금흐름에 반영되어 기업의 현금흐름에 변화를 일으킨다.

민앤지는 투자활동으로 유무형자산을 취득 및 처분하고 관계기업과 종속기업 혹은 금융자산에 투자했다. 보다시피 사업용 투자 외에 금융자산과 관계기업, 종속기업에 투자한 것으로 나온다. 여기서 금융자산 투자는 단기금융상품이나 채권에 투자하는 것을 말한다. 지분증권 투자는 매도가능금융

▶ **민앤지 연결현금흐름표**

제9기 3분기　2017.01.01.부터 2017.09.30.까지
제8기 3분기　2016.01.01.부터 2016.09.30.까지

(단위: 원)

		제9기 3분기	제8기 3분기
영업활동현금흐름		20,784,085,960	8,333,490,837
영업으로 창출한 현금흐름		24,169,688,133	10,255,445,325
이자수취		428,612,531	311,307,608
이자지급		(4,781,044)	(746,556)
법인세납부		(3,809,433,660)	(2,232,515,540)
투자활동현금흐름		6,305,255,397	(14,313,475,713)
유형자산 취득	**사업용 투자**	(909,655,080)	(312,832,965)
유형자산 처분		7,311,136,364	
무형자산 취득		(1,971,562,434)	(953,972,000)
무형자산 처분		1,301,263,272	133,500,000
매도가능금융자산 취득		(766,000,000)	(5,400,000,000)
기타금융자산 증가		(10,387,066,988)	(14,014,008,000)
기타금융자산 감소		10,805,849,868	11,902,379,388
관계기업 취득		(650,000,000)	(5,347,032,000)
관계기업 처분		1,571,290,395	
종속기업에 대한 투자자산 취득			(321,510,136)

자산에, 관계기업 투자는 지분법으로 계상한다. 그리고 종속기업은 연결회계 대상을 의미한다.

지분증권에 투자할 경우 회계처리는 매도가능금융자산, 지분법, 연결대상으로 구분한다. 지분을 얼마나 보유하느냐에 따라 회계처리 방식이 달라진다. 투자지분율이 20퍼센트 이하면 매도가능금융자산, 20~50퍼센트면 관계기업, 50퍼센트 이상이면 종속기업이다.

- **매도가능금융자산**: 시세차익을 목적으로 주식을 보유하는 것을 말한다. 투자유가증권이라고도 불리며 지분증권을 20퍼센트 미만으로 보유할 경우 여기에 해당한다. 매년 공정가액과 장부가치 차이를 계산해 기타포괄손익에 계상한다. 따라서 매도가능금융자산 평가손익은 당기순이익에 영향을 미치지 않는다. 매도가능금융자산을 처분할 때는 이를 기타손익에 넣기 때문에 당기순이익에 영향을 미친다. 매도하지 않으면 순이익에 영향을 미치지 않는다.

다음은 민앤지의 매도가능금융자산 내역이다.

▶ **민앤지 매도가능금융자산**

(단위: 천 원)

구분	당분기말	전기말
지분증권		
케이뱅크㈜(구, 케이뱅크준비법인㈜)	5,000,000	5,000,000
IBKC-메디치세컨더리 투자조합	1,098,000	332,000
㈜머니투데이	1,155,000	1,155,000
㈜어니스트펀드(구, ㈜비모)	299,970	299,970
합계	7,552,970	6,786,970

* 투자조합 지분도 지분증권이므로 매도가능금융자산에 속한다.

- **관계기업과 조인트벤처**: 20퍼센트 이상 50퍼센트 미만 지분을 보유하고 중대한 영향력을 행사할 경우 이를 관계기업으로 분류한다. 이때 회계처리는 지분 증감과 관계기업 실적 변화에 따른 투자금액 가치 변화에 맞춰 지분법 방식으로 해야 한다. 특히 20퍼센트 미만 지분을 보유하더라도 의미 있는 영향력을 행사할 수 있으면 관계기업으로 분류해 지분법 처리한다.

아래는 민앤지의 관계기업 내용으로 연결재무제표 주석사항에 나온다.

▶ **민앤지 관계기업**

(단위: 천 원)

회사명	당분기말					전기말	
	주식종류	주식수	지분율(%)	취득원가	장부가액	취득원가	장부가액
㈜씨스퀘어소프트	보통주	–	–	–	–	3,200,000	1,568,000
코리아오메가프로젝트1호조합	출자금	29좌	50.00%	2,900,000	2,889,949	2,900,000	2,903,383
㈜바이오일레븐 보통주		330,000주	15.79%	1,250,000	1,204,836	600,000	590,699
㈜인포텍코퍼레이션	보통주	200,000주	24.81%	450,000	494,781	450,000	513,766
합계				4,600,000	4,589,566	7,150,000	5,575,848

- **연결회계**: 50퍼센트 이상 지분을 보유하거나 실질적인 지배력을 행사할 경우 연결실적으로 회계처리한다. 이때 연결대상 기업을 종속기업이라고 부른다. 연결은 두 회사의 재무제표를 한 몸처럼 합산하는 회계처리다. 지분율 '50퍼센트+1주' 이상이면 기업 경영권을 확실히 장악했다고 할 수 있다. 물론 50퍼센트 이하여도 그 기업의 경영권을 실질적으로 지배할 경우 연결회계처리한다. 반대로 50퍼센트 이상을 보유하고 있어도 중요한 영향력을 행사할 수 없으면 지분법으로 처리한다. 재무제표와 손익계산서를 읽을 때 주의할 부분은 지배주주지분 순이익과 지배주주지분 자본이다. 연결실적에서는 지배주주지분에 속하는 항목을 봐야 한다.

연결재무제표는 연결대상인 두 회사의 재무제표를 단순 합산한다. 민앤지는 세틀뱅크 지분을 42퍼센트 보유하고 있다. 지분율이 50퍼센트 미만이지만 민앤지가 세틀뱅크 최대주주로서 경영권을 장악하고 있으므로 연결회계 대상이다. 연결회계에서 두 기업을 단순 합산할 때는 내부거래를 제외한다. 예컨대 세틀뱅크가 민앤지에 제품을 팔고 민앤지가 이것을 외부에 판매한 경우 매출이 두 번 잡힌다. 세틀뱅크가 민앤지와 거래한 부분은 내부거래로 이 부분을 제외하고 단순 합산한다.

▶ **민앤지 연결대상 종속기업**

기업명	소재지	업종	지분율(%)	결산월
㈜더넥스트씨	대한민국	결제 관련 소프트웨어 개발 및 서비스업	55.11	12월
세틀뱅크㈜	대한민국	응용소프트웨어 개발 및 공급업	42.45	12월

연결회계를 할 때 민앤지는 세틀뱅크 지분을 42퍼센트밖에 보유하지 않아 지배주주지분 개념으로 재무제표를 봐야 한다. 두 회사를 합산한 연결실적이 있을 때 최종적으로 나온 실적을 모두 민앤지 주주의 실적으로 볼 수는 없다. 민앤지 주주에게 해당하는 실적은 '민앤지 실적 100퍼센트+세틀뱅크 실적 42퍼센트'다.

재무상태표와 손익계산서에서 주주에게 가장 중요한 것은 자기자본과 순이익이다. 순이익은 결산 시점에 자기자본 이익잉여금 항목으로 이전한다. 연결회계에서 최종적으로 중요한 항목은 지배주주 귀속 순이익과 재무상태표의 지배주주지분이다.

민앤지의 주주는 연결실적을 살필 때 당기순이익뿐 아니라 지배기업 소유주에게 귀속되는 당기순이익도 눈여겨봐야 한다. 지배기업 소유주에게 귀속되는 당기순이익으로 주당순이익을 계산하기 때문이다. '지배기업 소유주'

(단위: 원)

	제9기 3분기	
	3개월	누적
영업수익	20,850,792,053	56,980,541,689
영업비용	15,324,055,668	41,059,899,038
영업이익	5,526,736,385	15,920,642,651
기타수익	368,633,228	1,884,474,222
기타비용	85,552,519	272,727,560
금융수익	162,492,424	417,036,914
금융원가	809,095	4,781,044
지분법손익	(72,048,106)	(68,282,019)
법인세비용차감전순이익	5,899,452,317	17,876,363,164
법인세비용	1,152,432,290	3,138,272,029
당기순이익	4,747,020,027	14,738,091,135
총포괄손익	4,747,020,027	14,738,091,135
당기순이익의 귀속		
지배기업 소유주에게 귀속되는 당기순이익	3,784,816,223	12,202,485,086
비지배지분에 귀속되는 당기순이익(손실)	962,203,804	2,535,606,049

에서 지배기업은 민앤지고 소유주는 주주를 의미하므로 이 말은 민앤지 주주를 뜻한다. 그러므로 지배기업의 소유주에게 귀속되는 당기순이익은 민앤지 주주에게 귀속되는 당기순이익을 말한다. 그 밑의 비지배지분에 귀속되는 당기순이익은 세틀뱅크 주주 중 그 밖의 주주 몫이다. 그 밖의 주주란 세틀뱅크에 투자한 주주 중 민앤지를 제외한 주주로 이들은 소수 주주 혹은 비지배기업 주주라고도 한다.

재무상태표에도 자본항목에 지배주주지분이 나온다(84쪽 표 참조). 이는 순이익과 마찬가지로 지배주주지분과 비지배주주지분으로 나눠서 표기한다.

어느 기업이 종속기업으로서 연결대상인지는 사업보고서 '재무에 관한 사항'과 연결재무제표 주석을 보면 알 수 있다. 민앤지의 경우 연결대상 종속

▶ 민앤지 요약 연결재무 정보

(단위: 원)

	제9기 3분기말	제8기
자본		
지배주주지분	92,849,338,816	76,958,735,560
납입자본	55,909,683,042	55,937,928,022
자본금	6,739,162,000	3,369,581,000
주식발행초과금	49,170,521,042	52,568,347,022
기타자본항목	(699,804,356)	(7,345,678,221)
이익잉여금	37,639,460,130	28,366,485,759
비지배주주지분	43,412,766,715	40,242,077,514
자본총계	136,262,105,531	117,200,813,074
자본과 부채 총계	182,370,473,569	160,768,832,044

기업은 두 곳이다.

　요약하자면 기업이 다른 회사 지분을 보유한 경우 세 가지 방식으로 회계처리한다. 실질적인 지배력이 있으면 연결회계처리, 의미 있는 지배력을 보유한 경우는 관계기업으로 분류해 지분법 처리, 영향력을 행사할 수 없고 단순히 시세차익을 목적으로 하는 투자는 매도가능자산으로 분류한다. 각각의 회계처리 방식이 다르니 이를 잘 살펴야 한다.

10

자산이면서 비용인 유형자산

유형자산은 비유동자산 항목 중에서 비중이 큰 편이다. 자산항목은 가장 먼저 굵직한 부분을 봐야 하는데, 유동자산에서는 현금, 매출채권, 재고자산이 중요하다. 비유동자산의 경우 유형자산만 잘 이해하면 다른 항목은 비중이 적으므로 크게 신경 쓰지 않아도 된다. 항상 비중이 큰 항목부터 먼저 보는 습관을 길러야 한다. 다음 표(86쪽 표 참조)에는 후성의 유형자산이 나타나 있다.

후성은 총자산 3,195억 원 중 유형자산 비중이 50퍼센트로 고정비 비중이 큰 장치산업형 기업이다. 이런 고정비형 기업은 가동률이 높아야 이익이 많이 난다. 매출단위당 고정비가 줄어들기 때문이다. 가동률이 높다는 것은 단위당 매출을 일으키는 데 드는 고정비 원가가 낮아진다는 것을 의미한다. 고정비형 기업은 경기의 영향을 크게 받는 경기민감형 산업에 속하며 경기

제12기 3분기말 2017.09.30. 현재
제11기말   2016.12.31. 현재

(단위: 원)

	제12기 3분기말	제11기말
자산		
유동자산	115,257,888,254	86,512,073,371
현금 및 현금성자산	47,104,554,788	20,274,922,794
단기금융상품	1,100,000,000	2,150,000,000
당기손익인식금융자산	532,232,220	473,971,810
매출채권 및 기타유동채권	38,414,510,796	38,906,179,433
재고자산	25,740,799,684	21,655,462,181
기타유동자산	2,365,790,766	3,051,537,153
매각예정비유동자산		40,871,024,917
비유동자산	204,339,599,976	187,700,247,867
장기금융상품	334,000,000	109,000,000
매도가능금융자산	13,027,032,119	12,593,064,634
관계기업투자	16,928,733,227	
공동지배기업투자	3,535,783,541	2,606,764,628
유형자산	158,804,682,780	159,528,991,344
무형자산	3,358,216,449	3,643,850,042
기타비유동자산	416,284,411	416,526,411
이연법인세자산	7,934,867,449	8,802,050,808
자산총계	319,597,488,230	315,083,346,155

가 좋아지는 초입이 투자 적기다.

후성의 제품을 소비하는 전방산업은 경기가 좋은 편이다. 가령 반도체, 2차전지 산업은 성장산업이고 냉매는 중국의 소비 증가로 가격이 크게 오르고 있다. 이처럼 전방산업 경기가 좋자 후성은 2017년 수요 증가에 대응하고자 반도체 특수가스와 2차전지 증설을 시작했다.

위의 표에서 후성의 유형자산은 2016년말 1,595억 원에서 2017년 9월말 1,588억 원으로 감소했다. 감가상각이 진행되었기 때문이다. 재무상태표를 놓고 후성의 설비투자를 계산할 경우, 유형자산 감소를 보고 유형자산을 매각했다고 오해할 수도 있다. 그렇지 않다. 단순히 재무상태표 상에서 전년 대비 유형자산 규모를 파악하면 신규 설비투자 규모를 알 수 없다.

현금흐름표를 보고 설비투자 규모를 계산하는 것 역시 정확한 방법이 아니다. 후성의 투자활동현금흐름표에서 유형자산은 다음과 같다.

▶ **후성 투자활동현금흐름표**

(단위: 원)

	제12기 3분기	제11기 3분기
영업활동현금흐름	43,737,312,641	20,883,088,865
당기순이익(손실)	25,566,957,738	25,001,812,906
당기순이익 조정을 위한 가감	27,467,924,818	18,054,222,103
영업활동으로 인한 자산·부채 변동	(7,500,257,861)	(19,132,112,811)
이자수취(영업)	199,240,529	68,240,466
이자지급(영업)	(2,151,004,603)	(2,981,829,568)
배당금수취(영업)	59,167,200	77,975,489
법인세납부(환급)	95,284,820	(205,219,720)
투자활동현금흐름	(13,947,029,111)	(11,779,956,652)
단기금융상품 처분	1,800,000,000	1,000,000,000
단기대여금 감소	14,021,439,240	12,576,880
보증금 감소	242,000	
유형자산 취득	(19,147,316,471)	(8,142,765,591)
무형자산 취득	(103,941,400)	(158,709,788)
단기금융상품 취득	(750,000,000)	(120,000,000)
장기금융상품 취득	(225,000,000)	(930,000,000)

* 현금흐름표 괄호 표시는 현금 유출을 의미한다.

현금흐름표에 나오는 유형자산 취득액은 설비투자를 진행하면서 지출한 현금을 의미한다. 만약 설비 중 일부를 외상매입했다면 어떨까? 이때 실제 설비투자 규모는 현금흐름표의 유형자산 취득 규모보다 많을 것이다. 따라서 현금흐름표만 보면 후성의 전체 설비투자 규모를 정확히 알 수 없다. 연간 설

(단위: 천 원)

과목	기초	취득	처분	상각	대체	외환차이	기말
토지	18,939,922	–	–	–	–	–	18,939,922
건물	27,254,547	111,795	640,683	(1,299,814)	565,987	(1,342,844)	25,930,354
구축물	16,098,266	–	(479,862)	(920,561)	2,421,658	–	17,119,501
기계장치	83,405,255	665,138	(379,347)	(14,670,029)	5,479,201	(141,761)	74,358,457
기타유형자산	6,506,226	1,339,300	(18,388)	(1,936,402)	1,931,236	(737)	7,821,235
건설 중인 자산	7,324,775	17,712,267	–	–	(10,400,626)	(1,203)	14,635,213
합계	159,528,991	19,828,500	(236,914)	(18,826,806)	(2,544)	(1,486,545)	158,804,682

비투자 규모를 정확히 알려면 무엇을 봐야 할까? 사업보고서 주석사항에 정확한 투자금액이 나온다. 위의 표는 후성의 사업보고서 주석사항이다.

후성이 2017년 3분기말까지 신규 시설투자에 투자한 금액은 198.2억 원이다. 처분은 2.3억 원, 감가상각은 188억 원이다. 여기서 '대체'는 자산항목 간 이동을 의미한다. 설비투자를 진행하고 있을 때는 건설 중인 자산이라는 계정과목에 넣었다가 시설을 완공하면 구축물이나 기계장치 등으로 항목을 변경한다. 외환차이는 설비가 외국에 있을 경우 환율 변동에 따라 자산가치가 달라지는 부분을 뜻한다.

이제 주석사항을 보면 후성이 실제로 집행한 설비투자 규모를 정확히 알 수 있다. 표에는 기초 대비 기말 취득액 198.2억 원을 신규 투자한 것으로 나온다. 이는 투자활동현금흐름표의 유형자산 취득과 차이가 난다. 유형자산 규모는 2017년초 대비 2017년 3분기에 감소로 나오는데 이는 신규 설비투자를 했음에도 불구하고 감가상각비와 외환차이 때문이다. 설비투자 못지않게 감가상각이 진행된다는 의미다.

결국 어떤 기업이 그해에 설비투자를 얼마나 했는지 알려면 사업보고서 주석사항을 확인해봐야 한다.

▶ **후성 감가상각 누계액**

(단위: 천 원)

구분	토지	건물	구축물	기계장치	기타유형자산	건설 중인 자산	합계
기초 장부가액							
취득원가	18,939,922	35,412,912	26,611,665	233,701,570	21,122,132	7,324,775	343,112,976
감가상각누계액	–	(8,158,365)	(8,934,919)	(134,081,833)	(14,595,156)	–	(165,770,273)
손상차손누계액	–	–	(1,578,480)	(16,214,482)	(1,412)	–	(17,794,374)
정부보조금	–	–	–	–	(19,338)	–	(19,338)
순장부가액	18,939,922	27,254,547	16,098,266	83,405,255	6,506,226	7,324,775	159,528,991
기중변동액							
취득	–	106,151	–	1,134,194	1,488,615	28,599,093	31,328,053
대체	–	565,987	3,200,580	6,821,945	1,950,766	(13,007,145)	(467,867)
처분	–	608,342	(704,677)	(1,187,624)	(19,292)	–	(1,303,251)
감가상각비	–	(1,748,676)	(1,234,194)	(19,463,043)	(2,599,135)	–	(25,045,048)
손상차손환입	–	–	186,675	386,488	–	–	573,163
환율차이	–	(1,733,957)	–	(834,232)	(1,852)	(12,704)	(2,582,745)
기말 순장부가액	18,939,922	25,052,394	17,546,650	70,262,983	7,325,328	22,904,019	162,031,296
기말 장부가액							
취득원가	18,939,922	34,698,442	26,328,148	213,096,722	24,198,815	22,904,019	340,166,068
감가상각누계액	–	(9,646,048)	(8,781,498)	(142,833,739)	(16,858,145)	–	(178,119,430)
손상차손누계액	–	–	–	–	–	–	–
정부보조금	–	–	–	–	(15,342)	–	(15,342)
순장부가액	18,939,922	25,052,394	17,546,650	70,262,983	7,325,328	22,904,019	162,031,296

하나만 더 살펴보자. 후성이 회사를 창립한 이후 지금까지 유형자산에 투자한 총금액은 얼마일까? 이는 감가상각 누계액을 보면 알 수 있다. 이것은 분기 사업보고서에는 나오지 않지만 연간 사업보고서에는 나온다. 2017년 사업보고서에 나오는 후성의 감가상각 누계액은 위의 표와 같다.

후성이 사업을 시작한 이후 지금까지 유형자산에 투자한 총액은 취득원가 3,401억 원이다. 이 금액은 취득했다가 처분한 금액을 제외한 것이다. 그동안 감가상각 누계액은 1,781억 원이다. 이 금액에서 손상차손 누계액과 정부보조금을 제하면 현재 유형자산 순장부가액은 1,620억 원이다.

후성의 영업이익률이 20퍼센트 수준을 넘나들고 제품의 미래 수요 전망이 좋아 신규 진입을 검토하는 기업들이 나타날 수 있다. 만약 후성과 같은 규모로 사업을 시작하려면 자금이 얼마나 필요할까? 물론 신규 진입은 단순히 자금 측면만 고려할 수는 없다. 설비 운영 노하우도 중요하다. 또한 불산화합물 기술력은 전 세계적으로 후성을 포함해 몇 개 회사만 보유하고 있다. 이 벽을 넘기가 쉽지 않을 것이다.

그럼 기술적 측면은 차치하고 자금 문제만 생각해보자. 약 1,600억 원만 있으면 후성 규모의 설비를 도입할 수 있을까? 그렇지 않다. 후성이 지금까지 유형자산에 투자한 금액 3,401억 원의 가치를 생각해야 한다. 후성은 그동안 지속적으로 설비투자를 집행하고 감가상각을 진행하면서 공정기술 노하우를 쌓아왔다. 그 결과 지금 최적 투자 규모를 갖춘 것이다. 감가상각 누계액 1,781억 원 속에는 사업 과정 중에 겪은 시행착오가 녹아 있다. 그러므로 신규 진입자는 4,000억 원 이상을 투자해도 후성의 기술력을 따라잡기가 쉽지 않을 것이다. 설비투자 금액은 단순한 수치에 불과하고 설비 운영 노하우는 금액 속에 녹아 있지 않기 때문이다.

여하튼 신규 투자자가 4,000억 원을 들여 후성과 똑같은 설비를 들여놨다고 가정해보자. 후성의 설비 규모는 1,620억 원으로 신규 진입자는 감가상각비만으로도 경쟁에서 후성에 뒤진다. 후성의 토지 규모도 약 200억 원으로 계상했지만 이는 장부가격일 뿐이고 지금은 이보다 더 큰 금액을 지불해야 살 수 있다. 이런 부분을 감안할 경우 신규 투자자 이익률은 후성보다 훨씬 낮을 수밖에 없다. 여기에다 신규 진입자가 나서면 가격경쟁을 벌이게 마련이고 후성이 판매단가를 내릴 경우 신규 진입자는 적자에 허덕일 가능성이 크다. 후성에게 여러모로 유리한 측면이 있다는 얘기다. 감가상각 누계액은 이러한 측면에서 참고할 필요가 있다.

후성처럼 감가상각이 많이 진행된 설비를 갖춘 기업은 유형자산의 감가상각 부담을 덜 수 있다. 토지를 제외한 유형자산은 감가상각해야 하므로 자산이지만 비용이나 마찬가지다. 매년 가치가 감소한 부분만큼 비용으로 계상해야 한다. 결론적으로 유형자산이 많은 기업을 두고 '이 회사는 참 튼튼하군'이라고 평가하는 것은 반만 맞는 말이다. 자산이면서 비용으로 봐야 하기에 유형자산이 많은 기업은 앞으로 지출할 비용이 많다고 추정해야 한다.

쎌바이오텍은 적은 자산으로 많은 이익을 낼 수 있는지 잘 보여준다. 유형자산이 많지 않지만 경쟁기업에게 없는 균주를 보유하고 있고 특수 공법을 적용해 신규 진입을 배제하는 등 경제적 해자를 갖춘 덕분에 이익률이 높다.

후성의 유형자산은 총자산 대비 50퍼센트인데 쎌바이오텍은 24퍼센트로 후성의 절반 수준에 불과하다. 그러나 쎌바이오텍은 현금성자산을 415억 원이나 보유한 현금부자다. 유형자산을 구체적으로 살펴보면 쎌바이오텍의 진

▶ **쎌바이오텍 유형자산**

(단위: 원)

	제23기 3분기말	제22기말
자산		
유동자산	70,246,504,239	69,267,535,256
현금 및 현금성자산	11,371,476,226	10,594,468,521
매출채권 및 기타유동채권	12,200,737,985	10,792,304,471
단기금융상품	41,595,435,940	45,198,950,000
재고자산	2,635,403,133	2,052,900,092
기타유동자산	2,443,450,955	628,912,172
비유동자산	25,225,083,267	21,261,696,865
장기매출채권 및 기타비유동채권	495,993,700	342,479,173
장기금융상품	292,929,662	271,592,405
유형자산	22,987,889,436	19,524,253,609
영업권 이외의 무형자산	1,185,816,772	939,269,664
이연법인세자산	262,453,697	184,102,014
자산총계	95,471,587,506	90,529,232,121

(단위: 천 원)

구분	토지	건물	구축물	기계장치	차량 운반구	기타 유형자산	건설 중인 자산	합계
기초	6,124,725	7,833,330	898,992	2,809,356	186,283	966,468	705,100	19,524,254
취득/자본적 지출	–	1,005,449	–	273,261	214,372	373,066	3,463,798	5,329,946
정부보조금 수령	–	–	–	(70,881)	–	–	–	(70,881)
대체/기타	2,068,020	1,341	–	419,164	332	22,014	(2,663,394)	(152,523)
처분	–	–	–	(10)	–	(20,996)	–	(21,006)
감가상각비	–	(259,208)	(89,856)	(616,240)	(79,644)	(382,633)	–	(1,427,581)
기말	8,192,745	8,580,912	809,136	2,814,650	321,343	957,919	1,505,504	23,182,209

가는 더욱 선명하게 드러난다.

토지는 감가상각 대상이 아니므로 쎌바이오텍의 감가상각 대상 유형자산은 약 149억 원에 불과하다. 건물은 내용 연수가 장기간이라 매년 감가상각비가 크지 않다. 기계장치는 28억 원인데도 6.1억 원을 감가상각하는데 비해 건물은 78억 원임에도 2.5억 원을 감가상각한다. 무엇보다 쎌바이오텍의 기계장치가 28억 원이라는 점에 주목해야 한다. 이 정도 시설로 쎌바이오텍은 2017년 매출액 610억 원을 달성했고 연간 감가상각비 총금액은 14.2억 원에 불과했다.

쎌바이오텍의 2017년 영업이익률이 37퍼센트였던 이유가 여기에 있다. 이 기업은 유형자산 규모가 크지 않으면서도 높은 이익률을 누리고 있다. 쎌바이오텍이 경쟁이 치열한 프로바이오틱스 시장에서 35퍼센트 이상의 높은 이익률을 올리는 것은 선발주자로서 브랜드 가치에 힘입은 측면이 있다. 균주 보유, 이중 코팅, 감가상각비 최소화, 브랜드 가치 등이 어우러진 결과다. 이제 유형자산을 비용 관점으로 살펴야 하는 이유를 확인했을 것이다. 유형자산은 자산이자 비용이라는 관점으로 접근해야 한다.

11

개발비를 자산처리할 때 발생하는 문제점

기업이 기술개발을 하는 이유는 미래의 성장 동력을 확보하기 위해서다. 통상 기술개발 활동은 연구개발, 즉 R&D 활동을 의미한다. 물론 연구개발을 한다고 제품개발에 모두 성공하는 것은 아니다. 연구개발할 때 들어가는 비용을 개발 단계에 따라 당기에 비용으로 처리할지 아니면 자산으로 계상한 뒤 무형자산상각으로 비용처리할지 결정해야 한다.

비용처리: 일상적인 연구개발 활동에 드는 비용을 판관비에 경상연구개발비 항목으로 당기에 비용처리한다.

자산처리: 개발비로 자산처리한다. 제품개발 성공 확률이 높은 단계다.

연구개발 활동에 드는 비용을 당기에 비용처리하는 것은 어찌 보면 당연한 일이다. 비용을 비용처리하는 것이니 말이다. 그러면 비용을 자산처리하는 부분을 생각해보자. 자산이란 미래에 현금을 벌어줄 가능성이 있는 것을 말한다. 이를테면 기계장치가 자산인 이유는 제품을 만들어 현금을 창출할 가능성이 있기 때문이다.

연구개발비로 들어간 비용도 제품개발에 성공할 가능성이 높기에 투입비용을 자산으로 처리할 수 있다. 이는 연구개발 활동이 미래에 현금을 벌어줄 가능성이 있다는 얘기다. 그래서 비용으로 처리하지 않고 자산으로 처리한다. 기계를 구입하면 현금이 나가지만 이를 비용이 아닌 자산으로 처리한다. 마찬가지로 연구개발 활동으로 현금이 나가도 이를 기계 구입과 비슷하다고 본다. 미래에 현금을 벌어줄 무형자산을 구매했다는 의미로 읽을 수 있다.

이때 제품개발에 성공할 가능성의 기준이 명확하지 않을 경우 기업은 비용처리보다 자산처리를 선호한다. 비용처리하면 손익계산서에 영향을 주지만 자산처리하면 당장은 손익계산서에 영향을 주지 않기 때문이다. 이에 따라 기업은 당기순이익을 줄이지 않는 동시에 재무상태를 양호하게 포장하기 위해 자산처리하려 한다. 그럼 기업이 연구개발 활동에 투입한 현금을 어떻게 회계처리하는지 구체적으로 살펴보자.

연구개발비로 10억 원을 지출하면 그만큼 현금이 유출되는데 이를 비용처리가 아닌 자산처리하면 어떻게 될까? 이것은 현금을 주고 기계를 산 것과 같은 형식의 회계처리다. 기계를 구입하면 미래에 기계가 돈을 벌어준다. 마찬가지로 연구개발비를 지출해 무형자산을 사는 것은 무형자산이 미래에 돈을 벌어줄 것으로 본다는 의미다. 현금이 감소하고 무형자산이 증가했으니 자산총계에는 변화가 없다. 손익계산서 역시 변화가 없다.

▶ **연구개발비 10억 원을 자산처리할 경우**

자산처리 전					자산처리 후				
자산		**부채**			**자산**		**부채**		
현금	10				현금	0			
		자본					**자본**		
					무형자산	10			
자산총계		부채와 자본 총계			자산총계		부채와 자본 총계		

만약 연구개발비 10억 원을 경상연구개발비로 처리하면 비용처리 과정은 다음과 같이 나타난다(96쪽 표 참조).

- 연구개발비 지출로 현금이 10억 원 줄어들면 자산이 10억 원 감소한다.
- 연구개발비는 판관비에서 경상연구비로 비용처리한다.
- 비용이 10억 원 증가했으므로 당기순이익 10억 원이 감소한다.
- 결산회계에서 당기순이익은 이익잉여금 항목으로 비워지기 때문에 이익잉여금이 10억 원 감소하고 부채와 자본 총계도 10억 원 줄어든다. 이로써 재무상태표 왼쪽과 오른쪽이 같아진다.

결국 연구개발비를 자산처리하지 않고 비용처리하면 당기순이익이 감소하고 자산도 그만큼 줄어든다. 이 때문에 기업의 재무상태와 손익 상황이 좋지 않게 나온다. 이에 따라 기업은 연구개발비를 비용처리하는 것보다 개발비로

▶ 연구개발비 10억 원을 경상연구개발비로 처리할 경우

재무상태표

자산		부채	
현금	~~10~~		
		자본	
		이익잉여금	-10
자산총계	-10	부채와 자본 총계	-10

손익계산서

매출액	
매출원가	
판매관리비	
- 경상연구비	10
영업이익	
세전순이익	
법인세	
당기순이익	-10

자산처리하는 회계를 선호한다. 물론 개발비로 자산처리해도 일정 기간 동안 나눠서 비용으로 처리해야 한다. 이것은 이연된 비용이다. 서서히 비용처리하느냐, 일거에 비용처리하느냐 문제일 뿐이다.

⠿ 개발비 처리에도 요건이 있다

종종 개발비 처리를 놓고 분식회계 논란이 일어난다. 기업은 보통 연구개발 비용을 자산처리하려 하지만 회계감사를 맡은 쪽은 자산으로 인정하지 않고 비용처리해야 한다고 맞선다. 예를 들어 글로벌 제약사들은 연구개발 활동에 들어간 비용 중 80퍼센트 이상을 당기에 비용으로 처리하지만, 한국 바이오기업 중에는 당기 비용처리 비율이 30퍼센트에 미치지 못하는 기업이 많다. 외국 제약사들이 그만큼 보수적인 회계처리를 하는 셈이다. 만일 개

발비를 자산으로 계상한 뒤 제품화에 실패할 경우 이 개발비는 부실자산이 되므로 손상처리해야 한다. 이때 갑자기 손실이 증가한다. 따라서 개발비를 지나치게 많이 자산으로 계상한 기업은 투자에 조심해야 한다.

2018년 차바이오텍은 연구개발비 회계처리를 자산으로 인정받지 못해 영업이익이 적자로 돌아서면서 관리대상종목에 편입되었다. 기업회계에서는 자산처리와 비용처리 기준을 다음과 같이 제시한다.

- 식별과 측정 가능성: 제품이 명확하고 관련 비용이 개별적으로 식별 가능해야 한다.
- 기술적 실현 가능성: 기술적으로 제품생산이 가능하다는 것을 입증해야 한다.
- 자산성 확보: 제품을 생산해 매출과 연결할 수 있어야 한다.
- 시장 및 판매 능력: 제품을 판매할 시장이 존재해야 한다. 제품 사용 목적이 내부적이라면 해당 제품이 유용하다는 것을 입증할 수 있어야 한다.
- 개발과 사용 자원 확보: 제품개발을 완료하고 실제로 제품 판매에 필요한 기술적, 금전적 자원을 충분히 확보해야 한다.

다섯 가지 요인을 모두 충족하지 못하면 개발비로 자산처리할 수 없다. 다음은 한국의 대표적인 연구개발 중심 바이오기업 셀트리온의 회계처리 내용이다.

▶ 셀트리온 회계처리

(단위: 원)

과목	2017년		2016년	
자산				
유동자산		1,615,138,004,21		1,254,069,221,557
현금 및 현금성자산	419,205,662,651		268,408,116,475	
단기금융자산	138,717,014,000		5,765,335,000	
매출채권	828,394,032,126		758,305,090,542	

과목	2017년		2016년	
기타수취채권	3,211,880,582		4,830,010,171	
재고자산	200,586,056,749		184,758,545,565	
당기법인세자산	9,780,837,220		9,903,568,960	
기타유동자산	15,242,520,890		22,098,554,844	
비유동자산		1,843,595,129,019		1,767,871,785,915
장기금융자산	15,686,919,883		15,342,266,303	
장기매출채권	–		517,859,475	
장기기타수취채권	8,562,470,441		8,502,191,390	
관계기업투자	17,006,445,302		6,157,106,430	
유형자산	844,212,382,151		867,921,681,510	
무형자산	951,872,762,158		848,322,769,361	
이연법인세자산	–		16,773,755,927	
기타비유동자산	6,254,149,084		4,334,155,519	
자산총계		3,458,733,133,237		3,021,941,007,472

2017년말 현재 셀트리온의 무형자산 규모는 9,518억 원이다. 무형자산 규모가 증가한 내역은 주석사항에 나온다. 셀트리온은 무형자산을 1,688억 원 신규 계상했고 무형자산 상각은 646억 원이다. 상각보다 신규 계상 규모가 커서 무형자산이 증가했다.

셀트리온이 2017년 판관비 항목에서 경상연구비로 처리한 금액은 579억 원이다.

셀트리온이 2017년 총연구개발에 신규로 지출하거나 투자한 금액은 개발비 1,688억 원과 경상연구개발비 579억 원이다. 연구개발비 전체 금액 중 당기에 비용처리한 비율은 25.5퍼센트로 글로벌 제약사에 비해 개발비 계상비율이 높은 편이다. 외국계 증권사들은 종종 개발비 계상비율이 높은 것을 두고 논란을 벌인다. 만일 2017년 셀트리온이 글로벌 제약사들과 비슷한 비율로 개발비를 계상할 경우 추가로 1,234억 원을 당기에 비용처리해야 한다. 따라서 2017년 당기순이익은 4,007억 원이 아니라 2,773억 원이라는 것이

▶ 셀트리온 무형자산 변동

(단위: 천 원)

구분	2017.1.1.	연결범위 변동	내부창출	개별취득	대체	처분
영업권	3,503,133	(477,288)	–	–	–	–
소프트웨어	1,846,634	–	–	358,974	–	14,821
지적재산사용승인권	14,417,000	–	–	–	–	–
개발비	815,242,552	–	168,804,777	–	–	–
기타무형자산	5,675,916	–	–	1,552	448,130	–
시설이용권	7,637,534	–	–	873,345	–	494,114
합계	848,322,769	(477,288)	168,804,777	1,233,871	448,130	508,935

구분	손상차손	상각비	2017.12.31.	상각누계액
영업권	–	–	3,025,845	–
소프트웨어	–	723,541	1,467,246	(5,667,792)
지적재산사용승인권	–	2,418,000	11,999,000	(32,756,600)
개발비	1,341,808	59,753,268	922,952,253	(220,215,032)
기타무형자산		1,713,945	4,411,653	(1,834,777)
시설이용권		–	–	8,016,765
합계	1,341,808	64,608,754	951,872,762	(260,474,201)

▶ 셀트리온 경상연구비

(단위: 천 원)

구분	2017년	2016년
급여, 상여 및 퇴직급여	30,882,256	24,170,493
복리후생비	2,655,950	1,751,696
감가상각비	1,385,857	1,499,398
무형자산상각비	4,558,403	4,614,992
지급임차료	1,194,101	1,052,763
여비교통비	1,750,603	1,696,638
지급수수료	18,342,746	11,662,886
용역비	1,461,421	981,964
접대비	937,163	1,226,481
광고선전비	13,790,578	11,355,076
주식보상비용	2,375,403	1,616,826
경상연구개발비	57,976,585	65,358,027
교육훈련비	697,502	666,807
판매수수료	18,167,070	10,888,048
기타판매관리비	8,918,770	8,366,938
합계	165,094,408	146,909,033

외국계 증권사의 주장이다. 셀트리온은 정당하게 개발비를 자산으로 처리했다고 주장한다. 이 부분을 두고 누가 옳고 그르다는 답을 내놓기는 어렵다. 기업의 회계정책에 차이가 있기 때문이다. 2018년 정부는 바이오시밀러 기업이 임상1상 진입할 경우 개발비로 자산처리할 수 있도록 기준을 마련했다.

⠿ 순이익을 감소시키는 무형자산 손상차손

무형자산이 손상을 입을 경우 이를 비용으로 처리해야 한다. 아미코젠은 2017년 결산에서 무형자산 손상차손을 계상했다. 2016년에는 무형자산 손상차손이 없었지만 2017년에는 32.4억 원을 손상차손으로 처리했는데 이는 순이익 감소 요인으로 작용했다.

▶ 아미코젠 무형자산 손상차손

(단위: 원)

구분	개발비	토지사용권	산업재산권	영업권	합계
기초	6,117,875,490	8,539,387,570	192,699,745	5,141,736,269	19,991,699,074
증가					
개별취득	1,657,315,186	–	182,303,760	–	1,839,618,946
기타증가	–	–	–	–	–
연결실체 변동	–	–	173,935,507	644,177,533	818,113,040
감소					
상각	(192,982,042)	(196,752,400)	(99,805,509)	–	(489,539,951)
손상	(3,242,748,517)	–	–	(713,087,234)	(3,955,835,751)
순외환차이	(83,949,529)	(469,167,289)	(2,690,422)	–	(555,807,240)
기말	4,255,510,588	7,873,467,881	446,443,081	5,072,826,568	17,648,248,118

12

창투사의
자산운용

벤처기업에 전문적으로 투자하는 금융회사에는 신기술금융회사와 창투사가 있다. 창투사보다 자본금이 큰 신기술금융회사는 자산운용 측면에서 상대적으로 유리하다.

창투사가 주로 하는 일은 다음과 같다. 첫째, 창업투자VC, Venture Capital를 진행한다. 이를 위해 벤처펀드를 결성하고 운영하며 벤처기업에 투자한다. 또한 경영, 마케팅, 자금 및 기업공개 지원 등을 통한 지속적인 밸류업Value-Up 서비스를 제공하고 투자기업의 해외시장 진출을 지원한다. 해외자본 유치 및 첨단기술 확보를 위한 해외투자도 진행한다. 둘째, 사모투자전문회사PEF, Private Equity Fund를 설립하고 운영한다. 셋째, 기업 인수합병M&A을 진행한다. 넷째, 특수인수목적회사SPAC, Special Purpose Acquisition Company를 설립하고 운영한다.

▶ **신기술금융회사 vs. 창업투자회사**

구분		신기술금융회사	창업투자회사
설립 근거		여신전문금융업법	중소기업창업지원법
감독 소관		금융위원회(금융감독원)	중소기업청(한국벤처투자)
설립요건 및 운영요건	자본금	200억 원	20억 원
	투자대상	신기술사업자	중소·벤처기업
	투자의무	없음	창업투자사 등록 후 3년 이내 자본금의 40%를 창업자 및 벤처기업 등에 신규 투자할 의무
업무범위 및 업무방법	가능업무	- 신기술사업자에 투·융자, 경영지도 - 여신전문금융사 부수 업무	- 중소·벤처기업에 투자

	투자방법	- 신주·구주, 타조합 지분 인수
		- 무형자산(IP 등) 인수 및 해외투자
			- 주로 신주투자
			  (구주투자 등 제한적)
			- 해외투자
			  (의무비율 등 충족 후)

	운영조합	- 신기술투자조합 - 한국벤처투자조합(KVF) - PEF	- 중소기업창업투자조합 - 한국벤처투자조합(KVF) - PEF

▶ **2016년 기준 창투사별 투자실적(상위 10개 회사)**

(단위: 억 원)

순위	창투사	투자금액
1	한국투자파트너스	1,482
2	스마일게이트인베스트먼트	959
3	SBI인베스트먼트	878
4	에이티넘인베스트먼트	702
5	LB인베스트먼트	681
6	IMM인베스트먼트	589
7	KB인베스트먼트	554
8	SV인베스트먼트	542
9	KTB네트워크	520
10	인터베스트	499

* 출처: 한국벤처캐피털협회

⁜ 창투사는 어떻게 자금을 조달할까

창투사는 자기자본과 부채로 자본을 조달해 이를 벤처기업에 투자한다. 총 자본 조달구조를 보면 부채보다 자기자본으로 조달하는 비중이 높다. 그럼 에이티넘인베스트먼트(이하 에이티넘)의 사례로 창투사 자본조달과 수익구조를 알아보자.

에이티넘이 자기자본으로 조달한 액수는 651억 원인데 이 중 이익잉여금이 345억 원으로 가장 많다. 이것은 회사 업력이 30년인 이 회사가 그동안 누적해온 이익잉여금이 345억 원이라는 의미다. 에이티넘의 자본조달에서 핵심은 주주가 출자한 자금 301.3억 원과 회사가 벌어들인 이익잉여금 345억 원이다.

▶ 에이티넘 자본조달 구조

(단위: 원)

	2017.9.30.	2016.12.31.
부채		
유동부채	1,006,002,243	1,829,036,774
단기기타금융부채	387,752,107	1,475,892,092
기타유동부채	193,356,946	51,753,442
당기법인세부채	424,893,190	301,391,240
비유동부채	1,500,000,000	1,500,000,000
장기차입금	1,500,000,000	1,500,000,000
부채총계	2,506,002,243	3,329,036,774
자본		
자본금	24,000,000,000	24,000,000,000
자본잉여금	6,135,651,101	6,135,651,101
기타자본	(11,894,888)	(11,894,888)
기타포괄손익누계액	469,477,678	2,773,435,142
이익잉여금(결손금)	34,519,687,762	31,667,886,882
자본총계	65,112,921,653	64,565,078,237
자본과 부채 총계	67,618,923,896	67,894,115,011

◦◦ 창투사의 자산운용 방식

창투사는 크게 두 가지 방식으로 자산을 운용한다. 첫째는 투자조합을 결성해 지분투자하는 방식이고, 둘째는 자기자본으로 벤처기업 등에 직접 투자하는 방식이다. 다음 표는 에이티넘의 재무상태표다.

창투사는 자기자본으로 벤처기업에 지분투자하거나 투자조합을 결성해 투자한다. 투자조합을 모집할 때는 창투사도 자금을 일정비율 투자하는데, 이는 조합에 투자하는 사람들의 신뢰를 이끌어낸다. '나도 이만큼 자금을 투자할 테니 당신들도 투자하라. 내가 자금을 책임지고 운용해서 많은 이익

▶ 에이티넘 재무상태표

제30기 3분기말　2017.09.30. 현재
제29기말　　　2016.12.31. 현재

(단위: 원)

	제30기 3분기말	제29기말
자산		
창업투자자산	39,907,316,532	37,255,657,896
투자실적자산	39,907,316,532	37,255,657,896
유동자산	10,295,121,339	14,597,674,911
현금 및 현금성자산	7,380,072,103	11,443,886,486
단기매도가능금융자산	1,520,000	8,020,000
기타유동금융자산	2,912,218,291	3,145,236,682
기타유동자산	1,310,945	531,743
당기법인세자산	0	0
비유동자산	17,416,486,025	16,040,782,204
장기매도가능금융자산	8,535,720,506	9,228,390,218
유형자산	21,659,117	49,201,080
무형자산	1,895,349,510	1,895,349,510
기타비유동금융자산	6,672,364,999	4,700,693,229
이연법인세자산	291,391,893	167,148,167
자산총계	67,618,923,896	67,894,115,011

▶ **에이티넘 창업투자자산**

(단위: 원)

회사명	보유 주식수	지분율 (%)	취득원가	순자산가치	장부금액
창업투자자산					
09-9한미신성장녹색벤처조합	23	15.00%	225,000,000	2,856,495,615	2,856,495,615
2011 KIF-Atinum IT전문투자조합	75	20.00%	750,000,000	1,819,432,075	1,819,432,075
에이티넘팬아시아조합	363	13.00%	3,626,049,943	6,433,811,969	6,433,811,969
에이티넘고성장기업투자조합	19,086	11.30%	19,086,080,000	20,819,949,944	20,819,949,944
에이티넘뉴패러다임투자조합	8,320	10.40%	8,320,000,000	7,977,626,929	7,977,626,929
합계			32,007,129,943	39,907,316,532	39,907,316,532

을 내겠다'는 의지로 읽히기 때문이다. 그럼 에이티넘의 창업투자자산을 살 펴보자.

에이티넘은 에이티넘고성장기업투자조합을 결성해 여기에 11.3퍼센트의 지분을 투자했는데, 금액으로는 190.8억 원이다. 나머지는 기관이나 개인 등 이 투자했다.

에이티넘고성장기업투자조합은 두나무에 약 30억 원을 투자해 지분을 3퍼센트 정도 보유한 것으로 알려져 있다. 정확한 지분과 투자액은 공개하지 않고 있다. 이 부분이 증권시장에서 이슈로 떠올라 가상화폐거래소 테마주 로 엮이면서 주가가 요동을 쳤다. 과연 두나무에 투자한 에이티넘은 얼마나 수익을 올릴 수 있을까? 고성장기업투자조합이 두나무 지분을 3퍼센트 보유 했을 경우 에이티넘의 두나무 추정지분은 0.34퍼센트다(투자조합의 두나무 지 분 3퍼센트×에이티넘의 투자조합지분 11.3퍼센트).

창업투자자산은 지분법으로 회계처리한다. 투자자산은 순자산 가치가 변동하므로 이를 결산 시점에 지분법으로 반영한다. 에이티넘이 운용하는 투자조합자산이 어떻게 변동했는지는 사업보고서 주석사항을 보면 알 수 있다.

▶ 에이티넘 창업투자자산 가치 변동

(단위: 원)

구분	기초잔액	배당금 등 수령액	취득/처분으로 인한 증감
창업투자자산			
09-9한미신성장녹색벤처조합	3,112,613,867	(-)165,000,000	-
2011 KIF-Atinum IT전문투자조합	1,579,856,654	-	-
에이티넘팬아시아조합	6,398,413,302	(-)324,914,868	26,000,000
에이티넘고성장기업투자조합	22,210,540,446	(-)1,3○○,720,000	(-)587,200,000
에이티넘뉴패러다임투자조합	3,954,233,627	-	4,160,000,000
합계	37,255,657,896	(-)1,814,634,868	3,598,800,000

구분	기타포괄손익 누계 증감	지분법이익(손실)	기말평가액
창업투자자산			
09-9한미신성장녹색벤처조합	(-)1,252,023,369	1,160,905,117	2,856,495,615
2011 KIF-Atinum IT전문투자조합	(-)31,193,448	270,768,869	1,819,432,075
에이티넘팬아시아조합	(-)171,989,700	506,303,235	6,433,811,969
에이티넘고성장기업투자조합	(-)1,169,131,918	1,690,461,416	20,819,949,944
에이티넘뉴패러다임투자조합	(-)27,585,144	(-)109,021,555	7,977,626,928
합계	(-)2,651,923,579	3,519,417,082	39,907,316,531

투자조합의 기초잔액과 기말평가액을 눈여겨보자. 에이티넘이 운용하는 투자조합 총자산은 기초에 372.5억 원이었는데 기말평가액이 399억 원이 되었다. 순자산 가치가 26.5억 원 증가한 것이다. 에이티넘은 이 조합에 투자한 지분율만큼 지분법이익을 얻는다.

그다음으로 에이티넘이 자기자본으로 투자하는 자산은 매도가능금융자산으로 처리한다.

에이티넘의 매도가능금융자산 내역을 보면 채권에 152만 원을 투자했고 시장성 없는 지분증권에 85.3억 원을 투자했다. 시장성 없는 지분증권은 비상장사를 의미한다. 이들이 상장되면 시장성 있는 지분증권으로 바뀐다.

106

▶ 에이티넘 매도가능금융자산

(단위: 원)

구분	당분기	전기
단기매도가능금융자산		
채무증권	1,520,000	8,020,000
소 계	1,520,000	8,020,000
장기매도가능금융자산		
시장성 있는 지분증권	-	-
시장성 없는 지분증권	8,535,720,506	9,226,870,218
채무증권	-	-
소 계	8,535,720,506	9,226,870,218
합 계	8,537,240,506	9,234,890,218

종합하면 에이티넘은 조달한 자금으로 두 가지 유형의 자산을 운용한다. 투자조합을 모집해 자기 돈을 투자하거나 매도가능금융자산에 투자한다.

창투사의 손익계산서 구조를 이해하라

이제 에이티넘의 손익계산서로 창투사가 어떻게 수익과 비용을 처리하는지 알아보자(108쪽 표 참조).

창투사의 영업수익은 자산운용 방식에 따라 두 곳에서 발생한다. 투자조합수익은 어디에서 발생할까? 에이티넘은 투자조합을 운영하는 주체이므로 그 대가로 매년 일정액의 보수를 받는다. 투자조합을 청산할 때 이익을 많이 냈다면 그에 따른 성과보수도 받는다. 에이티넘은 3분기까지 누적 운영보수로 36.1억 원을 수령했는데 이는 상당히 큰 금액이다. 조합을 운영해 투자를 잘하면 조합의 순자산 가치는 증가한다. 에이티넘은 각 조합에 지분투자를 했으므로 지분법이익을 계상한다. 에이티넘의 조합지분법이익은 36.2억 원

▶ 에이티넘 손익계산서

(단위: 원)

구분	당분기	전분기
(1) 투자수익	31,000,000	–
1. 투자주식처분이익	31,000,000	–
(2) 투자조합수익	7,245,656,929	11,274,688,791
1. 조합지분법이익	3,628,438,638	7,778,254,252
2. 조합관리보수	3,617,218,291	3,158,021,032
3. 조합출자금처분이익	–	338,413,507
(3) 기타영업수익	2,964,972,917	–
1. 매도가능금융자산처분이익	2,963,518,024	–
2. 매도가능금융자산이자수익	1,454,893	–
합계	10,241,629,846	11,274,688,791

이다.

다음으로 에이티넘이 벤처기업에 직접 투자한 매도가능금융자산에서 얻는 수익이 있다. 투자한 회사가 상장할 경우 처분해서 이익을 얻는 것이다. 에이티넘은 매도가능금융자산 처분이익이 29.6억 원이다. 이로써 에이티넘은 2017년 3분기 영업수익 누계액이 102.4억 원에 이른다. 창투자가 어떻게 수익을 올리는지 이해될 것이다.

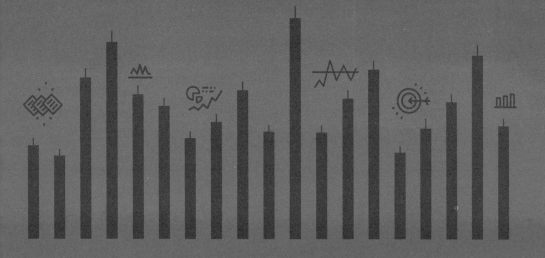

제2장

부채 공부하기

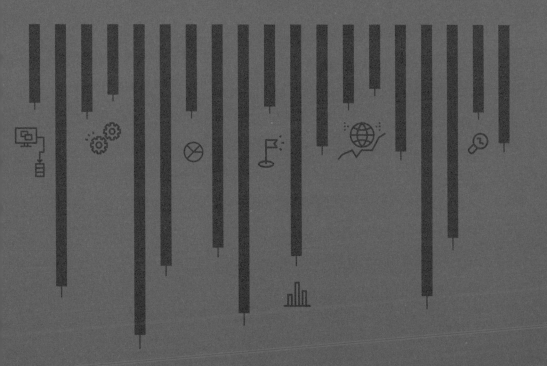

13

부채에도
각각의 특징이 있다

부채는 빚, 그러니까 남에게 빌린 돈이다. 빚의 가장 큰 특징은 반드시 갚아야 한다는 것이다. 빚에는 만기가 있고 그 기일 내에 갚아야 한다. 만약 갚지 않으면 빚쟁이에게 시달릴 각오를 해야 한다. 부채와 자본의 가장 큰 차이는 만기 유무에 있다. 특수한 경우지만 기업의 부채 중에는 만기가 없는 충당부채라는 것도 있다. 대부분의 부채에는 상환기일이 있다. 빚을 갚지 않으면 기업의 신뢰도가 추락하고 주가도 급락한다.

　기업이 자기자본만으로 사업을 하면 빚쟁이에게 시달릴 필요가 없고 마음도 편하겠지만 현실적으로 빚이 없는 기업은 거의 없다. 빚 중에는 매입채무처럼 이자가 없는 부채도 있는데 이런 부채마저 나쁘게 바라볼 필요는 없다. 또한 부채로 자금을 조달할 경우 재무레버리지 효과를 볼 수 있다. 이것은 매우 중요한 부분이므로 따로 설명할 생각이지만 요지는 부채로 자금을 조달할지라도 매출이 증가하면 매출 증가 속도보다 더 빠르게 영업이익이 증가한다는 점이다. 이 경우 자기자본이익률을 높일 수 있다.

나아가 특수사채인 신주인수권부사채와 전환사채로도 자금을 조달할 수 있다. 이 역시 부채지만 동시에 자본의 성격도 지니고 있는 특수한 회사채다. 그러므로 이런 사채를 왜 발행하고 그 효과는 어떤지 알고 있어야 한다.

⋮⋮ 기업은 자금을 어떻게 조달할까

기업의 자금조달 방식은 크게 부채로 조달하기와 자기자본으로 조달하기로 나눌 수 있다. 우선 부채로 조달하는 방법은 은행차입, 회사채 발행, 특수사채(CB, BW) 발행으로 나뉜다.

- **은행차입**: 기업에는 보통 주거래은행이 있다. 은행은 자금을 빌려줄 때 대부분 담보를 요구한다. 무담보대출도 있지만 이는 신용이 좋아야 한다. 은행대출은 이자율이 낮고 사업이 잘되면 언제든 상환할 수 있다.
- **회사채 발행**: 기업이 자기 신용으로 불특정 다수에게 자금을 조달하는 방식이다. 정부가 채권을 발행하면 국채, 회사가 발행하면 회사채다. 신용도가 높을 경우 무보증채권 발행도 가능하지만 기업은 대개 보증채권을 발행한다. 보증채권이란 채권을 발행한 회사가 부도날 경우 금융기관이 회사채 원금과 이자를 대신 갚아주겠다고 단서를 다는 채권이다. 금융기관이 채권 원리금에 상환보증을 서주는 것이다. 회사가 보증사채를 발행할 때 금융기관에 보증수수료를 줘야 하므로 자금조달비용이 은행차입보다 높다.
- **특수사채(CB, BW) 발행**: 자체 자금조달이나 은행차입이 어렵고 회사채 발행에 따른

이자비용도 감당하기 힘든 기업이 선택하는 자금조달 방식이다. 특수사채는 보통 주식전환을 조건으로 무이자나 낮은 이율로 채권을 발행한다. 당장 이자비용을 걱정할 필요가 없고 주식으로 전환될 경우 자기자본이 강화되는 이점이 있다.

자기자본으로 조달하기는 내부이익으로 조달하는 방법과 유상증자를 하는 방법으로 나뉜다

- **내부이익으로 조달**: 사업을 해서 이익이 나면 현금이 쌓인다. 당기순이익이 모두 현금을 의미하는 것은 아니지만 순이익이 많은 기업은 대체로 현금흐름이 좋다. 잉여현금흐름이 좋은 기업은 내부에서 자체적으로 자금조달이 가능하다.
- **유상증자**: 주주가 자금을 추가로 출자하는 것이다. 주주는 애초에 설립 자본금을 만들 때 돈을 투자했지만 사업을 하다가 자금이 부족할 경우 다시 출자할 수 있다.

현대자동차 부채를 사례로 들어 구체적으로 부채에 어떤 항목이 있는지 알아보자(114쪽 표 참조). 가장 먼저 눈에 들어오는 것은 부채를 유동부채와 비유동부채로 나누고 전년 대비로 표시한다는 점이다. 이에 따라 부채가 비교 연도에 비해 증가했는지 감소했는지 금세 알 수 있다.

중요 항목부터 살펴보자. 매입채무는 외상으로 구입한 원재료 대금을 아직 지급하지 않아 생긴 부채다. 이것은 대표적인 무이자부채 항목이다. 미지급금 역시 무이자부채다. 매입채무가 상품이나 제품과 관련된 채무라면 미지급금은 서비스 등 용역 관련 채무다. 단기차입금은 만기가 1년 이하인 단기차입 부채고, 유동성장기부채는 원래 장기부채지만 만기가 1년 이하일 경우 이렇게 분류한다. 충당부채는 하자보수 등에 충당한 부채다. 비유동부채 중에는 회사채와 장기차입금의 비중이 가장 크다.

▶ 현대자동차 부채

제50기 3분기 말   2017.09.30. 현재
제49기말   2016.12.31. 현재

(단위: 백만 원)

	제50기 3분기말	제49기말
부채		
유동부채	42,208,381	43,609,793
매입채무	6,585,531	6,985,942
미지급금	3,955,324	4,946,723
단기차입금	10,041,472	8,760,678
유동성장기부채	12,458,631	14,836,967
당기법인세부채	471,522	540,909
충당부채	2,063,554	1,925,562
기타금융부채	22,385	138,106
기타부채	6,609,962	5,474,906
비유동부채	64,681,086	62,881,557
장기성미지급금	21,669	22,586
사채	40,126,511	36,456,392
장기차입금	11,477,955	13,389,983
순확정급여부채	675,759	492,173
충당부채	4,959,876	5,047,078
기타금융부채	108,103	23,454
기타부채	2,847,886	2,827,665
이연법인세부채	4,463,327	4,622,226
부채총계	106,889,467	106,491,350

이들 부채 중에서 이자를 지급하는 부채는 단기차입금, 유동성장기부채, 기타금융부채, 사채, 장기차입금 등이 있다. 나머지는 무이자부채다. 유이자부채가 중요한 이유는 손익계산서의 금융비용과 연관이 있기 때문이다. 이와 관련된 지표가 이자보상배율이다. 이는 영업이익이 이자 규모의 몇 배인지 나타낸다. 유이자부채가 크면 이자보상배율이 낮다.

이자보상배율 = 영업이익 / 이자비용

가령 이자비용이 20억 원인데 영업이익이 100억 원이면 이자 대비 5배의 영업이익을 낸 것이다. 이 정도면 양호한 편이다. 이자보상배율이 1이면 영업이익으로 이자밖에 내지 못한다는 의미다. 이런 기업은 당연히 배당이 어렵고 설비에 투자할 재원도 벌지 못한다. 한마디로 자금 사정이 빠듯하다.

부채의 핵심 항목은 네 가지, 즉 매입채무, 장단기차입금, 회사채, 충당부채다. 따라서 이를 중심으로 부채와 관련된 내용을 구체적으로 살펴봐야 한다.

⚬⚬ 낮을수록 좋은 부채비율

부채비율은 자금조달에서 자기자본 대비 부채를 얼마나 끌어들였는지 보는 지표다. 만약 자기자본으로 100억 원을 조달하고 부채로 50억 원을 조달했다면 부채비율은 50퍼센트다.

부채비율 = 부채총계 / 자본총계

부채비율 100퍼센트는 자본과 부채 규모가 같다는 의미다. 즉, 자기자본으로 100억 원, 부채로 100억 원을 조달한 것과 같다. 부채비율은 낮을수록 좋지만 어느 정도가 좋다고 일률적으로 말하긴 어렵다. 업종에 따라 적정 부채비율이 다르기 때문이다. 예컨대 매출이 대부분 현금결제라면 부채비율이 다소 높아도 상관없다. 부채는 절대규모도 중요하지만 방향성이 더 중요하다. 당연히 부채비율이 낮아지는 방향이 좋다. 부채비율이 지속적으로 높아지면 긴장해야 한다.

14

충당부채
개념 정리하기

부채항목은 대부분 그 내용을 쉽게 이해할 수 있지만 몇 가지 생소한 항목도 있다. 충당부채, 순확정급여부채, 이연법인세부채 등은 약간 개념 정리가 필요하다. 먼저 충당부채부터 알아보자.

충당부채란 시기와 금액을 확정하지는 않았지만 지급의무가 있고 금액 추정이 가능한 부채를 말한다. 충당부채에는 제품보증충당부채, 반품조정충당부채, 공사보수충당부채, 퇴직급여충당부채, 손해배상충당부채 등이 있다. 단, 대손충당금은 충당부채가 아니다.

현대자동차의 경우 충당부채가 두 가지로 나오며 유동부채와 비유동부채 항목에 있다. 둘 다 개념은 같지만 기간이 1년 이내인지, 그 이상인지가 다르다. 미래에 권리나 의무 발생이 불확실하긴 해도 현금 유출 가능성이 높고 금액 측정이 가능할 경우 충당부채를 적립한다. 현대자동차는 충당부채를 두

116

▶ 현대자동차 충당부채

(단위: 백만 원)

구분	당분기 누적			전분기 누적		
	판매보증	종업원급여	기타	판매보증	종업원급여	기타
기초	5,612,978	641,193	718,469	5,639,595	643,274	459,031
전입액	1,183,423	48,139	488,961	871,005	45,836	224,712
사용액	(1,208,195)	(42,193)	(472,200)	(1,004,581)	(55,863)	(173,999)
할인차금 상각	68,861	–	7,362	74,395	–	1,637
제3자 예상 변제금액 변동	(20,273)	–	–	(34,487)	–	–
환율차이로 인한 변동 등	(8,298)	58	5,145	(76,099)	(1)	(5,830)
분기말	5,628,496	647,197	747,737	5,469,828	633,246	505,551

가지로 적립했다.

판매보증충당부채는 자동차를 팔고 A/S 등을 해줘야 하는 현대자동차가 여기에 드는 비용을 부채로 계상한 것이다. 종업원급여는 주로 퇴직급여충당부채로 향후 임직원이 퇴직할 경우를 대비해 충당부채를 계상한다.

왜 현대자동차는 충당부채를 적립할까? 굳이 적립하지 않고 A/S 요구가 있을 때 당기에 비용으로 처리해도 상관없다. 그렇지만 A/S 요구는 반드시 있고 자동차를 몇 대 팔면 A/S비용으로 평균 얼마가 나간다는 것은 회사도 알고 있다. 이런 현실을 감안하면 그 비용을 미리 예상해 처리하는 것이 합리적이다. 비용을 사전에 준비하는 셈이다. 퇴직급여충당금도 마찬가지다. 퇴직할 때 비용처리해도 상관없지만 평균적인 퇴직인원을 예상 가능하니 미리 비용으로 처리하는 것이다. 미래에 현금 유출 가능성이 높고 그 비용을 예상할 수 있으면 비용처리하는 것이 보다 합리적이라고 판단한다는 얘기다.

충당부채 계상은 회계처리의 중요 원칙인 '수익비용 대응의 원칙'에도 합당하다. 이는 자동차를 판매하면 거기에 상응해 A/S가 발생할 것이므로 수익과 그에 따른 비용을 대응해서 표시한다는 의미다. 예컨대 올해 자동차를

100대 팔았는데 A/S를 요구받은 자동차가 평균 2대라면 100대를 판 해에 2대에 해당하는 A/S비용을 처리한다. A/S를 이듬해에 요구받고 그때 A/S비용을 처리할 경우 수익은 올해 잡히고 비용은 내년에 처리하게 된다. 이 경우 수익과 비용이 대응하지 않으므로 비용을 당해연도에 처리한다.

자산과 손익계산서를 살펴보면 충당부채를 계상하는 방법을 보다 빨리 이해할 수 있다.

⠿ 판매보증충당금을 적립할 경우

현대자동차는 자동차를 팔았을 때 발생할지도 모를 A/S비용을 추정할 수 있다. 예를 들어 100억 원의 A/S비용을 예상한다면 손익계산서에 판관비로 100억 원을 계상한다. 비용을 100억 원 계상할 경우 당기순이익은 그만큼

▶ 판매보증충당금을 설정할 경우의 회계처리

손익계산서		재무상태표			
매출액		**자산**		**부채**	
매출원가					
판매관리비					
−판매보증충당금	100			판매보증충당부채	100
				자본	
				자본금	
				자본잉여금	
				이익잉여금	−100
당기순이익	−100	**자산총계**		**부채와 자본 총계**	

줄어든다. 이와 동시에 부채항목에 판매보증충당금 100억 원을 설정한다.

먼저 판매보증충당금을 100억 원 설정할 경우 손익계산서 판관비에 비용 100억 원을 계상한다. 이때 당기순이익이 100억 원 줄어든다. 그리고 결산회계를 할 때 손익계산서는 제로가 되도록 비워진다. 손익계산서는 매년 다시 시작하며 항상 결산 시점에 맞춰 제로로 출발한다.

이처럼 손익계산서는 특정 기간 동안의 수익과 비용을 결산하며 결산이 끝나면 다음 회계년도에는 제로에서 시작한다. 결산 시점에 당기순이익은 재무상태표로 비워진다. 당기순이익만 재무상태표 이익잉여금 항목으로 이전하는 것이다. 이는 손익계산서 바구니를 비워야 하기 때문이다.

결산회계로 당기순이익을 이전할 경우 그해 말 자기자본항목에 이익잉여금 -100억 원이 추가된다. 부채항목에는 판매보증충당부채 100억 원을 설정한다. 이렇게 회계처리하면 재무상태표 차변과 대변이 일치한다. 이때 판매보증충당금 설정으로 손익계산서에서 비용이 증가하지만 재무상태표의 자산 규모에는 아무런 변화가 없다. 비용이 증가했어도 회사 밖으로 비용이 현금 유출된 것은 아니다. 비용이 유출될 것으로 예상하고 미리 비용처리했지만 실제로 비용이 회사 밖으로 나간 것은 아니다. 이 부분은 나중에 살펴볼 간접법 현금흐름표에서 가산항목이 된다.

판매보증충당금은 판매보증 처리에 드는 금액을 예상해 미리 비용으로 처리하는 회계를 말한다.

⸭⸭ 실제로 판매보증서비스가 발생했다면

그럼 실제로 판매보증서비스가 발생했을 경우 어떻게 회계처리하는지 알아

▶ A/S비용 50억 원 회계처리

손익계산서			재무상태표			
매출액			**자산**		**부채**	
매출원가			현금	−50		
판매관리비						
−판매보증충당금					판매보증충당부채	~~100~~
						50
영업이익					**자본**	
					자본금	
					자본잉여금	
					이익잉여금	−100
당기순이익			**자산총계**	−50	**부채와 자본 총계**	−50

보자. 가령 다음 해에 실제로 A/S가 발생해 그 비용으로 50억 원을 처리했다고 해보자.

A/S를 요구받으면 수리해주고 수리비를 현금으로 지출하기 때문에 자산에서 현금이 감소한다. 수리의무 50억 원이 사라졌기 때문에 부채에 A/S비용 50억 원을 감소시켜줘야 한다. 이 때 판매보증충당부채는 100억 원에서 50억 원으로 줄어든다.

그해에 손익에는 아무런 영향이 없다. 이미 지난해에 비용처리했기 때문이다. 미리 비용처리하고 나중에 A/S가 들어온 것이다. 비용처리 시점과 실제 수리가 발생해 현금이 유출된 시점은 다르다.

15

유이자부채와
금융비용을 분석하는 방법

빚이 무서운 이유는 꼬박꼬박 이자를 내야 하기 때문이다. 문제가 되는 것은 매입채무나 충당부채 같은 무이자부채가 아닌 유이자부채다. 재무상태표에서 유이자부채와 손익계산서가 어떻게 연결되는지 살펴보자.

부채는 유이자부채와 무이자부채로 나뉜다. 그중 유이자부채는 손익계산서의 금융비용 항목과 연결된다. 이자부채가 있고 실제로 이자를 지급하면 이를 손익계산서의 금융비용으로 처리한다(122쪽 표 참조).

재무상태표를 볼 때 유이자부채가 많을 경우 금융비용 부담이 상당할 것임을 예상해야 한다. 금융비용은 영업이익 아래에 위치하는데 이는 영업이익과 이자비용의 관계를 의미하기도 한다. 영업이익이 나면 가장 먼저 채권자에게 이자를 지불한 다음 세금을 낸다. 이렇게 해서 순이익이 확정되면 그제서야 주주에게 배당을 준다. 주주를 가장 나중에 배려하는 셈이다. 이익이

▶ 유이자부채와 손익계산서는 어떻게 연결될까

재무상태표				손익계산서	
자산		**부채**		**매출액**	
현금				매출원가	
		무이자부채		판매관리비	
		유이자부채			
		자본		**영업이익**	
		자본금			
		자본잉여금		금융수익	
		이익잉여금		금융원가	
자산총계		**부채와 자본 총계**		**당기순이익**	

나면 채권자, 정부, 주주 순으로 이익을 나눠 갖는다. 그중 채권자 몫이 가장 우선인데 채권자는 이익이 나든 손실이 나든 자기 몫을 떼어간다. 이익이 나지 않으면 정부와 주주에게 돌아가는 몫은 없다.

부채를 레버리지로 활용해 영업이익을 많이 내는 기업도 금융비용을 감안해서 봐야 한다. 부채를 확대해 자산 규모가 커지면서 영업이익이 증가할 경

▶ 영업이익과 이자비용 관계

손익계산서	
매출액	
매출원가	
판매관리비	
영업이익	
금융수익	
금융비용	**채권자 몫**
세전순이익	
법인세	**정부 몫**
당기순이익	**주주 몫**

122

우 금융비용도 덩달아 커지는 탓에 세전순이익이 크게 줄어드는 기업도 있다. 이런 기업은 경기가 좋을 때는 괜찮지만 경기가 나빠지고 금리가 올라갈 때는 문제가 커진다. 경기가 나빠 영업이익이 줄어드는 상태에서 이자는 꼬박꼬박 내야 하므로 금융비용 부담이 배가 된다. 심지어 영업이익으로 금융비용조차 감당하지 못하고 적자가 나는 경우도 발생한다.

이처럼 부채를 기반으로 재무레버리지를 확대하는 방법은 양날의 칼로 작용할 수 있다. 경기가 좋을 때 부채를 많이 쓰면 영업이익이 크게 증가하지만 경기가 나쁠 때는 재무레버리지가 반대로 작동한다. 기업을 운영할 때 경영자는 항상 경기가 좋을 때와 나쁠 때를 동시에 생각해야 한다. 적절한 레버리지 사용이 중요하다.

대한광통신을 사례로 들어 부채구조가 손익계산서와 어떻게 연결되는지 살펴보자(124쪽 표 참조). 2016년까지 손익계산서의 큰 항목에 주목해보자.

먼저 포괄손익계산서의 맨 위에 나오는 매출액을 보자. 맨 위에 자리 잡은 매출액은 톱라인이라고도 한다. 맨 밑의 순이익은 보텀라인이다. 매출액이 정체되거나 역성장하는 기업은 투자에 신중해야 한다. 어떤 경우에도 매출이 성장하는 기업이 좋다. 대한광통신은 2014~2016년에 매출이 정체상태였지만 2017년 9월말 누적수치를 보면 매출 성장성이 있음을 짐작할 수 있다.

2014~2016년에 매출은 제자리걸음을 했고 영업이익은 2년 연속 적자상태다. 여기에다 영업외비용이 크게 증가했다. 영업외비용은 대부분 금융비용이니 부채규모가 크다는 것을 알 수 있다.

대한광통신은 2013~2014년에 금융비용이 상당히 컸다. 그러다가 2015년 크게 줄었고 마침내 2017년 영업이익이 나기 시작하면서 금융비용 감소와 함께 실적이 본격적으로 턴어라운드했다. 대한광통신의 턴어라운드는 매출 성장세와 금융비용 감소라는 두 가지 요소가 작동한 결과다. 그럼 2013~

► **대한광통신 포괄손익계산서**

(단위: 백만 원)

	2014.12.31.	2015.12.31.	2016.12.31.	2017.09.30.
매출액(수익)	105,999	108,990	116,472	106,672
매출원가	93,705	97,506	102,382	85,037
매출총이익(손실)	12,294	11,484	14,090	21,635
판매비와 관리비	11,448	15,901	15,630	10,607
인건비	3,178	4,349	4,773	3,924
일반관리비	2,408	2,959	3,677	1,958
판매비	3,472	3,481	3,306	2,554
기타판매비와관리비	2,390	5,112	3,873	2,172
영업이익(손실)	846	-4,417	-1,540	11,028
영업외수익	1,971	9,390	3,076	2,234
영업외비용	29,090	6,875	16,617	3,767
법인세비용차감전계속영업이익(손실)	-26,274	-1,903	-15,081	9,495

► **대한광통신 2012~2016년 손익계산서**

(단위: 억 원)

항목	2012/12 (IFRS별도)	2013/12 (IFRS별도)	2014/12 (IFRS연결)	2015/12 (IFRS연결)	2016/12 (IFRS연결)
매출액(수익)	1,017.3	1,064.1	1,060.0	1,089.9	1,164.7
내수	401.0	512.6	569.8		
수출	616.3	551.5	490.2		
매출원가	836.2	952.9	937.0	975.1	1,023.8
매출총이익	181.1	111.2	122.9	114.8	140.9
판매비와관리비	98.7	103.4	114.5	159.0	156.3
영업이익	82.4	7.8	8.5	-44.2	-15.4
금융이익	10.9	1.0	0.3	0.1	0.9
금융비용	97.0	324.8	268.0	45.8	36.0
기타영업외손익	-7.7	-35.0	-3.5	70.9	-100.3

2014년에 금융비용이 왜 이렇게 많았는지 확인해볼 필요가 있다.

대한광통신의 이자부채에는 금융기관 대출금과 회사채 발행, 리스 등이 있다. 나머지는 무이자부채인데 그 구체적인 이자비용은 다음 표와 같다.

2014년만 보면 단기금융부채 357억 원의 이자가 18.1억 원, 유동사채 193억 원에 따른 이자가 22.8억 원이다. 이를 단순하게 이자율로 따지면 차입금이율이 5퍼센트고 사채이율이 11.8퍼센트다.

2013~2014년에 금융비용이 컸던 이유는 이자비용보다 매도가능금융자산 손상차손 때문이다. 매도가능금융자산은 이익을 낼 요량으로 주식이나

▶ 대한광통신 부채 구성

(단위: 원)

	2014년	2013년	2012년
부채			
유동부채	75,768,759,989	56,535,820,931	74,907,554,413
매입채무	4,486,518,956	17,282,340,643	13,317,308,987
단기금융부채	35,723,996,111	29,478,145,090,	45,658,543,409
기타부채	5,605,694,611	7,427,849,878	7,727,241,755
선수금	21,290,732	358,551,273	833,327,938
선수수익			34,478,885
유동성금융리스부채		1,064,266,184	6,135,563,870
유동사채	19,352,997,209	691,849,079	1,020,719,331
미지급법인세	578,262,279	232,818,784	180,370,238
비유동부채	7,882,654,118	25,532,375,070	26,211,627,382
장기금융부채		521,941,744	2,538,934,586
비유동채무		17,869,278,982	16,556,169,361
금융리스부채			1,064,266,210
확정금융부채	2,635,965,195	1,894,465,421	1,322,203,659
이연법인세부채	5,246,688,923	5,246,688,923	4,730,053,566
부채총계	83,651,414,016	82,068,196,001	101,119,181,795

▶ 대한광통신 이자비용

(단위: 천 원)

발생 원천 금융부채	당기	전기
차입금	1,819,454	2,070,377
사채	2,289,237	2,217,920
합계	4,108,691	4,288,297

▶ 대한광통신 매도가능금융자산 손상차손

(단위: 천 원)

구분	주식수	지분율 (%)	취득원가	누적손상차손	당기말 장부금액 (공정가치)	전기말 장부금액
〈시장성 있는 주식〉						
대한전선㈜	12,000,000	7.88	55,884,000	(49,956,000)	5,928,000	28,620,000
〈시장성 없는 주식〉						
Crown Bioscience Inc.	5,405,405	3.44	2,027,800	(1,932,439)	95,361	95,361

채권을 사서 보유하는 재테크용 투자를 의미한다. 대한광통신은 대한전선을 매도가능금융자산으로 보유하고 있었다. 대한전선 주가가 급락하면서 보유한 자산가치가 크게 떨어졌고 이 부분에서만 무려 499억 원의 손실이 발생했다. 2014년말 현재 대한전선 등 두 개 회사의 손상차손누적액은 약 500억 원이다. 이를 손상차손으로 계상했다는 것은 대한전선 주가 하락에 따른 손실을 재무제표에 반영했음을 의미한다.

▶ 대한광통신 영업외손실

(단위: 천 원)

구분	당기	전기
금융수익:		
이자수익	31,837	103,291
사채상환이익	2	–
금융수익 소계	31,839	103,291
금융원가:		
이자비용	(4,108,691)	(4,288,297)
매도가능금융자산손상차손	(22,692,000)	(28,122,250)
매출채권처분손실	(1,567)	(46,673)
사채상환손실	–	(25,222)
금융원가 소계	(26,802,258)	(32,482,442)
순금융원가	(26,770,419)	(32,379,151)

▶ 대한광통신 재무상태 개선

(단위: 십억 원)

	2014A	2015A	2016A	2017F	2018F
매출액	106	109	116	140	170
매출원가	94	98	102	112	133
매출총이익	12	11	14	28	37
판매비와 관리비	11	16	16	13	2
영업이익	1	-4	-2	16	35
EBITDA	8	3	6	20	40
비영업손익	-27	3	-14	-2	-2
이자수익	0	0	0	0	0
이자비용	4	4	3	2	2
배당수익	0	0	0	0	0
외환손익	0	1	-0	-0	1
관계기업 등 관련 손익	0	0	0	0	0
기타비영업손익	-23	6	-10	0	-0

▶ 대한광통신 신주인수권부사채 보유 규모

(단위: 원)

자산총계	144,347,071,775
부채	
유동부채	63,901,058,592
단기매입채무	23,857,963,508
단기미지급금	4,329,043,484
단기미지급비용	2,135,417,991
단기선수금	1,446,355,447
단기차입금	19,632,909,535
유동성신주인수권부사채	12,252,189,781
유동파생상품부채	
기타유동부채	247,178,846
비유동부채	10,247,098,976
장기차입금	4,000,000,000
퇴직급여부채	3,357,100,806
이연법인세부채	2,729,798,507
비유동종업원급여충당부채	160,199,663
부채총계	74,148,157,568

126쪽 표를 보면 대한광통신의 영업외손실이 매도가능금융자산 손상차손과 이자비용 때문임을 알 수 있다.

결론적으로 대한광통신은 부실화한 매도가능금융자산을 비용으로 처리한 후 광섬유 수급이 타이트해지면서 매출이 증가했고 급기야 턴어라운드에 성공했다. 여기에다 신주인수권부사채를 주식으로 전환해 자기자본을 강화하면 실적 호전과 재무상태 개선이 동시에 일어났다. 실적 호전 요인에는 매출 성장, 이자비용 감소, 매도가능손상차손 해소 등이 있다.

16

기회이익을 의미하는
무이자부채

많은 부채를 안고 있으면 심리적으로 부담이 느껴지게 마련이다. 빚을 많이 지는 것은 바람직하지 않다. 그런데 빚 중에는 무이자부채도 있다. 무이자로 돈을 빌려 그 돈으로 은행에 예금하거나 채권을 구입하면 이자가 나온다. 물론 이런 부채도 결국에는 갚아야 하지만 갚을 때까지는 자산을 운용해 수익을 낼 수 있다. 민앤지의 부채 현황을 보자.

민앤지의 부채 중에서 이자를 내는 부채는 1억 원이다. 이것은 국민은행 차입금으로 이자율이 3.21퍼센트다. 현금성 자산이 무려 606억 원(78쪽 표 참조)에 이르는데 유이자부채는 1억 원에 불과하다. 나머지 부채 460억 원은 이자를 내지 않는 무이자부채다.

부채항목을 하나씩 짚어보자. 계정과목에 거부감을 느낄 필요는 없다. 사업보고서 주석란에 계정과목 명세가 자세히 나오므로 그곳을 보면 금세 이

▶ 민앤지 부채 현황

제9기 3분기 말   2017.09.30. 현재
제8기말   2016.12.31. 현재

(단위: 원)

	제9기 3분기말	제8기말
부채		
유동부채	34,124,468,745	31,504,442,856
단기차입금	100,000,000	5,030,000,000
기타금융부채	4,394,839,766	3,744,801,680
기타유동부채	27,433,262,074	20,240,131,166
당기법인세부채	2,196,366,905	2,489,510,010
비유동부채	11,983,899,293	12,063,576,114
장기차입금		65,072,836
순확정급여부채	2,034,609,646	1,677,538,813
기타금융부채	391,162,662	384,515,570
이연법인세부채	9,558,126,985	9,936,448,895
부채총계	46,108,368,038	43,568,018,970

▶ 민앤지 기타금융부채

(단위: 천 원)

구분	당분기말	전기말
유동항목		
미지급금	3,907,195	3,335,525
미지급비용	427,677	289,391
예수보증금	59,969	119,886
소계	4,394,840	3,744,802
비유동항목		
임대보증금	254,000	264,000
장기미지급비용	137,163	120,516
소계	391,163	384,516
합계	4,786,002	4,129,318

해할 수 있을 것이다.

　기타금융부채에서 유동항목의 미지급금은 물품을 구입하거나 서비스를

(단위: 천 원)

구분	당분기말	전기말
선수금	52,912	4,133
예수금	543,930	254,594
VA예수금	19,386,828	15,631,046
PG예수금	4,905,944	2,825,511
간편결제예수금	995,450	352,187
부가세예수금	1,548,197	1,172,660
합계	27,433,262	20,240,131

받고 아직 대금을 지급하지 않은 금액이다. 미지급비용은 밀린 보험료나 임차료, 종업원에게 급여를 줘야 할 기일이 지난 경우를 말한다. 제때 지불하지 않았으니 부채다. 임대보증금 2.5억 원은 민앤지 건물에 세 든 사람에게 받은 돈이다. 나중에 돌려줘야 하니 부채다.

기타부채에는 항목이 많다. 선수금은 제품이나 용역을 판매하기 전에 미리 받은 돈이다. 아직 제품을 인도하지 않았으니 부채다. 예수금은 거래처에 물건을 팔 때 떼어놓는 부가세 10퍼센트다. 종업원에게 원천징수한 갑근세도 나중에 세무서에 납부한다. 이러한 예수금은 회사가 일시적으로 보관했다가 세무서에 내야 하므로 회사 입장에서는 부채다. 남의 돈을 예치해 받아놓은 상태로 이해하면 된다.

민앤지는 따로 VA예수금 항목을 만들었는데 이는 부가가치세VA예수금이다. 용역을 제공할 때 판매대금과 함께 부가가치세 10퍼센트를 더 얹어 결제하는 것이다. 이 부가가치세 10퍼센트는 회사가 갖고 있다가 나중에 세금으로 납부하는데 이 금액이 193억 원이다. 이 자금을 평균 잔고로 유지하는 상황을 생각해보라. 민앤지는 그 돈으로 단기금융상품을 운용하거나 단기채권을 사서 금융수익을 낼 수 있다.

PG예수금도 마찬가지다. PG사업은 온라인에서 물건을 사는 사람과 인터 넷 사업자를 연결해주는 것을 말한다. 예를 들어 쇼핑몰을 운영하는 인터넷 사업자는 자신의 인터넷 사이트에 입주해 물건을 팔라고 권하며 가맹점을 모집한다. 대표적으로 옥션이나 이베이 같은 회사가 있다. 이들 회사가 소비 자에게 주문을 받을 경우 PG사를 통해 대금결제를 한다. 이때 사업자와 소 비자 사이에서 결제를 대행하는 존재가 PG사업자다.

이와 유사한 사업을 오프라인에서 진행하는 경우 VAN사업자라고 한다. 가령 명동에서 옷을 사고 삼성카드로 결제하면 VAN사업자가 옷가게와 삼성 카드의 중간에서 결제를 진행한다. 온라인에서는 이 역할을 PG사가 맡는 것 이다. 둘 다 결제대행회사다. PGPayment Gateway를 전자결제 지급대행이라고 해석해도 무방하다.

인터넷 상거래에서 이뤄지는 전자결제 과정은 다음 도표를 보면 쉽게 이 해할 수 있을 것이다.

▶ 인터넷에서 전자결제 과정

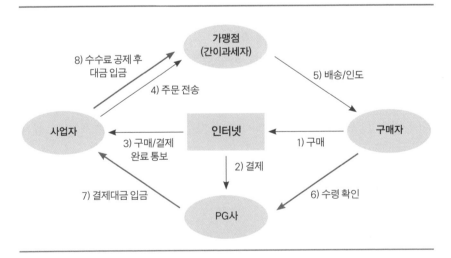

민앤지는 구매자의 결제금액을 보관하고 있다가 인터넷 사업자에게 넘겨 줘야 한다. 그걸 PG예수금으로 보관하는 것이다. 인터넷 사업자에게 돌려줘야 하니 부채지만 평균 잔고를 이 정도로 유지한다면 민앤지는 예수금을 현금으로 들고 있지 않고 금융자산으로 운용할 수 있다. 이는 비용 없는 부채다.

간편결제예수금과 부가세예수금도 맥락은 같다. 민앤지는 이런 예수금으로 274억 원을 보유하고 있다.

⁜ 당기법인세부채와 이연법인세부채가 다른 이유

당기법인세부채는 당기에 내야 할 법인세를 내지 않은 금액이다. 민앤지 부채 현황(130쪽 표 참조)에서 맨 밑에 있는 이연법인세부채 95.5억 원은 설명이 좀 필요하다. 민앤지는 기업회계 기준에 의거해 법인세를 계산하지만 세무서에서 세금을 부과할 때는 세법에 따른다. 그런데 이 둘 사이에 차이가 있다.

간단히 예를 들어 보자. 세법은 이자수익을 '실제로 이자를 받을 때'로 본다. 즉, 현금주의 관점이다. 따라서 민앤지가 금융자산을 운용해 이자수익으로 10억 원을 수취했을 때 세금을 부과한다. 반면 민앤지는 손익계산서에 이자수익이 들어오지 않아도 경과일자를 계산해 이자수익으로 계상한다. 만약 7월 1일 1년 만기 정기예금에 가입하면 이자는 12월 31일이 아니라 만기일인 이듬해 7월 1일에 들어온다. 그렇지만 민앤지는 손익계산서에 6개월분 이자를 금융수익으로 계상한다. 이를 감안해 손익계산서에 법인세를 추정하는 것이다. 그런데 세무서는 이자수입이 실제로 들어오지 않았기 때문에 세금을 부과하지 않는다.

이처럼 민앤지가 손익계산서에 계산한 법인세와 세무서가 부과하는 세금은 다르다. 민앤지가 손익계산서에 세금을 더 많이 내는 것으로 회계처리한 셈이다. 이는 기업회계 기준이 발생주의에 따라 기간을 계산해 수익을 인식하는 데서 오는 차이다. 민앤지가 계산한 법인세가 세무서가 부과하는 세금보다 더 큰 이유가 여기에 있다. 민앤지는 세무서가 부과한 세금을 내지만 회사에서 내야 할 세금으로 계산한 것보다 덜 낸다. 이 둘의 차이가 앞으로 내야 할 세금이다. 앞으로 내야 하는데 아직 납부하지 않았기 때문에 부채 성격이다. 이 차이를 부채로 인식하는데 이것이 바로 이연법인세부채다.

그다음 해 7월 1일 이자수익이 들어오면 세무서는 세금을 부과한다. 이때 세금은 1년간의 이자수취액을 과표로 삼는다. 반면 민앤지는 6개월분 이자에만 세금을 계산한다. 세무서에서 부과하는 세금은 이자수익 1년분이므로 민앤지가 기업회계 기준에 의거해 계산하는 세금 6개월분보다 많다. 즉, 전년도와 달리 회사에서 계산하는 세금납부액보다 세무서에서 부과하는 세금이 더 크다. 그러나 2년을 합하면 민앤지가 계산한 법인세와 세무서가 부과한 세금이 동일하다. 단지 법인세 납부를 미룬 것, 즉 이연한 것뿐이다.

다음 표에서 보듯 종업원에게 줘야 하는 확정급여채무의 현재가치는 33.5억 원이다. 여기에는 퇴직급여가 포함되어 있다. 이는 모든 종업원이 2017년 9월 30일 일시에 퇴직할 경우 이만큼의 돈이 필요하다는 것을 의미한다. 회사는 퇴직급여를 외부에 적립하거나 맡겨둔다. 그 금액이 13.2억 원이다. 원래대로라면 33.5억 원을 적립해야 하지만 이보다 적게 적립했으니 회

▶ **민앤지 순확정급여부채**

(단위: 천 원)

구분	당분기말	전기말
확정급여채무의 현재가치	3,357,187	2,960,033
사외적립자산의 공정가치	(1,322,577)	(1,282,494)
순확정급여부채	2,034,610	1,677,539

사 입장에서는 그 차액인 20.3억 원이 부채다.

이제 민앤지의 부채 현황이 항목별로 이해될 것이다. 민앤지는 이자를 내는 부채가 1억 원에 불과하고 나머지는 이자를 낼 필요가 없는 부채다. 더구나 각종 예수금은 민앤지의 금융수익 원천이다. 이러한 무이자부채는 빚인 동시에 돈을 벌어준다. 기회이익을 가져다주는 부채인 셈이다. 우리가 부채를 볼 때 그 항목을 따져봐야 하는 이유가 여기에 있다. 단순히 부채비율이 높다고 불안해할 것이 아니라 비유동부채가 많은지, 무이자부채 비중이 어느 정도인지 등을 살펴볼 필요가 있다.

17

삼각관계인
순현금, 순차입금, 순부채

재무제표를 싫어하게 만드는 것 중 하나가 용어 문제다. 용어를 정확히 이해하면 내용을 금세 알 수 있지만 낯선 용어가 나오면 짜증이 나고 보기 싫어진다. 다른 분야도 마찬가지다. 예컨대 낯선 용어들의 향연이 벌어지는 철학은 마치 철학자들끼리 암호를 주고받는 듯한 느낌을 준다. 그런데 그러한 대화에 익숙한 철학자들은 그것이 편하고 쉽다고 말한다. 왜 그럴까?

이는 철학자들끼리 용어의 의미를 미리 약속해두었기 때문이다. 그 약속이 없으면 용어 하나를 설명하는 데 서너 쪽 분량이 필요할지도 모르지만 '이 내용에는 이런 용어를 쓰자'고 미리 약속하면 단어 하나로 설명이 충분하다. 서술 내용을 크게 축약할 수 있는 것이다.

순현금 역시 용어를 미리 약속하면 "순현금이 증가했다."라고 할 때, '음, 회사의 자금 사정이 좋아졌군'이라고 반응할 수 있다. 반면 순현금이라는 용어의 의미를 모르면 그 뒤의 내용도 이해하기 어렵다.

결국 어떤 분야에서든 이해의 첫걸음은 용어의 개념을 아는 데 있다. 개념의 기초를 탄탄히 다지지 않으면 철학이든 경제학이든 회계학이든 1분도 채 읽지 못하고 따분해진다. 반대로 용어의 개념을 정확히 이해할 경우에는 철학이나 재무제표가 소설보다 더 짜릿하고 재미있게 느껴진다.

⠿ 회사의 자금 사정을 보여주는 순차입금

증권사 리포트에 나오는 리노공업의 안정성 지표를 살펴보자. 여기에서 우리는 순차입금비율을 볼 수 있는데, 안정성 지표를 대표하는 것은 부채비율이지만 순차입금비율도 의미가 있으므로 알아두어야 한다.

차입금이란 이자를 내는 부채를 말한다. 은행에서 돈을 빌리거나 사채를 발행하면 이자를 내는데 이런 종류의 부채를 차입금이라고 한다. 원재료를 구입하고 아직 대금을 지급하지 않은 매입채무는 이자를 내지 않으므로 차입금이 아니다. 단지 상환의무가 있는 부채이다. 순차입금은 차입금에서 회사가 보유한 현금과 예금을 차감한 것을 의미한다. 순차입금은 순부채라고도 한다.

▶ **리노공업 순차입금비율**

주요 투자지표(12월 결산)

	2015	2016	2017F	2018F	2019F
안정성					
부채비율(%)	5.7	7.9	7.6	7.9	7.9
순차입금비율(%)	(48.1)	(56.1)	(55.1)	(65.0)	(72.6)
현금비율(%)	233.8	360.6	464.7	595.8	706.4

순차입금 = 차입금 − 현금 및 예금

위 항등식에서 거꾸로 빼면 순현금이 나오는데 이는 순차입금의 반대 개념이다.

순현금 = 현금 및 예금 − 차입금

순차입금은 이자를 내는 회사의 빚을 회사가 보유한 현금과 예금으로 다 갚았을 때 남는 차입금이라는 개념이다. 만약 차입금이 500억 원 있고 회사가 보유한 현금과 예금이 300억 원이면 순차입금은 200억 원이다. 이때 회사에 현금 800억 원이 있으면 순차입금은 −300억 원이다. 이는 회사가 보유한 현금으로 차입금을 다 갚고도 300억 원의 현금이 남는다는 의미다. 즉, 순차입금이 마이너스라는 것은 회사에 자금이 넉넉하다는 것을 뜻한다.

순차입금비율 = 순차입금 / 자본총계

리노공업의 2017년 순차입금비율은 −55.1퍼센트로 굉장히 우량한 현금보유 기업임을 알 수 있다.

현금비율 = 현금 및 예금 / 유동부채

현금비율은 유동부채를 전부 갚을 수 있는 현금과 예금이 얼마나 되는지 알려준다. 예컨대 리노공업이 1년 안에 갚아야 할 유동부채 총액이 100억 원이고 현금과 예금이 500억 원이라면 현금비율은 500퍼센트다. 이것은 1년

안에 갚아야 할 빚을 회사가 보유한 현금으로 전부 갚고도 현금이 크게 남아돈다는 의미다. 현금비율은 이자가 없는 부채까지 전부 상환하는 개념이다. 리노공업의 2017년 현금비율은 464퍼센트인데 이는 유동부채 대비 4배 이상 현금을 보유하고 있다는 뜻이다.

다음은 리노공업의 2017년 9월말 현재 재무상태표다.

▶ **리노공업 재무상태표**

제22기 3분기말　2017.09.30. 현재
제21기말　2016.12.31. 현재

(단위: 원)

	제22기 3분기말	제21기말
자산		
Ⅰ. 유동자산	166,364,670,377	137,686,437,760
(1) 현금 및 현금성자산	58,486,618,899	50,151,975,915
(2) 매출채권 및 기타유동채권	24,694,720,577	17,236,419,785
(3) 기타유동금융자산	75,440,857,663	62,596,420,000
(4) 재고자산	6,941,061,235	5,565,005,401
(5) 당기법인세자산		1,906,489,282
(6) 기타유동자산	801,412,003	230,127,377
Ⅱ. 비유동자산	78,452,354,682	79,032,253,760
(1) 기타채권	218,246,330	217,046,330
(2) 유형자산	67,409,161,627	68,638,623,821
(3) 영업권 이외의 무형자산	1,571,178,623	1,559,619,427
(4) 기타비유동금융자산	7,194,379,182	8,616,964,182
(5) 이연법인세자산	2,059,388,920	
자산총계	244,817,025,059	216,718,691,520
부채		
Ⅰ. 유동부채	21,608,063,632	13,906,793,884
(1) 매입채무 및 기타유동채무	12,801,765,207	5,507,012,105
(2) 당기법인세부채	8,461,242,417	6,741,315,519
(3) 기타부채	345,056,008	1,658,466,260
Ⅱ. 비유동부채	2,370,642,658	1,890,668,165
(1) 퇴직급여부채	2,370,642,658	1,041,072,301
(2) 이연법인세부채		849,595,864

	제22기 3분기말	제21기말
부채총계	23,978,706,290	15,797,462,049
자본		
I. 자본금	7,621,185,000	7,621,185,000
II. 자본잉여금	4,618,466,140	4,618,466,140
III. 기타자본구성요소	(5,002,868,350)	(5,002,868,350)
(1) 자본조정	(5,002,868,350)	(5,002,868,350)
IV. 이익잉여금(결손금)	213,601,535,979	193,684,446,681
자본총계	220,838,318,769	200,921,229,471
자본과 부채 총계	244,817,025,059	216,718,691,520

제22기 3분기말 재무상태표는 아래와 같이 약식으로 재구성할 수 있다.

▶ **리노공업 재무상태표**

(단위: 억 원)

자산		부채	240
유동자산		유동부채	216
현금 및 예금	584	비이자부채	216
		이자부채	0
		비유동부채	24
		비이자부채	24
비유동자산		**자본**	2,208
자산총계	2,448	부채와 자본 총계	2,448

이 표에서 리노공업의 안정성 지표 비율은 다음과 같이 계산한다.

순차입금 = 차입금(이자부채) − 현금 및 예금

= 0 − 584억 = **−584억**

리노공업은 유동부채에서 이자부채가 없으므로 회사 현금이 모두 순현금이다. 비유동부채에서도 이자부채가 없다. 리노공업처럼 이자가 발생하는 부채가 없을 경우 무차입 경영을 한다고 말한다. 이자를 내는 부채를 쓰지 않는 기업이라는 얘기다. 그렇다고 리노공업에 부채가 없는 것은 아니다. 무이자부채인 매입채무나 충당부채, 미납한 법인세가 있으므로 부채는 존재한다. 그러나 이자가 없는 매입채무를 굳이 서둘러 갚을 필요는 없다. 오히려 그 돈을 단기자산으로 운용해 이익을 내는 것이 더 낫다. 무차입 경영을 하는 기업도 부채총계가 제로가 아니라는 점을 이해하자.

순차입금비율 ＝ 순차입금 / 자본총계
　　　　　　 ＝ -26.4%

순차입금비율이 마이너스라는 것은 재무상태가 아주 좋다는 의미다. 대체로 순차입금비율이 20퍼센트 이하면 바람직하다고 한다. 즉, 자기자본이 1,000억 원일 경우 이자를 내는 순차입금이 200억 원 정도 이하면 안정성이 높다고 보는 것이다. 순차입금이 마이너스인 기업은 재무구조 측면에서 매우 좋은 기업이다.

삼성전자의 2017년 9월말 기준 순차입금비율은 다음과 같다.

차입금(이자발생 부채): 18조 5,621억 원
현금과 예금:　　　　　30조 7,882억 원
자본총계:　　　　　　210조 6,912억 원

삼성전자 역시 순차입금비율이 -5.8퍼센트로 마이너스다. 이자를 내는 부채를 전부 갚아도 현금이 남는 기업이다.

순차입금이 마이너스인 기업 혹은 순현금이 플러스인 기업은 안정성 측면을 굳이 따져볼 필요가 없다. 회사가 보유한 현금으로 언제든 이자를 내는 부채를 모두 갚아도 현금이 남기 때문이다. 금리가 올라갈 때 이자부채를 많이 쓰는 기업은 금융비용이 증가하고 수익성은 나빠진다. 반대로 순차입금이 마이너스인 기업은 금리가 상승해도 순이익에 전혀 영향을 받지 않는다.

이제 순차입금, 순현금, 순부채 같은 용어의 의미를 충분히 이해했을 것이다. 순차입금이 마이너스인 기업은 현금부자로 보면 된다.

18

부채도 이용하기
나름이다

기업경영에서 가장 중요한 것은 자금이다. 그런 만큼 회사에서도 자금을 담당하는 부서는 힘이 막강하다. 사업이 잘되어도 혹은 어려워도 문제는 항상 자금이다. 경기가 어렵고 자금 사정이 빠듯하면 금융비용이 큰 부담으로 다가온다. 또 사업이 잘되면 설비투자를 해야 하는 까닭에 자금이 필요하다. 자금은 기업의 혈액과 같아 원활하게 순환해야 기업의 건강이 유지된다.

앞서 확인했듯 기업의 자금조달 방식에는 두 가지가 있다. 그것은 자기자본으로 조달하는 것과 타인자본으로 조달하는 것이다. 타인자본으로 조달하는 방식에는 은행권 차입과 회사채 발행이 있다. 자기자본으로 조달하는 방법에는 유상증자와 회사의 잉여현금흐름 창출(이익잉여금 증가)이 있다.

경기가 좋아져 제품이 잘 팔리면서 신규 설비투자를 해야 하는 상황을 상정해보자. 회사가 보유한 현금이 넉넉할 경우 문제될 것이 없지만 그 반대라면 신규로 자금을 조달해야 한다. 이때 부채로 조달할지, 아니면 자기자본으로 조달할지 결정해야 한다. 어떤 방식이 좋을까?

⠿ 내부조달이 가장 좋다

두말할 필요 없이 내부자금으로 조달하는 것이 가장 좋다. 자기자본 조달 방식에는 주주에게 손을 벌리는 유상증자와 회사가 직접 돈을 벌어 자금을 활용하는 내부조달이 있다. 유상증자와 내부조달 중에서 하나를 선택한다면 당연히 내부조달이 바람직하다.

이때 내부조달 역량을 확인하려면 무엇을 봐야 할까? 바로 현금흐름표다. 현금흐름표는 기업에 현금이 유입되고 유출되는 흐름을 기록한 표다. 현금이 많이 유입되면 그 자금으로 설비투자를 할 수 있다. 예를 들어 기업용 소프트웨어기업 더존비즈온이 설비투자를 하는 상황을 가정해보자. 더존비즈온은 내부적으로 자금을 조달할 역량을 갖추고 있을까?

더존비즈온은 영업활동현금흐름으로 2016년 493억 원의 현금이 회사 내부로 유입되었다. 이것이 의미하는 바는 무엇일까? 이는 2016년 1년간의 영업활동으로 더존비즈온 내부에 현금 493억 원이 유입되었음을 의미한다.

그 내역은 다음의 현금흐름표가 보여준다. 보다시피 당기순이익과 감가상각비도 있고 매출채권이 감소해 64억 원이 현금으로 유입되기도 했다. 현금흐름표를 보는 법은 뒤에서 자세히 다루고 있으니 일단 영업활동으로 회사에 현금이 그만큼 유입되었다는 것만 알아두자. 즉, 더존비즈온이 1년간 영업한 결과 회사에 현금 493억 원이 증가했다.

표는 더존비즈온을 분석한 증권사 자료로 여기에는 확정치, 추정치, 예상

(단위: 십억 원)

	2015	2016	2017P	2018E	2019E
영업활동현금흐름	46.6	49.3	44.9	65.1	71.0
당기순이익(손실)	21.7	28.2	41.9	48.4	53.4
비현금수익비용가감	27.8	30.3	25.3	18.9	18.6
유형자산감가상각비	11.1	10.4	11.7	13.4	12.6
무형자산상각비	4.8	4.9	4.7	5.4	5.8
기타현금수익비용	−0.1	1.3	8.9	0.2	0.2
영업활동 자산부채 변동	1.4	−3.9	−14.4	−2.3	−1.0
매출채권 감소(증가)	0.7	6.4	−8.3	−5.3	−3.2
재고자산 감소(증가)	1.2	−0.5	−0.2	−0.2	−0.1
매입채무 증가(감소)	0.2	0.6	3.1	2.3	1.4
기타자산, 부채 변동	−0.7	−10.4	−9.0	0.9	1.0
투자활동현금흐름	−17.8	−24.1	−24.5	−16.7	−17.3
유형자산처분(취득)	−9.9	−5.0	−31.0	−6.6	−7.1
무형자산 감소(증가)	−2.5	−0.4	−4.8	−8.4	−8.4

치가 나와 있다. 그럼 더존비즈온은 사내로 유입된 현금 493억 원으로 무슨 일을 할까? 설비투자를 하거나 연구개발을 한다. 실제로 투자활동 현금에서 2016년 241억 원이 유출되었다. 영업활동으로 돈을 벌어 투자활동을 한 것이다. 그런데 투자활동에는 금융자산 매입도 포함되므로 이를 구분해야 한다.

표에서 2016년 유형자산처분(취득) 금액은 −5.0이다. 유형자산을 취득하면 돈이 회사 밖으로 나가기 때문에 마이너스로 표기한 것이다. 단위가 십억 원이니 −5.0은 50억 원이 회사 밖으로 나갔다는 것을 의미한다. 그 밑의 무형자산 감소(증가)는 2016년 −0.4다. 즉, 4억 원이 회사 밖으로 나갔다. 더존비즈온은 2016년 유무형자산에 투자하는 데 54억 원을 썼다.

영업활동으로 493억 원의 현금이 사내로 들어오고 유무형자산 투자에 54억 원을 썼으니 유출액을 차감하면 439억 원이 남는다. 영업활동으로 유입된 현금 중 설비투자나 개발활동에 54억을 쓰고 남은 439억 원을 잉여현금흐름이라고 한다. 잉여현금흐름은 영업활동현금흐름에서 설비투자로 유출된 금액을 뺀 것이다.

이제 잉여현금흐름으로 무엇을 할 수 있을까? 금융기관에서 빌린 돈 갚기, 사채 조기상환하기, 배당 등에 쓸 수 있다. 더존비즈온의 배당금은 약 90억 원이며 이것을 제하고도 350억 원 정도의 현금이 1년간 새로 유입되어 남아 있다.

이는 다음 해에 더존비즈온이 설비투자를 해도 자금 사정에 큰 문제가 없을 것임을 시사한다. 잉여현금흐름이 내부자금으로 설비투자 자금을 충분히 조달할 수 있음을 보여주기 때문이다. 회사에 잉여현금흐름이 적으면 설비투자를 할 때 외부에서 자금을 빌리거나 유상증자를 해야 한다. 가장 좋은 방법은 내부조달로 해결하는 것인데 이것이 가능한지는 현금흐름표를 보면 알 수 있다.

⠿ 설비투자에 따른 레버리지 효과

이제 잉여현금흐름이 별로 크지 않아 대규모 설비투자 자금을 부채로 조달한다고 가정해보자. 기업이 설비투자를 하는 이유는 제품이 잘 팔리기 때문이다. 부채로 자금을 조달할 경우 재무상태표에 두 가지 변화가 발생한다.

첫째, 유이자부채로 자금을 조달하면 이자비용이 증가한다.

둘째, 설비투자로 제품 생산량을 늘리면 매출액이 증가하는 동시에 유형자산이 증가해 감가상각비가 늘어난다.

```
설비 투자 ─┬─ 감가상각비 증가  ➡ 영업레버리지
           └─ 유이자부채 증가  ➡ 재무레버리지
```

　결론적으로 설비투자가 긍정적인 레버리지 효과를 발휘하려면 설비를 완공한 뒤 매출이 예상대로 증가해야 한다. 설비에 투자했는데 갑자기 경기가 침체할 경우 어려움에 봉착하게 된다.

　외부자금을 조달해 투자할 때 가장 문제가 되는 것은 이자비용이라는 고정비가 발생한다는 점이다. 설비투자 후 매출이 크게 증가하면 이자를 갚는 데 전혀 문제가 없다. 그런데 1년 정도 지나 갑자기 경기가 나빠지고 매출이 줄면서 가동률이 떨어지는 상황이 발생하면 문제는 심각해진다. 감가상각비와 이자비용이 고정비이기 때문이다.

　이처럼 부채는 이익을 크게 늘려주기도 하지만 경기가 어려워지면 이익 감소를 가속화하는 역할을 한다. 양날의 칼인 셈이다. 설비투자에 필요한 자금

▶ **부채로 설비투자를 했을 경우 재무제표 변화**

재무상태표				손익계산서	
자산		**부채**		**매출액**	매출증가
				매출원가	감가상각비 증가
현금		이자부채 증가		판매관리비	
				영업이익	
				금융수익	
		자본		금융비용	이자비용 증가
유형자산 증가					
		자본금		세전순이익	
		자본잉여금		법인세	
		이익잉여금			
자산총계		**부채와 자본 총계**		**당기순이익**	

을 부채로 조달할 경우 발생하는 이익 변동성을 재무레버리지 효과라고 한다. 이 효과는 이자비용이 고정비라서 발생하는 것이다. 경기가 좋고 제품이 잘 팔릴 때는 부채로 조달한 투자가 이익 증가 효과를 가속화한다. 반면 설비투자 후 경기가 나빠지면 고정비인 이자부담 때문에 이익 감소가 급속도로 진행된다. 경기는 부침이 있으므로 설비투자가 항상 좋은 결과만 내는 것은 아니다. 결국 투자할 때는 가급적 내부자금으로 해야 이익 안정성을 확보할 수 있다.

다음은 흑연을 주원료로 반도체 공정에 사용하는 실리콘 카바이드 링을 제조하는 회사 티씨케이의 설비투자 현황이다. 티씨케이가 만드는 이 반도체 부품은 소모성으로 장비나 부품주에 비해 소비주기가 짧은 편이다.

다행히 반도체 부품 분야에서 경쟁력을 갖춘 티씨케이는 영업활동현금흐름으로 회사 내부에 현금을 꾸준히 유입시키고 있다. 티씨케이는 이를 기반으로 유형자산 투자를 진행하는 구조다. 사업 안정성이 좋은 상태에서 영업활동으로 벌어들인 현금으로 설비투자를 진행하는 모범적인 회사라고 할 수 있다.

▶ **티씨케이 설비투자**

(단위: 십억 원)

	2015	2016	2017	2018E	2019E
영업활동현금흐름	23.2	24.9	39.6	53.4	67.0
당기순이익(손실)	13.2	22.7	37.3	52.8	69.6
유형자산상각비	5.3	6.2	8.5	11.2	8.8
무형자산상각비	0.2	0.2	0.2	0.1	0.1
운전자본 증감	5.1	-4.7	-5.0	-4.9	-5.6
투자활동현금흐름	-21.0	-28.5	-20.4	-22.5	-21.8
유형자산 증가(CAPEX)	-11.6	-24.6	-12.0	-5.0	-1.5

19

수급과 실적은
어떻게 숫자로 나타날까

수급은 단기적으로 주가에 결정적인 변수고 실적은 중장기에 걸쳐 영향을 미친다고 한다. 우량주도 단기적으로는 확실히 수급의 영향을 받는다.

재무상태표에도 수급에 영향을 미치는 항목들이 있다. 가령 주식 공급 측면에 변화를 불러오는 항목으로는 부채항목에 전환사채와 신주인수권부사채 그리고 자본항목이 있다. 전환사채와 신주인수권부사채가 주식으로 전환될 경우 주식 물량이 공급된다. 자본항목에서 주식 물량 변화 요인에는 유상증자와 무상증자, 액면분할, 감자, 스톡옵션 등이 있다.

⠿ 액면분할과 무상증자의 차이점

2018년 4월 삼성전자가 액면가 5,000원 주식을 100원으로 50분의 1 주식 분할을 단행했다. 보통주 발행주식수는 분할 전 1억 2,800만 주에서 분할 후 64억 1,000만 주가 되었다. 이러한 액면분할은 주가에 어떤 영향을 미칠까?

첫째, 주당 가격이 고액이라는 부담이 없어져 개인투자자가 삼성전자에 쉽게 접근할 수 있다. 개인투자자는 고가 주식에 대해 거부감을 보이는 편이다. 따라서 액면분할로 고가 주식의 주가를 낮추면 수급 측면에서 개인투자자를 끌어들이는 효과가 있다. 둘째, 액면분할로 유동성이 크게 증가하면서 주식거래가 활성화된다. 셋째, 액면분할은 자본금이 증가하는 것이 아니므로 회사의 순자산 가치에 하등 변화를 주지 않는다. 단지 액면가를 낮추는 것일 뿐 자본금은 그대로다.

액면분할과 무상증자는 자본금 증가 측면에서 차이가 있다. 무상증자는

▶ **삼성전자 주식분할 결정 공시 내용**

구분			분할 전	분할 후
1. 주식분할 내용	1주당 가액(원)		5,000	100
	발행주식총수	보통주식(주)	128,386,494	6,419,324,700
		종류주식(주)	18,072,580	903,629,000
2. 주식분할 일정	주주총회 예정일		2018-03-23	
	구주권 제출기간	시작일	2018-03-26	
		종료일	2018-05-02	
	매매거래 정지기간		2018-04-30, 05-02, 05-03 (3영업일, 05-01: 증시 휴장일)	
	명의개서 정지기간	시작일	2018-05-03	
		종료일	2018-05-10	
	신주권 상장 예정일		2018-05-04	
3. 주식분할 목적			유동주식수 확대	
4. 이사회결의일(결정일)			2018-01-31	

150

자본잉여금이나 이익잉여금 계정에 있는 자본을 자본금 항목으로 이전하는 것이므로 잉여금이 감소하는 동시에 자본금이 증가한다. 계정항목 이동이기 때문에 자본총계에는 변화가 없다. 액면분할과 무상증자의 같은 점은 발행주식수는 증가하지만 자본총계에는 변화가 없다는 것이다. 그렇다면 왜 회사는 액면분할이나 무상증자로 발행주식수를 늘리는 걸까?

╏╏ 왜 회사는 주식수를 늘리는 걸까

발행주식수가 적어 유동성이 부족한 주식은 기관투자자나 외국인이 투자하기를 꺼려한다. 즉, 기관이나 외국인은 원하는 물량을 원하는 가격에 쉽게 살 수 있어야 접근한다. 유동성이란 시중에서 거래되는 주식 수량을 의미한다. 보통 거래가 이뤄지지 않는 대주주 물량을 제외하고 유동 물량을 계산하는 데 이를 실질 유동성이라고 한다. 이를테면 회사가 3,000만 주를 발행하고 대주주 지분율이 30퍼센트라면 실질 유동성은 2,100만 주다. 물론 대주주도 주식을 매각할 수 있지만 일단 실질 유동성 계산에서는 제외한다.

기관과 외국인은 대체로 운용자산 규모가 크기 때문에 한 번에 사들이는 주식 수량이 개인투자자보다 많다. 그런데 이들은 물량을 몇만 주 사들일 때 유동 물량이 적어 호가가 크게 상승하면 투자를 꺼린다. 대체로 기관과 외국인은 유동성이 풍부한 대형주를 중심으로 매매한다. 주식을 팔 때도 유동성이 풍부해야 보유한 주식을 처분하기가 쉽다.

통상적으로 액면분할이나 무상증자를 하는 의도는 기관과 외국인 투자자가 유통시장에 쉽게 접근하게 하는 데 있다. 하지만 삼성전자 같은 고가주의 액면분할은 개인투자자의 접근을 용이하게 하려는 측면이 있다. 여하튼 기업이 무상증자나 액면분할을 하는 이유는 유동 물량을 늘리는 게 핵심이고, 여기에는 투자자의 접근을 용이하게 하려는 목적이 있다. 윌리엄 오닐도 좋은 주식의 조건으로 건실한 기관투자자가 주식을 보유하는지 따져보라고 했다.

유동성을 확대해 투자자가 쉽게 접근하도록 할 경우 기업이 기대하는 것은 시장에서 기업가치를 적정하게 평가받는 일이다. 기업가치는 투자자가 결정하며 투자자들의 관심이 저조하면 가치를 제대로 평가받지 못할 수도 있다.

예를 들어 PER가 7배로 거래되는 기업이 있는데 시장에서 그 기업이 속한 업종의 평균 PER가 약 12배라고 해보자. 분명 업종 내에서 저평가된 기업이지만 그 기업은 계속해서 낮은 PER를 적용받을 수 있다. 유동성이 없어서 기관이나 외국인의 참여가 저조하면 그런 일이 벌어지기도 한다. 이때 기관과 외국인 투자자가 쉽게 참여하도록 유동 물량을 공급해주면 이들 대형 투자자가 주식을 사들이면서 PER가 높아진다.

과거와 다른 수준의 PER로 평가받는 것을 리레이팅Re-Rating이라고 한다. 이는 같은 이익이 나더라도 PER를 높게 부여할 때 주가가 올라가는 경우를 말한다. 주가=이익×PER다. 유동성을 확대할 경우 이를 계기로 외국인과 기관투자자는 기업가치에 다른 시각(Re)으로 등급을 부여한다(Rating). Re는 Again을 의미하므로 재평가를 받는다는 뜻이다.

물론 이 시각과 전혀 다른 의견을 보이는 사람도 있다. 그 대표적인 인물이 워런 버핏이다. 기업은 실적으로만 승부하면 그만이고 증권시장에서 많이 거래되는 것이 꼭 기업가치를 적정하게 평가받는 방법은 아니라는 것이다. 그래서 워런 버핏은 발행주식수를 늘리는 액면분할이나 무상증자를 하지 않는다. 그가 대주주로 있는 버크셔 해서웨이가 주당 3억 원을 넘겨 전 세계에서 가장 비싼 주식이 된 이유가 여기에 있다. 버핏은 "좋은 기업은 눈 밝은 투자자가 알아보고 주식을 매수하기 때문에 결국 기업은 적정한 평가를 받는다."라고 말한다. 유동성이 아니라 실적이 중요하다는 이야기다.

액면분할과 무상증자를 하면 주식이 활발히 거래되면서 주가가 새로운 평가를 받는다는 주장은 수급이 주가를 결정한다는 관점이다. 사실 '주가는 실적에 기반해 오른다'는 관점에서는 액면분할이나 무상증자가 무의미하게 여겨진다. 반면 수급이 주가 결정에 중요한 기여를 한다고 생각할 경우에는 액면분할이나 무상증자는 의미가 있다.

액면분할, 무상증자, 특수사채 등은 실제로 주가에 영향을 미치므로 이를 무시할 수는 없다. 액면분할이나 무상증자 공시가 나오면 잘 대처해야 한다. 테고사이언스 전환사채가 주식으로 전환되는 과정에서 주가에 어떤 영향을 미쳤는지 살펴보자.

∷ 전환사채 주식전환이 주가에 미치는 영향

테고사이언스의 금감원 공시를 보면 아래 표와 같은 화면이 나온다.

▶ 금융감독원의 테고사이언스 공시 화면

공시대상회사	보고서명	제출인	접수일자
테고사이언스	주식등의대량보유상황보고서(일반)	전세환	2018.01.23
테고사이언스	임원·주요주주특정증권등소유상황보고서	전재욱	2018.01.23
테고사이언스	전환청구권행사 (제3회차 CB)	테고사이언스	2018.01.09
테고사이언스	투자판단관련주요경영사항 (TPX-105 식품의약품 안전처 국내 품목허가 획득)	테고사이언스	2017.12.26
테고사이언스	본점소재지변경	테고사이언스	2017.12.19
테고사이언스	주식명의개서정지(주주명부폐쇄)	테고사이언스	2017.12.15
테고사이언스	전환청구권행사 (제3회차)	테고사이언스	2017.12.05
테고사이언스	전환청구권행사 (제3회차 CB)	테고사이언스	2017.12.01
테고사이언스	분기보고서 (2017.09)	테고사이언스	2017.11.27
테고사이언스	전환청구권행사 (제3회차 CB)	테고사이언스	2017.11.02
테고사이언스	[기재정정]신규시설투자등	테고사이언스	2017.09.29
테고사이언스	기타경영사항(특허권취득X자율공시)	테고사이언스	2017.08.30
테고사이언스	반기보고서 (2017.06)	테고사이언스	2017.08.25

▶ 전환청구가 주가에 미치는 영향

▶ 사업보고서에서 전환 물량 확인하는 방법

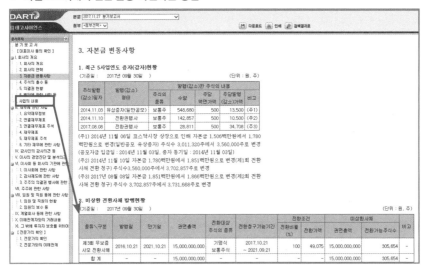

위 차트에서 공시한 전환청구권행사 날짜를 주가차트에 표시했다. 전환청
구 후 15일 정도 지나 주식을 상장하는데 이때 전환청구일과 전환주식이 시
장에 나오는 시점이 다르다는 것을 감안해야 한다.

154

직관적으로 볼 때 전환청구 후부터 전환주식을 상장할 때까지 약세를 기록하는 경향이 있다. 전환사채나 신주인수권부사채를 자주 발행하는 기업은 투자에서 배제하는 것이 좋다. 주가가 오를 만하면 주식으로 전환되어 시장에 나오는 바람에 상승세에 찬물을 끼얹기 때문이다. 전환사채나 신주인수권부사채 발행 물량이 어느 정도인지, 앞으로 주식으로 전환될 물량이 몇 주인지 확인하려면 사업보고서를 봐야 한다.

금감원에 공시된 사업보고서를 보면 자본금 변동사항란이 나온다. 여기를 클릭할 경우 전환사채나 신주인수권부사채 중 아직 주식으로 전환되지 않은 물량을 확인할 수 있다. 전환 물량이 시장에서 소화되는 과정은 투자자별 매매동향으로 추정할 수 있다. 전환 물량은 대부분 기관 물량이므로 특정 기간에 얼마나 매도되었는지 확인하면 된다.

20

산업분야마다 이해가 다른 선수금

선수금先受金을 한자 그대로 풀어쓰면 미리 받은 돈이다. 물건 판매 계약을 하는 상황을 생각해보자. 미리 계약금이 오가고 최종적으로 물건을 주고받으면 거래행위가 끝난다. 이때 판매자가 계약금을 받은 경우 매출액으로 잡을 수 있을까? 그렇지 않다. 단지 계약만 했을 뿐이므로 물건을 넘겨주는 시점에 매출을 잡아야 한다. 그때 거래가 최종적으로 성립되기 때문이다.

그럼 아직 물건을 넘겨주지는 않았지만 계약금을 받았을 때를 생각해보자. 이 돈이 바로 선수금이다. 제조업체에는 선수금 항목이 있지만 금액은 크지 않다. 물량이 부족한 경우라면 몰라도 돈을 미리 받고 나중에 물건을 내주는 일은 드물기 때문이다. 대개는 재고를 쌓아놓고 언제든 주문에 응한다.

2017년부터 수요 초과 현상이 벌어지고 있는 분야가 바로 광케이블산업이다. 여기에 속하는 기업 중 하나가 대한광통신이다.

2017년부터 광케이블 수급이 타이트해지면서 수요 초과 현상이 발생하자 대한광통신 실적이 크게 좋아졌다. 애초에 광섬유만 만들던 대한광통신은 지금은 소재인 광섬유부터 최종제품인 광케이블까지 생산을 수직계열화했다. 2017년 9월 30일 현재 대한광통신의 선수금은 14.4억 원이다. 제품을 요구하는 사람이 많아 미리 돈을 받고 나중에 물건을 주겠다고 할 정도다. 시장에서 제품을 찾는 사람이 많으면 판매자는 배짱장사를 하게 되고 이때 선수금을 받는다.

건설업 같은 수주산업에도 당연히 선수금이 있다. 대표적인 수주산업인 반도체 장비회사를 생각해보자. 장비는 맞춤형으로 생산해야 하는데 계약하고 생산까지 끝낸 뒤 발주한 회사가 장비를 가져가지 않겠다고 하면 일이 복잡해진다. 원재료를 구입하고 인건비를 들여 제품을 만든 상태에서 계약을 파기할 경우 제품 제작에 들어간 비용은 전부 손실이 된다. 물론 반도체 세트업체인 삼성전자, SK하이닉스 등은 돈을 떼먹지 않는 회사라 계약금을 받지 않아도 큰 문제가 없다. 중국 반도체업체도 신뢰할 수 있을까? 이 경우에는 선수금을 받는 것이 안전할 것이다.

⠿ 선수금은 어떻게 회계처리될까

선수금을 수령하면 회사에 현금이 들어오고 자산항목에 현금이 증가한다. 동시에 선수금은 부채다. 제품을 발주자에게 인도하지도 않고 돈을 먼저 받았으니 말이다. 물건을 인도하기 전까지는 남의 돈이므로 당연히 부채다. 이때 회계처리는 다음과 같다(158쪽 표 참조).

수주계약을 하고 계약금으로 현금을 받으면 손익계산서에 매출이 잡히지

재무상태표					손익계산서	
자산		**부채**			**매출액**	
					매출원가	
현금	100				판매관리비	
		선수금	100		**영업이익**	
					금융수익	
		자본			금융비용	
		자본금			세전순이익	
		자본잉여금			법인세	
		이익잉여금				
자산총계		**부채와 자본 총계**			**당기순이익**	

않는다. 계약 단계에서는 재무상태표만 변한다. 단지 계약 단계일 뿐이고 아직 매출이 없으므로 손익계산서에는 변동이 없다. 이때는 재무상태표의 차변과 대변 금액만 달라진다.

여기서 생각해봐야 하는 것은 이렇게 수주계약을 했을 때 부채비율이 상승한다는 점이다(부채비율 = 부채총계 / 자본총계).

수주를 했는데 아직 제품을 인도하기 전이면 부채비율이 상승한다. 부채비율은 금융기관이나 주식투자자가 예민하게 보는 재무지표다. 부채비율이 높아지면 채권자와 투자자는 긴장한다. 회사가 차입을 많이 하거나 실적이 악화될 경우 부채비율이 올라가기 때문이다. 그런데 선수금을 받았을 경우에도 부채비율이 상승한다. 다음의 표를 보자.

단지 수주계약을 했을 뿐인데 부채비율이 상승했다. 그러면 이 회사의 경영상태가 나빠진 걸까? 그렇지 않다. 오히려 수주를 했으니 회사에 일거리가 늘어나고 현금 100억 원이 들어와 자금 사정이 넉넉해졌다. 선수금은 무이

▶ 선수금을 100억 원 수령했을 경우 부채비율 변화

자산		부채	500		자산		부채	600
현금					현금	100		
		선수금		→			선수금	100
		자본	500				자본	500
자산총계	1,000	부채와 자본 총계	1,000		자산총계	1,100	부채와 자본 총계	1,100

부채비율　100%　　　　　　　　부채비율　120%

자부채나 마찬가지이므로 이 돈을 단기간에 운용할 수도 있다. 단순히 부채비율이 높아졌다고 해서 걱정할 필요는 없다. 이는 수주산업에서 나타나는 일반적인 현상이다. 선수금을 받아 부채비율이 상승한 경우에는 높아진 부채비율을 긍정적으로 받아들여도 괜찮다. 제품을 만들어 발주자에게 인도하면 선수금은 제로가 되므로 부채비율은 다시 낮아진다.

이제 회사가 제품을 만들어 납품했을 때 재무상태표와 손익계산서가 어떻게 변하는지 살펴보자. 예를 들어 물건을 수주해 납품했을 때 순이익률이 20퍼센트라고 해보자(160쪽 표 참조). 100억 원의 매출계약을 한 뒤 제품을 인도하면 최종적으로 순이익 20억 원이 발생한다.

손익계산서를 보면 계약한 제품을 인도했으니 매출로 잡았다. 이때 순이익률이 20퍼센트이므로 당기순이익 20억 원이 발생한다. 당기순이익은 결산회계할 때 이익잉여금 항목으로 이월 계상한다.

재무상태표에서 선수금은 제로가 된다. 물건을 인도해 부채가 사라졌기 때문이다. 그리고 현금이 100억 원에서 20억 원으로 감소한 것으로 기록

▶ 수주받은 제품을 인도했을 때 재무제표 변화

재무상태표					손익계산서	
자산		**부채**			**매출액**	100
					매출원가	
현금	~~100~~				판매관리비	
	20	선수금	~~100~~		**영업이익**	
					금융수익	
		자본			금융비용	
		자본금			세전순이익	
		자본잉여금			법인세	
		이익잉여금	20			
자산총계		**부채와 자본 총계**			**당기순이익**	20

한다. 단순하게 생각해 제품을 100억 원어치 생산해 인도하려면 원재료도 사고 종업원도 고용해야 한다. 여기에 든 비용이 80억 원이다. 순이익률이 20퍼센트라고 했으니 말이다. 이렇게 해서 재무상태표의 왼쪽과 오른쪽 숫자가 일치한다.

21

저렴하게 자금을 조달하는
전환사채

전환사채와 신주인수권부사채로 조달하는 자금

전환사채와 신주인수권부사채는 회사채의 일종이며, 부채로 자금을 조달하는 수단이다. 왜 회사채를 발행하지 않고 이러한 특수사채를 발행하는 걸까? 씨젠의 전환사채 발행 사례로 그 이유를 살펴보자(162쪽 표 참조).

전환사채는 일정 기간이 지나면 주식으로 전환이 가능한 사채다. 전환청구 기간은 보통 발행 후 1년부터다. 씨젠의 경우 1년이 지나면 500억 원을 주식으로 전환할 수 있다. 만약 전환가격이 6만 8,128원이고 사채 500억 원을 전부 주식으로 전환한다면 73만 3,912주를 신주로 발행해야 한다. 그만큼 주식수는 증가한다.

▶ 씨젠 전환사채 발행 공시

1. 사채의 종류		회차	3	종류	무기명식 이권부 무보증 사모 전환사채
2. 사채의 권면총액(원)					50,000,000,000
2-1 (해외발행)	권면총액(통화단위)			–	–
	기준환율 등				–
	발행지역				–
	해외상장 시 시장의 명칭				–
3. 자금조달의 목적	시설자금(원)				–
	운영자금(원)				50,000,000,000
	타법인 증권 취득자금(원)				–
	기타자금(원)				–
4. 사채이율	표면이자율(%)				0.5
	만기이자율(%)				0.9
5. 사채만기일					2020.07.28.
6. 이자지급방법					이자는 본 사채의 발행일 익일부터 원금 상환기일까지 계산하고 아래 이자지급기일에 매 3개월분의 이자(본 항 제7호 표면이율 0.5%의 1/4에 해당하는 이율)를 후급한다. 다만, 지급기일이 은행 영업일이 아닌 경우에는 그다음 영업일에 이자를 지급하기로 하고 이 경우 지급기일 이후의 이자는 계산하지 아니한다.
7. 원금상환방법					만기까지 보유하고 있는 본 사채의 원금에 대하여는 만기일에 원금의 102.0433%에 해당하는 금액을 일시 상환하되, 원미만은 절사한다. 단, 상환기일이 은행 휴업일인 때에는 그다음 영업일에 상환하고 원금상환기일 이후의 이자는 계산하지 아니한다.
8. 사채발행방법					사모

전환주식수 = 50,000,000,000/68,128

그런데 표에서 보듯 표면이자율이 매우 낮아 0.5퍼센트에 지나지 않는다. 1년에 0.5퍼센트의 비용을 지불하고 저렴하게 자금을 쓰는 셈이다. 이처럼 저렴하게 자금을 조달하는 대신 주식으로 전환할 권리를 주는 것이다. 이런 권리가 없다면 누가 이자율이 낮은 전환사채에 선뜻 투자하겠는가?

전환사채를 발행한 뒤 주가가 전환가격보다 하락하면 사채보유자는 굳이 전환할 이유가 없다. 이 경우 만기까지 전환사채를 보유하다가 원리금을 상환받는다. 만기에는 투자원금 대비 102.0433퍼센트를 받는다. 매년 0.5퍼센트의 낮은 이자를 받고 원금을 102퍼센트 남짓밖에 받지 못하니 전환사채 투자자 입장에서는 낮은 수익률이다. 이에 따라 전환사채 소유자는 만기 전에 주가가 전환가격보다 더 오를 때를 기다렸다가 주식으로 전환해 이익을 취하려한다.

⠿ 전환가격 조정하기

전환가격 조정은 유상증자, 무상증자, 감자 등을 할 때 이뤄진다. 이때는 당연히 전환가격을 조정해줘야 한다. 예를 들어 무상증자를 100퍼센트 할 경우 주가는 무상증자 전 가격 대비 절반 가격으로 권리락이 발생한다. 그러므로 전환가액도 절반으로 낮춰야 한다.

이러한 조정 외에 이른바 리픽싱Rrefixing이라는 조정도 있다. 이는 전환사채를 발행한 뒤 주가가 하락할 경우 전환가격을 재조정해주는 것이다. 이렇게 재조정하는 이유는 주식으로 전환할 확률을 높이기 위해서다. 리픽싱은 3개월에 한 번씩 진행한다. 씨젠의 리픽싱 조항을 통해 더 자세하게 살펴보자(164쪽 표 참조).

여기서 중요한 것은 두 가지다. 주가가 하락할 경우 3개월마다 전환가격을 조정한다는 것과 설사 조정해서 전환가격을 낮춰도 기준 주가의 80퍼센트 밑으로는 내리지 못한다는 조항이 그것이다. 전환가액을 너무 낮추면 기존 투자자의 소유가치가 희석되기 때문이다.

전환사채 발행일로부터 1년이 경과한 날 및 그 이후 매 3개월이 경과한 날을 전환가격 조정일로 하고 각 전환가액 조정일 전일을 기산일로 하여 그 기산일로부터 소급한 1개월 가중산술평균주가, 1주일 가중산술평균주가 및 최근일 가중산술평균주가를 산술평균한 가액과 최근일 가중산술평균주가 중 '높은 가액'이 직전 전환가액을 하회할 경우 그 '높은 가액'을 새로운 전환가액으로 하기로 한다.

전환가액은 발행 당시 기준주가(조정일 전 신주의 할인발행 등의 사유로 전환가액을 이미 조정한 경우에는 이를 감안하여 산정한 가격)의 80% 이상이어야 한다.

씨젠의 경우 전환사채를 발행한 뒤 주가가 크게 낮아져 발행 당시 전환가격 6만 8,128원의 80퍼센트 가격인 5만 4,502원까지 하락했다. 전환에 따른 발행주식수는 91만 7,397주로 애초에 정한 전환주식수보다 18만 3,485주를 더 발행하게 된다.

씨젠은 절묘한 시점에 전환사채를 발행했다. 발행 이후 주가는 급락했고

▶ 씨젠 전환사채 발행과 주가 하락에 따른 리픽싱

전환가액을 지속적으로 조정해 5만 4,502원까지 내려왔는데 2018년 6월 2일 현재 3만 1,200원이다. 그러니 사채를 주식으로 전환하면 손해다. 씨젠의 입장에서는 그동안 저금리 자금을 잘 사용한 셈이다. 반면 전환사채 투자자들은 주식전환으로 시세차익을 누릴 수 없었다.

만일 씨젠이 전환사채를 발행하지 않고 제3자 배정 유상증자를 했다면 어땠을까? 이때 주가가 큰 폭으로 하락할 경우 유상증자 참여자는 커다란 손실을 입는다. 전환사채에 투자하면 주가가 하락하더라도 원금손실이 없다는 방어막이 있으므로 이를 걱정할 필요는 없다.

⠿ 자금을 회수하는 조기상환청구권

채권 보유자에게는 조기상환청구권Put Option이 있다. 주가가 전환가격 밑으로 떨어져 전환청구가 어렵다고 판단할 경우 풋옵션으로 만기 전이라도 자금을 회수할 수 있다.

▶ **씨젠 조기상환 조항**

본 사채의 발행일로부터 2년이 되는 2017년 07월 28일 및 그 이후 매 3개월에 해당하는 날에 본 사채의 권면금액에 조기상환수익률[사채권면총액에 대하여 연 0.9%를 적용한 3개월 단위 복리 0.9%, 기발생 및 기지급한 표면이자(연 0.5%, 매 3개월 후급)를 포함하여 계산한 수익률임]을 가산한 금액의 전부 또는 일부에 대하여 만기 전 조기상환을 청구할 수 있다.

이러한 조항에 따라 씨젠의 전환사채 투자자는 투자자금 중 일부를 조기상환청구로 회수했다. 2018년 6월 2일 현재 미상환 전환사채는 130억 원이다. 아직도 주가 상승을 기대하는 전환사채 보유자가 있다는 얘기다. 전환청

▶ 씨젠 사채 발행 현황

(기준일: 2017.09.30.)

(단위: 원, 주)

종류 \ 구분	발행일	만기일	권면총액	전환대상 주식의 종류	전환청구 가능기간
제3회 무기명식 무보증전환사채	2015.07.28.	2020.07.28.	50,000,000,000	보통주	2016.07.28. ~2020.06.28.
합계	-	-	50,000,000,000	-	-

종류 \ 구분	전환조건		미상환사채		비고
	전환비율(%)	전환가액	권면총액	전환가능주식수	
제3회 무기명식 무보증전환사채	100	54,502	20,000,000,000	366,959	-
합계	-	-	20,000,000,000	366,959	-

* 2017년 10월 30일 전환사채 액면 70억 원을 상환했고 보고서 제출일 현재 사채의 권면잔액은 130억 원이다.

구 기간이 2020년 7월까지이므로 전환가격이 상회할 때를 노려 좀 더 기다리는 것인지도 모른다.

씨젠의 전환사채를 인수한 투자자의 입장에서 최소한 손해를 보는 투자는 아니다. 물론 낮은 수익률 탓에 기회비용을 날린 측면은 있다. 그러나 전환사채 투자는 주가가 전환가격 이상으로 올랐을 때 전환으로 큰 이익을 취할 기회이익을 노리는 것이므로 기회비용을 지불하는 것은 당연하다. 씨젠의 입장에서는 낮은 금융비용으로 2년 이상 자금을 운용했으니 그저 기쁠 따름이다.

전환사채를 발행하면 기존 주주는 전환 물량이 시장에 나올 때마다 수급이 나빠지므로 주가 하락을 염려한다. 다른 한편으로 사채가 주식으로 전환될 경우 부채가 사라지고 그만큼 자본이 증가하기 때문에 주당 자기자본이 커진다. 즉, 단기적인 수급은 나빠져도 자본이 강화되므로 멀리 내다보면 기업에 좋다. 전환사채를 볼 때는 이러한 균형 감각이 필요하다.

22

신주인수권부사채 이해하기

신주인수권부사채는 신주를 인수할 권리를 부여한 사채로 영어로는 Bond with Warrant로 표현한다. 워런트란 일정 가격에 주식을 살 수 있는 권리를 말한다.

신주인수권부사채는 전환사채와 비슷해 보이면서도 다른 측면이 있다. 전환사채는 사채를 매입할 경우 사채금액에 해당하는 만큼 주식으로 전환할 수 있는 채권이고, 신주인수권부사채는 신주를 인수할 권리가 있는 사채다. 따라서 전환사채는 사채를 주식으로 전환하는 것이고, 신주인수권부사채는 새로운 자금을 투자해 신주를 인수하는 것이다. 다만 기업 재무구조 차원에서는 비슷한 효과를 낸다.

전환사채는 사채를 주식으로 전환할 경우 부채에서 사채가 사라지고 그만큼 자본이 증가한다(168쪽 표 참조). 반면 신주인수권부사채는 신주를 인수하

▶ 전환사채를 주식으로 전환할 때 회계처리

전환사채 100억 원을 주당 전환가격 1만 원에 전환
전환주식 100만 주: 자본금 증가 5억 원, 주식발행초과금 95억 원

자산		부채			자산		부채	
		전환사채	100				전환사채	0
		자본					**자본**	
		자본금					자본금	5
		자본잉여금					자본잉여금	95
		이익잉여금					이익잉여금	
자산총계		부채와 자본 총계			자산총계		부채와 자본 총계	

▶ 신주인수권부사채의 신주 인수에 따른 회계처리

신주인수권부사채 100억 원을 발행하면서 신주 인수 권리를 주당 1만 원에 부여
신주인수권 행사에 따른 신주 발행: 100만 주
자본금 증가 5억 원, 주식발행초과금 95억 원

자산		부채			자산		부채	
					현금	100		
		신주인수권부 사채	100				신주인수권부 사채	100
		자본					**자본**	
		자본금					자본금	5
		자본잉여금					자본잉여금	95
		이익잉여금					이익잉여금	
자산총계		부채와 자본 총계			자산총계		부채와 자본 총계	

168

면 자본은 증가하지만 사채는 그대로 존재한다. 전환사채와 신주인수권부사채는 바로 이 부분이 다르다.

⠿ 대정화금의 신주인수권부사채 발행 사례

기초 화학물질 제조회사 대정화금은 2013년 8월 5년 만기 신주인수권부사채를 발행했는데 그 내용은 다음과 같다.

신주인수권 행사가격은 1만 1,323원이다. 신주인수권부사채에도 전환사채처럼 주가 하락에 따른 행사가격 조정이 있고 조기상환청구권도 존재한다. 대정화금은 투자자가 신주인수권을 일부 행사했고 미상환 신주인수권 내역은 다음과 같다. 2018년 7월 28일까지 행사 가능 주식수가 약 97만 주다. 이것은 대정화금 발행주식수 630만 주 대비 15.3퍼센트에 해당하는 물량이다.

▶ **대정화금 신주인수권부사채 발행 내용**

1. 사채의 종류		회차	1	종류	무기명식 무보증 분리형 사모 신주인수권부사채	
2. 사채의 권면총액(원)					12,000,000,000	
2-1 (해외발행)	권면총액(통화단위)				–	–
	기준환율 등					–
	발행지역					–
	해외상장 시 시장의 명칭					–
3. 자금조달 목적	시설자금(원)					–
	운영자금(원)					12,000,000,000
	타법인증권 취득자금(원)					–
	기타자금(원)					–
4. 사채이율	표면이자율(%)					0.0
	만기이자율(%)					0.0
5. 사채만기일					2018년 08월 28일	

▶ 대정화금 미상환 신주인수권 내역

미상환 신주인수권부사채 등 발행 현황
(기준일: 2017년 09월 30일)

(단위: 백만 원, 주)

종류 \ 구분	발행일	만기일	권면총액	행사대상 주식의 종류	신주인수권 행사가능기간
제1회 무보증분리형 사모신주인수권부사채	2013.08.28.	2018.08.28.	12,000	보통주	2014.8.28. ~2018.7.28.
합계	–	–	12,000	–	–

종류 \ 구분	행사조건		미행사 신주인수권부사채	
	행사비율(%)	행사가액	권면총액	행사가능 주식수
제1회 무보증분리형 사모신주인수권부사채	100	9,777	9,500	971,668
합계	–	–	9,500	971,668

▶ 대정화금 신주인수권 내역

신주인수권 가치산정 관련 사항	이론가격		1,834
	이론가격 산정모델		블랙-숄스의 옵션가격 결정모델 (Black & Scholes Option Pricing Model)
	신주인수권의 가치		신주인수권 행사가액의 16.2027%
	비고		블랙-숄스 옵션가격 결정모형을 기준으로 보수적 산정을 위하여 상기 정보 중 가장 낮은 변동성을 보이는 KOSDAQ 지수의 250일간의 역사적 변동성 (17.785%)을 사용하였으며, 신주인수권의 이론 가치를 산출한 결과 1,834원을 동 신주인수권부사채의 신주인수권 가치로 산정하였습니다.
신주인수권 증권 매각 관련 사항	매각 계획	매각예정일	2013년 08월 28일
		권면총액	6,000,000,000
		신주인수권 증권 매각 총액	240,000,000
		신주인수권 증권 매각 단가	453
	매각 상대방		송영준외 1인
	매각 상대방과 회사 또는 최대주주와의 관계		최대주주의 특수관계인

이처럼 앞으로 시장에 공급될 잠재적 발행 가능 물량을 오버행이라고 한다. 일평균 거래량이 10만 주 내외인 주식이라 이 정도 물량이 시중에 풀리면 주가에 부정적 영향을 줄 수 있다. 따라서 투자자는 이러한 수급 측면을 고려해 투자를 판단해야 한다.

신주인수권부사채에 전환사채와 비슷한 측면이 있는데 굳이 신주인수권부사채를 고집하는 이유는 무엇일까? 이는 대주주 지분과 관련이 있다. 대주주가 신주인수권만 따로 분리해서 매수해 나중에 주식으로 전환하면 지분을 늘릴 수 있다. 대정화금 대주주는 신주인수권부사채 120억 원을 발행한 뒤 이 중 60억 원에 해당하는 신주인수권을 주당 453원에 사들였다.

대주주가 사들인 주당 신주인수권 금액은 453원이다. 대주주는 이 권리를 인수함으로써 총 52만 9,895주를 행사가격 1만 1,323원에 살 권리를 확보한 것이다. 여기에 쓴 돈이 2.4억 원이다. 대주주가 권리를 행사해 지분을 인수하면 약 52.9만 주의 지분이 증가하면서 대주주 지분이 강화된다.

23

보유주식을 활용해
자금조달하는 교환사채

교환사채Exchangeable Bonds는 기업이 사채를 발행할 때 일정 시일이 지난 뒤 발행사가 보유한 다른 주식과 교환할 권리를 부여한 사채를 말한다. 교환사채 보유자는 교환한 주식의 가격이 오를 경우 시세차익을 얻는다. 교환 대상 유가증권은 상장주식으로 한정되어 있으며 교환 대상 주식을 증권예탁원에 예탁해야 한다.

전환사채나 신주인수권부사채는 사채 보유자가 권리를 행사할 경우 사채를 발행한 회사 주식을 추가로 발행하기 때문에 자본 변동이 발생하지만 교환사채는 자본 변동이 일어나지 않는다. 교환사채 발행회사 입장에서는 낮은 이율로 사채를 발행해 금융비용 부담을 줄이는 이점이 있다. 사채투자자 역시 교환 대상 주식의 가격이 상승할 경우 시세차익을 얻는다. 발행회사와 투자자 모두 이익을 취할 수 있는 것이다.

▶ **교환사채를 발행할 경우 재무상태표**

사채 발행

자산		부채	
현금	100		
교환주식	100	교환사채	100
		자본	
		자본금	100
		자본잉여금	
자산총계	200	부채와 자본 총계	200

교환 후

자산		부채	
현금	100		
교환주식	0	교환사채	0
		자본	
		자본금	100
		자본잉여금	
자산총계	100	부채와 자본 총계	100

교환사채 보유자가 교환 권리를 행사하면 사채 발행회사에 자산 감소가 일어난다. 그리고 교환사채에도 전환사채처럼 교환가격 조정 조건이 있다.

교환사채를 발행할 경우 재무상태표는 위 표와 같이 나타난다.

먼저 교환사채 발행회사가 교환 대상 주식 100억 원어치를 보유하고 있고, 이 주식을 교환 대상으로 해서 교환사채를 100억 원 발행한다.

이렇게 교환사채를 발행하면 부채항목에 교환사채 100억 원이 증가하고 현금 100억 원이 유입된다. 이때 교환 대상 주식 100억 원을 증권예탁원에 예탁한다.

만약 사채 보유자가 주식교환을 신청하면 부채는 소멸하고 발행회사는 교환주식을 사채 보유자에게 양도한다. 이로써 자산과 부채가 동시에 감소한다.

⠿ 롯데쇼핑의 교환사채 발행 사례

장부가 기준으로 롯데하이마트 주식 1조 2,480억 원을 보유한 롯데쇼핑은 롯데하이마트 지분을 교환조건으로 해서 교환사채를 발행했다.

▶ 롯데쇼핑 교환사채 발행

(단위: 천 원)

종속기업명	주요 영업활동	제48(당)기		제47(전)기	
		지분율(%)	장부금액	지분율(%)	장부금액
롯데카드	여신전문업 외	–	–	93.78	1,000,089,416
우리홈쇼핑	TV 홈쇼핑	53.03	393,213,074	53.03	393,213,074
코리아세븐	유통	–	–	51.14	82,473,151
롯데김해개발	건물관리용역	100.00	300,000	100.00	300,000
롯데수원역쇼핑타운	부동산개발	95.00	89,418,772	95.00	94,810,000
롯데송도쇼핑타운	부동산개발	56.30	60,000,000	56.30	60,000,000
엔씨에프	의류제조 및 판매	99.80	20,058,653	99.80	20,058,653
씨에스유통	유통	99.95	212,741,024	99.95	255,825,924
롯데하이마트	가전제품 소매	65.25	1,248,068,468	65.25	1,248,068,468
롯데백화점마산	유통	100.00	5,721,101	100.00	14,680,000

공시사항에 나와 있듯 롯데쇼핑은 롯데하이마트를 교환 대상 주식으로 해서 교환사채를 3,036억 원어치 발행했다. 사채 보유자는 1년 뒤 롯데하이마트 주식을 주당 8만 5,840원으로 교환 청구할 수 있다. 교환 청구가 들어오면 롯데쇼핑은 보유한 롯데하이마트 주식 353만 6,812주를 사채 보유자에게 인도해야 한다. 교환가격은 현재 주가보다 20퍼센트 높은 가격으로 결정했다.

만기이자율은 0.5퍼센트이며 교환청구 기간에 롯데하이마트 주가가 교환가격 이하로 하락할 경우 교환을 청구하지 않고 만기이자율을 받는 선택을 할 수 있다. 사채투자자는 원금을 보장받는다.

▶ 롯데쇼핑 교환사채권 발행 결정 공시

1. 사채의 종류			회차	2	종류	기명식 무보증무담보 해외교환사채
2. 사채의 권면총액(원)						303,600,000,000
2-1 (해외발행)	권면총액(통화단위)			303,600,000,000		KRW
	기준환율 등					1,065.80
	발행지역					싱가포르 등 해외 금융시장
	해외상장 시 시장의 명칭					싱가포르 증권거래소
3. 자금조달 목적	시설자금(원)					–
	운영자금(원)					303,600,000,000
	타법인증권 취득자금(원)					–
	기타자금(원)					–
4. 사채이율	표면이자율(%)					0
	만기이자율(%)					0.5
5. 사채만기일						2023년 04월 04일
6. 이자지급 방법						이자 지급 없음
7. 원금상환 방법						1. 만기상환: 만기까지 조기상환 사유가 발생하지 아니하고 교환권을 행사하지 아니한 사채의 원리금에 대하여 만기일에 일시 상환 2. 조기상환: 회사의 조기상환권(Call Option) 및 사채권자의 조기상환청구권(Put Option)
8. 사채발행 방법						사모
9. 교환에 관한 사항	교환비율(%)					100
	교환가액(원/주)					85,840
	교환가액 결정 방법					본 사채 발행을 위한 이사회 결의를 통해 결정
	교환대상	종류				롯데하이마트 주식회사 보통주식
		주식수				3,536,812
		주식총수 대비 비율(%)				–
	교환청구기간	시작일				2018년 05월 14일
		종료일				2023년 03월 24일
	교환가액 조정에 관한 사항					주식배당 등 사유발생 시 사채인수계약서에서 정한 바에 따라 조정

만약 사채 보유자가 교환을 선택하는 경우 롯데쇼핑은 표면이자율 0퍼센트로 자금을 사용한 셈이다.

교환사채는 그다지 많이 발행되지 않는다. 그렇다면 롯데쇼핑이 교환사채를 발행한 이유는 무엇일까?

롯데쇼핑이 시장에 롯데하이마트 주식을 대량 매각해 자금을 조달하려고 할 경우 현재 가격보다 할인해줘야 한다. 이는 당연히 롯데하이마트 주가에 영향을 준다. 하지만 교환사채를 발행하면 현재 가격보다 더 높게 발행하는 이점을 누린다. 실제로 롯데쇼핑은 롯데하이마트 현재 가격 대비 20퍼센트 높은 가격에 교환사채를 발행했다. 교환사채를 발행해 자금을 조달할 경우 주식을 시장에 싸게 팔아야 한다는 부담을 덜어낼 수 있다.

만일 롯데하이마트 주가가 하락해 교환 청구가 들어오지 않으면 롯데쇼핑은 만기이자율 0.5퍼센트만 지급하면 되므로 자금을 저렴한 비용으로 사용하는 결과를 얻는다. 교환사채를 발행한 롯데쇼핑 입장에서 이는 밑지는 장사가 아니다.

24

재무구조를 개선시키는
영구채

영구채는 만기가 정해져 있지만 콜옵션이 주어지므로 발행회사가 만기를 연장할 수 있다. 이에 따라 이론적으로 만기를 계속 연장할 수 있어 회계상 자본으로 인정받는 채권이다.

이것은 영구적으로 원금을 상환하지 않아도 되는 불상환 자금조달이다. 그러다 보니 그 성격이 자본과 같아 회계에서는 자본항목에 넣는다.

자본과 부채의 가장 큰 특징은 다음과 같다.

부채: 원금 상환 + 이자 지급

자본: 원금 상환 無 + 배당금 지급

그렇다면 영구채는 어떤 특징이 있는가?

영구채는 원금 상환이 없고 이자만 지급한다.

영구채: 원금 상환 無 + 이자 지급

이처럼 영구채는 마치 자본과 부채를 합한 것 같은 특성을 보인다. 영구채는 하이브리드형 자본조달 형태로 원금 상환이 없다는 측면에서 자본으로 분류한다. 이 신종자본으로 자금을 조달할 경우 부채비율이 낮아지고 재무구조가 개선되는 모양새를 갖출 수 있다.

실제로 영구채를 발행한 코오롱인더의 사례를 살펴보자. 듀폰에 패소하면서 돈이 필요해진 코오롱인더는 2015년 11월 1,030억 원의 영구채를 발행했다.

표에 표기된 만기일은 그냥 형식적인 것이다. 만기가 오면 코오롱인더는 1년 단위로 자동 연장되기 때문이다. 더구나 코오롱인더는 콜옵션도 갖고 있어서 회사의 자금 사정이 좋아질 경우 굳이 비싼 이자를 지급할 필요 없이 상환이 가능하다.

보다시피 이자율이 5.2퍼센트로 상당히 높은 편이다. 채권 소유자 입장에서는 원금을 받지 못해도 영원히 5.2퍼센트의 이자를 받는 게 유리하다고 생각하기 때문에 투자를 하는 것이다. 코오롱인더는 3년간 53억 원 정도의 이자비용을 내야 한다.

▶ **코오롱인더 영구채**

(단위: 천 원)

구분	발행일	만기일	이자율	당반기말	전기말
사모 신종자본증권	2015-11-26	2018-11-26	5.20%	103,000,000	103,000,000
발행비용				(546,900)	(546,900)
합계				102,453,100	102,453,100

▶ **코오롱인더 신종자본증권 내용**

연결재무상태표
제9기 반기말   2018.06.30. 현재
제8기말   2017.12.31. 현재

(단위: 원)

	제9기 반기말	제8기말
자본		
지배기업의 소유주에게 귀속되는 자본	2,188,781,527,210	2,183,300,782,354
자본금	142,311,650,000	142,097,940,000
자본잉여금	931,660,778,522	929,581,779,225
신종자본증권	102,453,100,000	102,453,100,000
이익잉여금(결손금)	1,008,659,290,908	975,511,586,146
기타자본구성요소	3,696,707,780	33,656,376,983
비지배지분	133,299,243,355	139,146,700,035
자본총계	2,322,080,770,565	2,322,447,482,389
자본과부채총계	5,622,889,456,357	5,661,948,639,915

대한민국 주식투자자를 위한
완벽한 재무제표 읽기

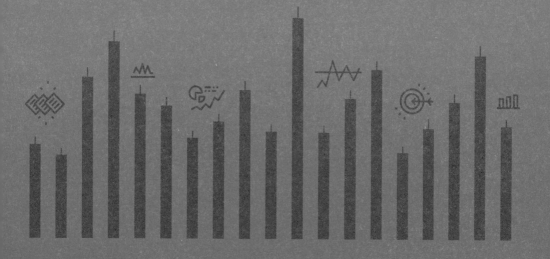

제3장

자본 공부하기

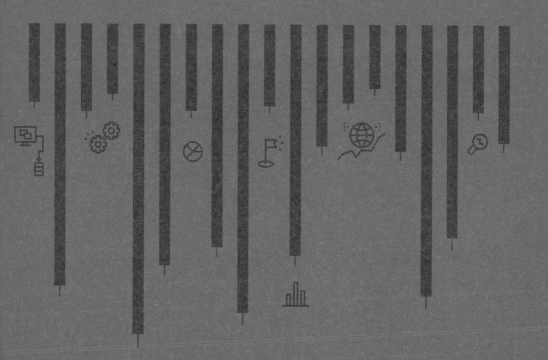

25

자본을 구성하는
항목들

회사를 설립할 때는 제일 먼저 주주들이 자본을 출자해 자금을 마련한다. 회사 설립 시 주주들이 납입한 자금을 초기자본이라고 한다. 그리고 사업체를 운영하다가 자금이 부족해지면 은행에서 차입하는데, 이는 부채로 조달하는 자금이다.

주주들이 출자한 자본과 은행에서 조달한 부채가 사업자금이 된다. 쉽게 말해 자본+부채=자본조달이다. 이렇게 조달한 자금으로 자산을 구성해 사업을 시작하는 것이다.

회사 구성원은 열심히 일해 이익을 낸다. 여기서 말하는 이익이란 순이익을 의미한다. 이것은 은행에서 빌린 차입금의 이자를 지불하고 세금도 낸 뒤 최종적으로 남는 이익이다. 이 순이익은 누구의 것일까? 당연히 주주의 몫이다. 그러면 모든 순이익을 주주들이 배당으로 나눠가져도 될까?

그렇게 하지 못하도록 상법으로 규정해놓았다. 법정적립금으로 회사 내에 이익준비금을 남겨놔야 한다. 이익준비금으로 남기는 돈은 배당금의 10분의 1 이상인데, 이 돈이 쌓여 자본금의 2분의 1에 달할 때까지 적립해야 한다. 자본금의 절반 정도를 넘어서면 추가로 이익준비금을 적립할 필요가 없다

기타 법정적립금으로 기업합리화적립금과 재무구조개선적립금이 있다. 이것은 금액이 크지 않으므로 이런 항목이 있다는 것을 파악하는 정도로 족하다.

다음은 더존비즈온의 이익잉여금 내역으로 법정적립금이 30.5억에 불과하다. 미처분이익잉여금은 1,031억 원이다.

▶ 더존비즈온 이익잉여금

(단위: 천 원)

구분	당분기말	전기말
법정적립금	3,059,583	2,199,078
미처분이익잉여금	103,180,009	86,848,285
합계	106,239,592	89,047,363

법정적립금이 적립기준을 충족하기 전까지는 순이익 전부를 배당할 수 없다. 법정적립금을 초과한 기업 중에는 순이익의 80퍼센트 이상을 배당하는 곳도 있다. 외국계 증권사의 경우 98퍼센트를 배당하기도 한다.

순이익에서 배당금으로 지급하는 비율을 배당성향이라고 한다. 순이익이 100억 원인데 배당금으로 30억 원이 나갔다면 배당성향은 30퍼센트다.

한국은 전 세계에서 배당성향이 낮은 국가에 속한다. 통계청이 고시하는 유가증권 상장사 배당 현황에 따르면 2016년 기준 한국 상장기업들의 배당성향은 24.2퍼센트였다. 중국(상하이종합) 34.3퍼센트, 일본(닛케이) 35.2퍼센트, 미국(S&P500) 53.4퍼센트, 프랑스(CAC) 65.7퍼센트에 비해 상당히 낮은 편이

다. 이처럼 낮은 배당성향은 한국 시장 전체의 할인 요인으로 작용하고 있다.

간단히 정리하자면 이렇다.

- 주주들이 출자한 돈과 빌린 돈을 합해 총자본 조달
- 조달한 총자본으로 자산을 구성해 회사를 경영하고 순이익 창출
- 순이익의 일부를 배당하고 나머지 돈을 이익잉여금으로 적립

이 과정을 정리한 것이 바로 재무상태표 자본항목이다. 자본을 구성하는 커다란 두 축은 주주들이 출자한 자본(자본금+자본잉여금)과 순이익의 일부를 배당하고 회사에 유보한 이익잉여금이다. 아래는 더존비즈온 자본 구성 내용이다(개별재무제표 기준).

자본항목에는 기타자본구성요소와 기타포괄손익누계가 있는데 기타자본 구성요소는 자사주를 말한다. 괄호로 표시한 것은 차감항목이다.

기타포괄손익누계는 자산과 부채가 변동할 때 발생하는 이익이나 손실을 처리하는 계정이다. 예를 들어 매도가능금융자산 가치가 높아졌을 때를 생

▶ **더존비즈온 재무상태표**

	제41기 3분기말	2017.09.30. 현재
	제40기말	2016.12.31. 현재

(단위: 원)

	제41기 3분기말	제40기말
자본		
자본금 (주주들이 출자)	14,836,350,000	14,836,350,000
자본잉여금	49,721,414,688	49,721,414,688
기타자본구성요소	(1,034,400)	
기타포괄손익누계	(8,444,786)	957,482
이익잉여금(결손금) 배당하고 회사에 유보된 이익	106,239,591,676	89,047,363,034
자본총계	170,787,877,178	153,606,085,204

각해보자. 이때 매도가능금융자산에 평가이익이 발생하는데 이것을 곧바로 금융수익으로 처리하는 게 아니라 당기순이익 아래에 있는 기타포괄손익 항목으로 처리한다. 손익계산서에 있는 기타포괄손익은 결산 시점에 재무상 태표 기타포괄손익누계에 이전하여 누적시킨다.

더존비즈온의 손익계산서를 살펴보자.

표에서 보듯 제41기 3분기에 기타포괄손익이 약 -700만 원 발생했다. 이 금액을 자본항목 기타포괄손익누계에 적립한다. 왜 이렇게 번거롭게 기타포

▶ **더존비즈온 포괄손익계산서**

제41기 3분기   2017.01.01.부터 2017.09.30.까지
제40기 3분기   2016.01.01.부터 2016.09.30.까지

(단위: 원)

	제41기 3분기		제40기 3분기	
	3개월	누적	3개월	누적
수익(매출액)	45,429,327,857	138,696,860,571	39,503,983,949	122,313,704,085
매출원가	19,264,497,329	58,032,066,873	17,438,689,247	52,233,489,775
매출총이익	26,164,830,528	80,664,793,698	22,065,294,702	70,080,214,310
판매비와관리비	16,743,883,943	49,975,011,952	15,062,957,993	45,249,464,974
영업이익(손실)	9,420,946,585	30,689,781,746	7,002,336,709	24,830,749,336
기타이익	1,727,594,931	2,442,047,729	46,383,845	157,388,269
기타손실	80,133,967	1,244,685,997	146,277,602	1,238,182,243
금융수익	91,376,899	388,028,994	120,474,835	397,251,080
금융원가	135,974,920	986,127,630	626,366,218	1,373,597,361
법인세비용차감전 순이익(손실)	11,023,809,528	31,289,044,842	6,396,551,569	22,773,609,081
법인세비용	1,910,975,034	5,491,768,000	1,726,422,863	5,003,576,936
당기순이익(손실)	9,112,834,494	25,797,276,842	4,670,128,706	17,770,032,145
기타포괄손익	(7,074,905)	(9,402,268)	(6,252,063)	538,483
총포괄손익	9,105,759,589	25,787,874,574	4,663,876,643	17,770,570,628
주당이익				
기본주당이익 (손실)	307	869	158	599

* 총포괄손익 = 당기순이익 + 기타포괄손익
* 기타포괄손익까지 포함하기 때문에 **포괄손익계산서**라고 함

186

▶ 더존비즈온 기타포괄손익누계

(단위: 천 원)

구분	당분기말	전기말
매도가능금융자산평가손익	(8,445)	957

괄손익 항목을 따로 만드는 걸까? 당장 이익이나 손실을 실현하지 않는 자산과 부채의 변동이기 때문이다. 매도가능금융자산으로 분류하는 것 자체가 당장 매도해 이익을 확정하는 자산이 아니라는 의미다. 물론 매도가능금융자산은 매도가 가능하다. 실제로 매도하면 금융손익으로 처리하고 당기순익에 반영한다.

더존비즈온의 기타포괄손익누계를 따로 표에 나타냈는데, 이것은 자본차감 항목으로 괄호 표시는 손실을 의미한다.

26

자본 변동에
영향을 주는 요인들

기업은 부채와 자본으로 총자본을 확충하며 이러한 자본조달은 여러 가지 사항을 고려해 결정한다. 부채로 조달할 경우 비용이 저렴하지만 지나치게 많이 하면 금융비용 부담 문제가 발생한다. 자본으로 조달하는 방식은 자기자본 조달이라 안정성은 높으나 자본조달비용이 높다. 자본조달 방식을 구체적으로 나눠보면 다음과 같다.

- **은행차입:** 비용이 저렴하다. 대부분 담보를 요구한다.
- **회사채 발행:** 회사의 신용을 이용한 조달이다. 특수사채(CB, BW)의 경우 오버행 이슈 문제가 발생한다. 금융권 조달과 자기자본 조달이 어려운 기업이 특수사채를 발행하는 경우가 많다.
- **유상증자:** 주주의 자본 출자 방식이다.

- **내부자금 조달**: 기업이 이익을 내고 현금흐름을 창출해서 조달하는 것으로 가장 이상적인 자금조달 방식이다.

  기업의 자기자본에 변동을 일으키는 유상증자, 무상증자, 액면분할, 주식소각, 감자를 알아보자.

⠿ 목적에 따라 해석이 달라지는 유상증자

일반적으로 기업이 유상증자를 하면 투자자는 부정적으로 생각한다. 하지만 유상증자는 기업이 어떤 목적으로 자금을 조달하는가에 따라 다르게 해석해야 한다.

  기업이 설비투자를 위해 유상증자를 하면 호재로 볼 수 있다. 기업이 활발하게 설비투자를 할 경우 향후 매출 증가를 기대할 수 있기 때문이다. 단, 유통 주식수가 늘어나고 자기자본 대비 수익률이 떨어지므로 각종 수익성 지표는 증자 전보다 낮아진다. 그러나 미래를 보고 증자 대금으로 시설을 확충했으니 매출이 늘어나는 시점이 오면 수익성은 개선된다.

  반면 운영자금 확보 차원에서 한 유상증자는 긍정적으로 볼 수 없다. 설비투자는 미래의 성장을 담보하지만 운영자금은 현재 상황을 유지하는 데 필요한 소모성 자금이다.

  유상증자는 투자자의 호흡이 단기적이냐 장기적이냐에 따라 다르게 받아들여야 한다. 단기투자의 입장이면 유상증자로 주식수가 늘어나면서 주가가 하락해 회복하는 데 시간이 걸릴 것으로 보일 경우 증자에 참여하지 않는 것이 좋다. 회사의 성장가치를 염두에 두고 장기투자를 하는 입장이면 유상증자에 참여하는 것이 바람직하다.

유상증자에는 세 가지 방식이 있다.

- **구주주 우선 배정:** 가장 일반적인 방식으로 기존 주주를 상대로 신주를 배정한다.
- **제3자 배정:** 회사의 임원, 종업원, 거래선 등 연고자에게 신주인수권을 주어 신주를 인수하게 하는 제3자 할당 방식이다.
- **일반 공모:** 불특정 일반 투자자를 대상으로 공모한다.

제3자 배정 유상증자는 유가증권 발행 시 주간사를 따로 선정할 필요가 없고 주권 발행 절차도 간소하다. 구주주 우선 배정과 일반 공모에서는 실권주 발생 우려가 있으나 제3자 배정은 사전에 협의해 진행하므로 그런 우려가 없다.

그런데 제3자 배정 유상증자는 기존 주주의 권리를 침해할 소지가 있는 탓에 규제 장치를 두고 있다. 주권상장법인 혹은 협회등록법인이 제3자 배정 방식으로 신주를 발행하는 경우, 비록 한 명의 제3자에게 배정해 발행해도 모집으로 간주해 금감원에 유가증권신고서를 제출해야 한다. 이는 전매 가능성 때문이다. 단, 발행유가증권을 1년간 인출하거나 매각하지 않겠다고 증권예탁원과 예탁계약을 체결해 전매제한조치를 취하면 유가증권신고서 제출 의무를 면제받는다.

또한 제3자 배정 유상증자는 기존 주주가 아닌 자에게 신주를 발행하는 것이므로 그 가액이 공정하지 않으면 기업가치 희석화와 지분율 감소에 따른 기존 주주의 피해가 발생할 수 있어 발행가액에 제한을 두고 있다. 구주주 우선 배정 유상증자에서는 최대 30퍼센트 할인 발행이 가능하나 제3자 배정 유상증자는 최대 할인율을 10퍼센트로 제한받는다.

제3자 배정 유상증자는 대개 부실기업에서 많이 이용한다. 재무구조가 우량한 기업이 제3자 배정 유상증자를 하면 기존 주주의 반발이 크다. 경영권 방어를 위해 제3자 배정을 추진할 경우에도 2대 주주가 주주 권익을 침해한다는 이유로 발행금지가처분신청을 내면 발행이 어려워진다.

자본잠식으로 재무구조가 열악한 기업도 제3자 배정 유상증자를 많이 추진한다. 이를테면 관리대상종목으로 편입될 우려가 있거나 상장 폐지에 몰릴 경우 감자 후 제3자 배정을 시행한다. 가장 일반적인 것은 비상장기업이나 개인이 제3자 배정을 받아 최대주주로 올라서는 경우다. 유상증자로 최대지분을 확보하면 경영권을 인수할 수 있다.

따라서 제3자 배정 관련주는 투자에 신중을 기해야 한다. 설령 투자하더라도 발행가격과 현재가격의 괴리율, 보호예수 물량 규모, 신주 상장일 등을 면밀하게 파악해야 한다.

⠿ 기업 가치에 영향을 미치지 않는 무상증자

무상증자는 기업의 본질가치에 전혀 영향을 미치지 않는다. 유상증자는 자본금이 늘어나면서 자기자본 확충으로 기업의 자기자본에 변화를 일으키지만 무상증자는 자본금이 늘어나도 자기자본에 변동이 없다. 자기자본을 구성하는 계정과목인 자본잉여금에 있는 자금을 단순히 자본금 항목으로 옮기는 것에 불과하기 때문이다. 회계상에서 보면 자금이 사내로 유입되지 않고 단지 자본금만 늘어난다.

⠿ 주식거래의 유동성을 확보하는 액면분할

액면분할은 주식 액면가를 낮추는 것이다. 액면가가 5천 원인 주식을 액면가 500원으로 낮출 경우 발행주식수는 10배 늘어나고 주가는 10분의 1로 낮아진다.

무상증자를 하면 자본금이 늘어나지만 액면분할을 할 경우에는 자본금 변동 없이 발행주식수만 증가한다. 이에 따라 액면분할은 보통 주가가 높거나 유통주식수가 적을 때 실시한다. 주식거래의 유동성 부족을 해소하려는 목적으로 액면분할을 많이 활용한다.

발행주식수가 적으면 유통 물량이 얼마 되지 않아 주가 변동성이 큰 경우가 많기 때문에 기관투자자나 외국인이 투자하기를 꺼려하는 경향이 있다. 안정성을 우선시하는 기관투자자는 기업가치가 좋아도 투자 적합도가 떨어지는 이런 종목을 배제한다. 그 탓에 거래가 제대로 형성되지 않으면 기업가치가 주가에 적정하게 반영되지 않는다.

최근 삼성전자가 50 대 1 액면분할을 하면서 주식수가 50배 늘어나고 주가는 50분의 1로 낮아졌다.

워런 버핏이 대주주로 있는 버크셔 해서웨이는 초고가 주식이다. 이 회사는 액면분할이나 무상증자를 하지 않았지만 매년 수익이 급증해 주가가 지속적으로 상승했다. 투자자들은 버핏에게 액면분할이나 무상증자를 해서 주식가격을 낮춰달라고 요구했으나 버핏은 이를 무시했다.

주식분할이나 무상증자로 주가가 낮아지면 단기 매매자들이 증가해 매매 회전율이 높아지고, 기업의 본질가치와 무관하게 주가가 급등락할 수 있다고 판단했기 때문이다. 버핏은 투자자 입장에서도 장기투자보다 단기매매에 치중할 경우 매매수수료 비용이 증가해 주식 보유비용이 늘어난다고 주장한

▶ 삼성전자 주식분할 결정

구분		분할 전	분할 후
1. 주식분할 내용	1주당 가액(원)	5,000	100
	발행주식총수　보통주식(주)	128,386,494	6,419,324,700
	종류주식(주)	18,072,580	903,629,000
2. 주식분할 일정	주주총회 예정일	2018-03-23	
	구주권 제출기간　시작일	2018-03-26	
	종료일	2018-05-02	
	매매거래 정지기간	2018-04-30, 05-02, 05-03 (3영업일, 05-01: 증시 휴장일)	
	명의개서 정지기간　시작일	2018-05-03	
	종료일	2018-05-10	
	신주권 상장 예정일	2018-05-04	
3. 주식분할 목적		유동주식수 확대	
4. 이사회결의일(결정일)		2018-01-31	

다. 우량주를 사서 장기 보유하는 가치투자를 추구하는 버핏은 이처럼 기업
운영에도 자신의 철학을 반영하고 있다. 주식의 유동성 문제를 바라보는 시
각에 서로 다른 측면이 있다.

⛶ 주당 기업가치를 높이는 주식 소각

주식 소각은 자사 주식을 취득해 소각함으로써 발행주식수를 줄여 주당 기
업가치를 높이는 방법이다. 기업가치는 변하지 않지만 주식수가 줄어들면 주
당 기업가치는 높아진다. 주식 소각은 감자소각, 이익소각, 유상소각, 무상소
각 등으로 나뉜다. 주식을 소각하면 자본항목에서 자본금 혹은 이익잉여금
이 감소하므로 자본총계가 줄어든다. 소각한 뒤 자기자본이익률과 주당순이
익은 높아진다. 주식 소각은 자사주 매입보다 주가관리 효과가 큰 편이다. 주

식 소각을 한 후에 자기자본은 줄어들고 부채비율은 높아진다.

⠿ 재무구조를 개선하는 감자

자본금을 줄이는 감자減資도 주식 소각과 같은 효과를 낸다. 대개는 부실기업이 재무구조를 개선하기 위해 감자를 한다. 상장 폐지를 당하지 않기 위함이다. 감자는 자본금을 줄이면서 감자에 해당하는 금액을 주주에게 지급하는 유상감자와 대금을 지급하지 않는 무상감자로 나뉜다. 감자할 때는 감자차액이 발생하며 이는 자본잉여금 계정에 편입된다. 흔히 자본이 잠식된 회사가 상장 폐지를 모면하기 위해 감자를 실시하며 기업가치를 높이고자 유상감자를 하는 경우도 있다.

자본총계가 자본금보다 적은 상태를 자본잠식이라고 한다. 자본잠식률이 50퍼센트 이상이면 관리종목 지정 사유에 해당하며, 전액 자본잠식일 때는 상장 폐지 요건에 속한다. 이에 따라 자본잠식에서 탈출하려는 한계기업들이 주로 무상감자를 실시한다. 예를 들어 자본금이 200억 원인 회사가 10분

▶ **자본잠식에서 벗어나기 위한 감자 방식**

감자 전		1/10 무상감자	감자 후	
자본금	200억		자본금	20억
자본잉여금	100억		자본잉여금	100억
			감자차익	180억
이익잉여금	(150억)		이익잉여금	(150억)
자본총계	150억		자본총계	150억

의 1 무상감자를 실시하면 자본금이 20억 원으로 줄어들고 감자차익 180억 원이 발생한다. 그러면 그만큼 자본잉여금이 증가해 자본잠식에서 벗어난다.

표를 보면 해당 회사는 감자 전에 50억 원의 자본잠식 상태에 있었다. 자본잠식률이 25퍼센트다. 만약 감자를 10분의 1로 실시하면 자본금이 200억 원에서 20억 원으로 줄어든다. 이때 감자차익 180억 원은 자본잉여금으로 계상한다. 이로써 자본총계에는 변화가 없지만 자본잠식에서 벗어난다. 감자 후 주가는 감자 전 가격 대비 10배로 거래를 시작하며 자본총계가 변하지 않았기 때문에 시가총액은 그대로다. 이처럼 감자는 자본잠식에서 벗어나기 위한 금융공학적 행위일 뿐이다.

27

미래 성장이 담보되면
유상증자도 좋다

유상증자가 기업가치에 미치는 영향을 알아보자. 유상증자는 자기자본으로 자본을 조달하는 방법이다. 회사의 주인인 주주들이 회사에 추가적으로 자금을 납입하는 방식이라 주주가치는 훼손되지 않는다.

다음 표를 보면 주주들이 20퍼센트 유상증자에 참여했고 주주가치를 의미하는 자기자본(순자산) 역시 20퍼센트 증가했다. 주주들 청구권에는 변화가 없다.

그러면 대한광통신의 유상증자 사례로 이해를 좀 더 높여보자.

대한광통신의 유상증자 공시에서 중요한 부분은 신주 1,400만 주를 주당 5,750원에 발행하겠다는 내용이다. 발행가 최종 확정일은 2018년 5월 23일이다. 5,750원은 1차 발행가고 2차 발행가가 결정되면 두 개를 비교해 가격을 확정한다.

▶ 유상증자 전후의 재무상태표

유상증자 전 재무상태표

자산	부채	
	자본	100
	자본금	100
	자본잉여금	
	이익잉여금	
자산총계	부채와 자본 총계	100

20억 원 유상증자 후 재무상태표

자산	부채	
	자본	120
	자본금	101
	자본잉여금	19
	이익잉여금	
자산총계	부채와 자본 총계	120

* 유상증자: 20억 원
* 자본금 증가: 1억
* 자본잉여금 증가: 19억

▶ 대한광통신 유상증자

유상증자 결정

1. 신주의 종류와 수		보통주식(주)	14,000,000		
		기타주식(주)	–		
2. 1주당 액면가액(원)			500		
3. 증자 전 발행주식총수(주)		보통주식(주)	59,741,625		
		기타주식(주)	–		
4. 자금조달 목적		시설자금(원)	60,000,000,000		
		운영자금(원)	20,500,000,000		
		타법인 증권취득자금(원)	–		
		기타자금(원)	–		
5. 증자방식			주주배정 후 실권주 일반공모		

※ 기타주식에 관한 사항

정관의 근거	–
주식의 내용	–
기타	–

6. 신주 발행가액	확정발행가	보통주식(원)	–		
		기타주식(원)	–		
	예정발행가	보통주식(원)	5,750	확정예정일	2018년 05월 23일
		기타주식(원)	–	확정예정일	–

왜 대한광통신은 유상증자를 하는 걸까?

대한광통신의 2017년말 실적 및 재무상태표 공시를 보면 그 이유를 알 수 있다.

2017년말 자본총계가 964억 원인데 유상증자 805억 원을 실시하므로 대규모 증자다. 공시에 나와 있듯 목적은 시설자금 600억 원을 조달하는 데 있다. 대한광통신은 광섬유부터 광케이블까지 제조 판매하는 회사로 공급물량이 부족할 정도로 제품 수급이 타이트하다. 2017년에는 영업이익이 큰 폭으로 흑자 전환되었다.

시설투자는 몰려드는 수요에 효과적으로 대응하기 위한 선제적 투자다. 중국과 선진국들이 5G시대에 대비해 광케이블을 본격 설치하는 상황이라

▶ **대한광통신 실적 및 재무상태표 공시**

매출액 또는 손익구조 30%(대규모 법인은 15%) 이상 변동

1. 재무제표 종류	연결			
2. 매출액 또는 손익구조 변동내용(단위: 원)	당해사업연도	직전사업연도	증감금액	증감비율(%)
- 매출액(재화 판매 및 용역 제공에 따른 수익액에 한함)	145,757,651,162	116,472,057,896	29,285,593,266	25.1
- 영업이익	14,963,122,597	-1,539,507,673	16,502,630,270	흑자 전환
- 법인세비용차감전계속사업이익	13,102,776,044	-15,081,179,128	28,183,955,172	흑자 전환
- 당기순이익	13,166,794,304	-12,587,336,654	25,754,130,958	흑자 전환
- 대규모 법인 여부	미해당			
3. 재무현황(단위: 원)	당해사업연도		직전사업연도	
- 자산총계	155,740,007,443		127,077,797,395	
- 부채총계	59,252,712,578		66,671,019,679	
- 자본총계	96,487,294,865		60,406,777,716	
- 자본금	29,870,812,500		23,481,036,500	
4. 매출액 또는 손익구조 변동 주요 원인	광섬유 시장의 수요 증가로 판가 상승 및 원가절감 활동을 통한 제조원가 감소로 흑자 전환			

전 세계적으로 광케이블 수요가 크게 증가하고 있다. 통신사들이 판매하는 광랜은 광케이블을 이용해 고속으로 인터넷 서비스를 제공하는 상품이다. 앞으로 5G시대가 오면 데이터 수요가 폭증할 테고 이는 구리선으로 감당하

▶ **글로벌 광섬유 수요 증가**

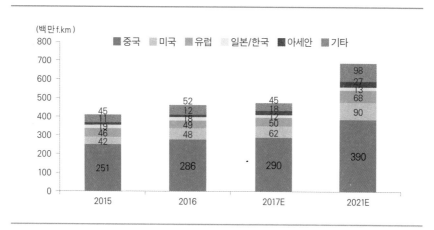

▶ **글로벌 광섬유 가격 상승세 지속**

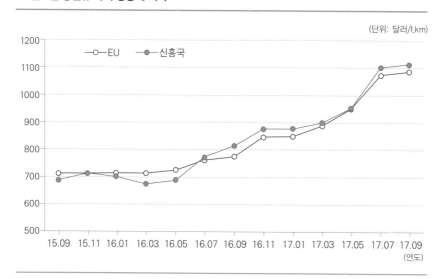

기 어렵다. 광케이블은 구리선보다 정보전달량이 1만 5,000배 더 많다. 여기에다 미국 등 선진국들은 통신선 노후화 등으로 교체를 해야 한다. 이에 따라 2017년부터 글로벌 광섬유 수요가 급증하기 시작했다. 1~2년 반짝했다가 끝나는 수요가 아니다.

이미 중국을 비롯해 미국, 유럽, 신흥국 할 것 없이 전 세계에서 수요가 급증하고 있다. 반면 공급은 쉽게 증가하지 못하고 있다. 사실 광섬유부터 광케이블까지 수직계열화해 제품을 만드는 곳은 전 세계에 몇 개 회사밖에 없다.

대한광통신의 최대 강점은 일관 생산 공정에 있다. 원재료인 모재부터 케이블 완제품까지 수직계열화한 기업은 전 세계에 몇 곳에 불과한데, 이런 공정을 갖춘 기업의 수익률이 좋다. 대한광통신은 2017년 제품 수급이 타이트해지자 서둘러 광섬유 증설을 추진했다. 2018년 8월 공장을 완공할 경우 생산 능력이 기존 대비 40퍼센트 증가한다.

대한광통신은 2017년 10월 증설을 시작한 이후 다시 대규모 자금을 투입해 추가 증설을 하고 있다. 금번 설비투자는 2017년 10월에 투자한 250억 원 대비 2배 규모다. 미래 수요를 확신하지 않는다면 몇 달 만에 950억 원이

▶ **대한광통신 신규 시설투자**

신규 시설투자 등

1. 투자구분	신규 시설투자	
2. 투자내역	투자금액(원)	25,000,000,000
	자기자본(원)	60,406,777,716
	자기자본대비(%)	41.38
	대규모 법인 여부	미해당
3. 투자목적		광섬유시장 확대에 따른 생산 CAPA 증대 및 제조원가 경쟁력 확보
4. 투자기간	시작일	2017-10-12
	종료일	2018-08-31

라는 큰 금액을 설비에 투자하지는 않을 것이다.

　유상증자로 주식수가 늘어나면 단기적으로 주가에 부정적일 수 있다. 따라서 내부자금(영업활동현금흐름)으로 투자하는 것이 가장 좋다. 물론 이것이 여의치 않을 때는 유상증자할 수밖에 없다. 설비투자를 마무리하고 매출이 크게 늘어나면 유상증자는 문제가 되지 않는다. 대한광통신은 향후 광케이블 수요증가세가 지속되리라는 것과 현재 제품 수급이 타이트한 점을 고려해 선제적인 투자를 진행한 셈이다. 대한광통신의 유상증자는 가시성 높은 미래 성장을 대비한 투자다. 설비투자 자금을 마련하기 위한 유상증자는 긍정적인 관점에서 바라봐야 한다.

28

자사주 매입에
담긴 의미

자사주 관련 내용을 좀 더 쉽게 이해하기 위해 더존비즈온이 200억 원을 투입해 자사주 40만 주를 매수하겠다고 공시한 사례를 살펴보자. 공시 내용은 표에 나타난 것과 같다.

이 사례를 보면서 자사주에 관해 기본적으로 알아야 할 사항을 몇 가지 정리해보자.

보다시피 취득예정주식은 40만 주고 취득예정금액은 199.6억 원이다. 이 취득예정금액은 이사회 결의일 전일종가 기준으로 계산한 것이다(49,900원× 40만 주). 취득예정주식수가 40만 주이므로 주가가 오르면 취득예정금액은 더 늘어날 수 있다. 주가가 하락할 경우에는 취득예정금액 199.6억 원보다 더 적은 금액으로 40만 주를 취득해 자사주 매입을 완료하면 된다.

40만 주를 하루에 다 살 수는 없으며 일일 매수한도는 5만 1,534주로 정

▶ 더존비즈온 자사주 매수

자기주식 취득 결정

		보통주식		400,000	
1. 취득예정주식(주)		기타주식		–	
2. 취득예정금액(원)		보통주식		19,960,000,000	
		기타주식		–	
3. 취득예상기간		시작일		2018년 02월 09일	
		종료일		2018년 05월 08일	
4. 보유예상기간		시작일		–	
		종료일		–	
5. 취득목적				주주가치 제고	
6. 취득방법				장내매수	
7. 위탁투자중개업자				신한금융투자(Shinhan Investment Corp.)	
8. 취득 전 자기 주식 보유 현황	배당가능이익 범위 내 취득(주)	보통주식	–	비율(%)	–
		기타주식	–	비율(%)	–
	기타취득(주)	보통주식	120	비율(%)	0.00
		기타주식	–	비율(%)	–
9. 취득결정일				2018년 02월 08일	

해졌다. 물론 그 이하는 자유롭게 살 수 있고 매수창구는 신한증권이다. 거래원 신한증권에서 매수를 하면 '오늘 자사주를 사는군!' 하고 짐작해도 좋다. 동시호가 전에 자사주를 산다고 신청하므로 확인하면 알 수 있다. 호가보다 가격을 높여서 살 수는 없고 매수호가에만 사야 한다. 장이 끝나고 자사주를 얼마나 샀나 보려면 기타법인 순매수를 확인하면 된다.

자사주 매입이 끝난 뒤 보유한 자사주는 6개월간 매도할 수 없다. 또한 자사주는 배당을 받지 못하며 의결권도 없다.

❖ 자사주 매입의 회계처리 방법

회사는 보통 보유한 현금으로 자사주를 매입한다. 조달비용이 저렴한 경우에는 부채를 이용해 자사주를 매입하기도 한다. 최근 미국에는 금리가 낮아 부채로 자사주를 매입하는 회사가 꽤 있다. 자사주 매입은 주가 상승에 커다란 영향을 미치는데 이는 주가가 경영자의 성과를 측정하는 척도로 받아들여지면서 발생하는 현상이다.

자사주 200억 원을 매입했을 때 재무상태표 변화를 살펴보자.

우선 회사의 현금이 200억 원 줄어들면서 총자산이 감소한다. 그와 동시에 자본항목의 기타자본구성요소에서 200억 원이 감소해 차변과 대변이 같아진다. 기타자본구성요소는 자본차감 항목이다.

왜 자사주는 자본항목에서 차감하는 것일까?

자본은 주주가 출자한 돈과 기업이 영업활동으로 벌어들인 이익을 합한

▶ **자사주 200억 원을 매입했을 때의 재무상태표**

재무상태표

자산		부채	
현금	-200		
		자본	
		자본금	
		자본잉여금	
		이익잉여금	
		기타자본구성요소	-200
자산총계		부채와 자본 총계	

것이다. 벌어들인 이익도 결국 주주의 몫이니 주주가 출자한 것이나 마찬가지다. 그런데 자사주를 사들이는 것은 자기 돈으로 출자금을 회수하는 것과 같다. 즉, 감자와 같은 효과가 난다. 따라서 자사주 매입은 자본항목에서 차감해야 한다.

좀 더 이해를 높이기 위해 쎌바이오텍의 자사주 처리 항목을 살펴보자.

쎌바이오텍의 기타자본구성요소 129.2억 원은 전액 자기주식이다. 괄호표시는 차감항목임을 의미하며 자기자본에서 이만큼 빼야 한다. 쎌바이오텍이 자기주식을 얼마에 몇 주를 샀는지는 주석사항에 나온다.

자사주 189만 주를 보유하고 있고 자사주 매입금액은 기타자본구성요소 129.2억 원이므로 주당 매수가격은 6,815원이다. 현재가격이 4만 7,550원이니 시가로 자사주 평가액은 901억 원이다. 쎌바이오텍은 자본총계가 878억

▶ **쎌바이오텍 자사주 처리**

(단위: 원)

	2017.9.30.	2016.12.31.
자본		
지배기업의 소유주에게 귀속되는 자본	87,833,512,498	84,152,853,841
자본금	4,700,000,000	4,700,000,000
자본잉여금	12,759,754,094	12,759,754,094
주식발행초과금	12,759,754,094	12,759,754,094
기타자본구성요소	(12,921,092,595)	(5,260,426,445)
자기주식	(12,921,092,595)	(5,260,426,445)
기타포괄손익누계액	442,836	33,453,542
이익잉여금(결손금)	83,294,408,163	71,920,072,650
자본총계	87,833,512,498	84,152,853,841

▶ **쎌바이오텍 주식 내역**

주식소유자	소유주식수	지분율	의결권 제한 근거
자기주식	1,895,794주	20.17%	상법 제369조 제2항

원으로 자사주 평가액이 자본총계보다 더 크다.

만일 쎌바이오텍이 자사주를 전량 처분하면 회계처리를 어떻게 할까?

자사주 1,895,794주 × 47,550원 = 901억

이 돈은 회사에 현금으로 들어오고 그만큼 총자산이 증가한다. 자본항목에
서 기타자본구성요소는 제로가 되며 처분이익 772억 원은 자본잉여금에 계
상한다. 즉, 자사주 시가에서 매입금액을 뺀 금액을 자본잉여금에 전입한다.

자사주 매입에는 몇 가지 생각해볼 문제가 있다.

미국은 자사주를 매입해 소각하는 비율이 50퍼센트 이상이다. 자사주 소
각은 발행주식수가 줄어들고 주당순이익이 증가하는 요인이다. 그래서 주가
가 상승하는데 이것이 진정한 주주환원이다.

한국에서 자사주 소각은 매우 드문 일이다. 기업은 대부분 주가 하락을 방
지하고자 자사주를 샀다가 주가가 오르면 매도한다. 이것은 진정한 의미의
주주환원이 아니다. 그저 기업이 자사주로 돈놀이를 하는 것뿐이다. 진정 주

▶ 쎌바이오텍이 자사주를 처분했을 경우 자본항목 변동

자본	
지배기업의 소유주에게 귀속되는 자본	87,833,512,498
자본금	4,700,000,000
자본잉여금	12,759,754,094
주식발행초과금	12,759,754,094 + 772억 원
기타자본구성요소	(12,921,092,595)
자기주식	(12,921,092,595) ← 처분했으니 제로
기타포괄손익누계액	442,836
이익잉여금(결손금)	83,294,408,163
자본총계	87,833,512,498

자본총계 증가액: 901억 원

주환원을 하려면 자사주를 소각해야 한다.

자사주를 사들이는 행위는 과연 주주가치 상승에 기여할까? 통상적으로 자사주는 배당도 받지 못하고 의결권도 없기 때문에 주당순이익 계산에서 제외한다. 그런데 자사주를 다시 매도하면 이는 주당순이익이 감소하는 요인으로 작용한다. 이 경우 자사주 취득으로 얻은 주당순이익 증가 효과는 눈 가리고 아옹 하는 식의 꼼수에 불과하다. 결코 근본적인 주당순이익 증가 요인이 아니다. 다만 자사주 매입은 그만큼 수급에서 수요 우위 현상을 유발하므로 단기적으로는 주가에 긍정적이다.

기회비용 문제도 있다. 가령 200억 원을 들여 자사주를 매입하면 그만큼 회사 돈을 다른 데 투자할 기회를 빼앗는 셈이다. 200억 원이면 큰 회사를 인수할 수도 있다. 자기 돈 200억 원이 있으면 금융기관에서 300억 원 이상을 빌려줄 것이다. 지분을 50퍼센트만 인수할 경우에는 1,000억 원짜리 가치가 있는 회사를 인수할 만한 자금이다. 이런 돈을 자기 주식을 사느라 허비하는 것이 과연 바람직한 일일까?

또한 자사주를 살 돈으로 금융자산에 투자하거나 신제품 개발을 위한 연구개발비로 쓸 수도 있다. 과연 자사주 매입이 미래지향적인 투자인지, 더 좋은 사업기회를 위한 M&A 등에 활용하는 것보다 더 가치 있는 일인지 기회비용 차원에서 생각해봐야 한다.

자사주 매입은 자본비용 문제와도 직결된다. 총자본(부채+자기자본)을 조달하는 데 드는 비용을 가중평균자본비용WACC이라고 한다. 예를 들어 이 비용이 12퍼센트라고 가정해보자. 여기서 12퍼센트는 회사의 총자산을 구성하기 위해 조달하는 비용을 의미한다.

이 자금으로 자산을 구성했으니 자산을 운용해 수익을 내야 한다. 이때 WACC와 투하자본이익률ROIC을 비교해야 한다. 자사주를 매입해 주주가치를 높이는 것도 좋지만 그 돈을 다른 곳에 투자해 이익을 내면 주당순이익이 늘어나고 결국 주주가치도 증가한다. 어느 쪽이 더 바람직할까?

미국의 경영자들은 단기적인 성과를 의식해 주가를 부양하려는 경향을 보인다. 심지어 회사에 현금이 없으면 사채를 발행해 자사주를 사들이기도 한다. 미래를 위해 투자해야 할 기업이 주가 부양에만 골몰하는 것은 과연 바람직한 일일까? 어느 학자는 자사주를 매입하는 기업에는 희망이 없다고까지 극단적으로 말한다.

그러나 자사주 매입을 바라볼 때는 한국만의 특수한 상황을 고려해야 한다. 개중에는 경영권이 취약한 대주주가 자사주를 사들여 우호적인 지분을 확보하려는 경우도 있다. 이는 경영권 방어수단으로 자사주를 활용하는 셈이다. 딱히 부정적으로 바라볼 수 없다.

가령 쎌바이오텍의 대주주 지분율은 25퍼센트에 불과하다. 영업이익률 40퍼센트인 우량 기업치고 대주주 지분율이 낮은 편이다. 대주주 입장에서는 당연히 불안할 테고 이를 증명하듯 자사주를 20.1퍼센트 보유하고 있다. 두 개를 합하면 45.1퍼센트다.

물론 자사주는 의결권이 없다. 따라서 만일 누군가가 M&A 공격을 하면 자사주 의결권을 확보하기 위해 백기사에게 자사주를 판다. 백기사는 대주주에게 우호적인 사람으로 그의 협조를 받아 경영권을 방어하는 것이다. 적대적 M&A를 시도하려던 쪽은 이런 정황을 보고 공격을 포기한다. 자사주는 이처럼 경영권 방어를 위해 활용된다.

29

현금배당이
자기자본에 미치는 영향

주주총회 결의사항인 현금배당률은 이사회에서 결정하고 주주총회에서 확정한다. 현금배당 재원은 미처분이익잉여금이다. 즉, 순이익이 나면 이를 미처분이익잉여금 계정으로 결산 회계처리한 다음 이를 재원으로 배당을 준다. 그 결과는 자본변동표에서 볼 수 있다. 그럼 순이익이 발생하고 배당금을 지급하는 과정에서 자기자본이 어떻게 변동하는지 알아보자.

다음 표(210쪽, 211쪽)는 티씨케이의 2016년 손익계산서로 당기순이익이 227.4억 원이다. 당기순이익은 주주의 몫이므로 결산 시점에 자본항목으로 이동한다.

티씨케이의 자본변동표를 보면 자본변동 항목에 그 금액이 들어가 있다. 보다시피 배당금 28억 원을 지급했는데 괄호 표시는 마이너스, 즉 유출을 의미한다.

▶ 티씨케이 포괄손익계산서

제22기 2016.01.01.부터 2016.12.31.까지
제21기 2015.01.01.부터 2015.12.31.까지
제20기 2014.01.01.부터 2014.12.31.까지

(단위: 원)

	제22기	제21기	제20기
수익(매출액)	89,446,645,383	61,929,727,546	45,221,490,228
매출원가	51,017,418,956	37,394,542,072	31,113,199,529
매출총이익	38,429,226,427	24,535,185,474	14,108,290,699
판매비와관리비	10,999,259,213	8,445,531,809	7,058,236,060
영업이익(손실)	27,429,967,214	16,089,653,665	7,050,054,639
기타이익	1,541,210,409	827,826,481	315,164,844
기타손실	1,672,046,462	2,220,546,899	1,945,236,645
금융수익	716,642,856	624,047,116	519,364,243
금융원가	0	0	0
법인세비용차감전순이익(손실)	28,015,774,017	15,320,980,363	5,939,347,081
법인세비용	5,274,760,492	2,154,533,698	1,190,181,200
당기순이익(손실)	22,741,013,525	13,166,446,665	4,749,165,881

이익잉여금 변동은 이렇게 나타난다.

기말 이익잉여금 = 기초 이익잉여금 + 당기순이익 − 배당금

이로써 당기순이익이 이익잉여금 항목으로 귀속되는 과정이 끝난다.

현금흐름표를 보면 배당금을 지급한 만큼 영업활동현금흐름에서 현금이 빠져나간 것이 나타난다. 배당금지급은 재무활동이나 영업활동 어느 쪽에도 넣을 수 있으며 이는 회사의 판단에 따라 정한다.

여기서 중요한 투자지표인 자기자본이익률을 배당금지급 규모와 관련해 생각해보자.

기말자본총계 증가 금액도 배당금지급 규모에 따라 결정된다. 순이익이 많

▶ **티씨케이 자본변동표**

제22기 2016.01.01.부터 2016.12.31.까지
제21기 2015.01.01.부터 2015.12.31.까지
제20기 2014.01.01.부터 2014.12.31.까지

(단위: 원)

			자본		
			자본금	주식발행초과금	기타자본 구성요소
2015.12.31.(기말자본)			5,837,500,000	6,035,001,920	233,168,836
2016.01.01.(기초자본)			5,837,500,000	6,035,001,920	233,168,836
회계정책 변경에 따른 증가(감소)					
오류수정에 따른 증가(감소)					
자본변동	포괄손익	당기순이익(손실)			
		기타포괄손익			
		총포괄손익			
	배당금지급				(2,802,000,000)
	주식매입 선택권				
	자기주식 거래에 따른 증가(감소)				
2016.12.31.(기말자본)			5,837,500,000	6,035,001,920	233,168,836

			자본	
			이익잉여금	자본합계
2015.12.31.(기말자본)			81,943,861,698	94,049,532,454
2016.01.01.(기초자본)			81,943,861,698	94,049,532,454
회계정책 변경에 따른 증가(감소)				
오류수정에 따른 증가(감소)				
자본변동	포괄손익	당기순이익(손실)	22,741,013,525	22,741,013,525
		기타포괄손익		
		총포괄손익		
	배당금지급		(2,802,000,000)	
	주식매입 선택권			
	자기주식 거래에 따른 증가(감소)			
2016.12.31.(기말자본)			101,882,875,223	113,988,545,979

이 발생했는데 배당금을 적게 주면 자본총계가 크게 증가한다. 이 경우 다음 해에 전년도 자기자본이익률을 유지하려면 순이익 증가율이 더 높아져야 한다. 분모인 자본이 커졌기 때문이다. 반대로 배당금을 많이 주면 자본총계 증

가율이 낮고 다음 해에 자기자본이익률을 유지하는 데 큰 어려움이 없다. 그래서 높은 자기자본이익률을 유지할 목적으로 배당금을 많이 주는 기업도 있다. 실제로 이런 기업은 주주환원도 하고 높은 자기자본이익률도 유지할 수 있기 때문에 기업 이미지가 좋다.

그럼 이해를 돕기 위해 진로발효의 사례를 살펴보기로 하겠다.

진로발효는 매년 영업이익률 20퍼센트 이상을 유지하는 괜찮은 기업으로 배당성향은 50퍼센트 정도다. 매년 순이익의 절반 정도를 현금배당하는 까닭에 배당수익률이 높다.

이처럼 진로발효는 기업을 성장시키기 위해 투자하지 않고 이익의 대부분을 배당금으로 지급하고 있다. 대주주 지분이 높고 영업이익률이 안정적이다 보니 대주주가 사업 확장을 위해 별다른 모험을 하지 않고 이익을 대부분 배당으로 가져가는 것이다.

매출과 순이익이 정체상태인데도 높은 자기자본이익률을 유지하는 이유는 현금배당을 많이 해 자본총계 증가율이 낮기 때문이다. 배당성향을 20퍼센트 정도로 낮게 할 경우 이처럼 높은 자기자본이익률을 유지하기는 어렵다.

▶ **진로발효 현금흐름표**

제22기　2016.01.01.부터 2016.12.31.까지
제21기　2015.01.01.부터 2015.12.31.까지
제20기　2014.01.01.부터 2014.12.31.까지

(단위: 원)

	제22기	제21기	제20기
영업활동현금흐름	24,861,362,871	23,193,470,945	11,860,125,586
영업으로 창출한 현금흐름	29,633,751,414	27,437,032,872	12,830,771,456
이자수취	608,737,047	537,042,574	458,953,041
배당금수취	167,500	100,500	0
배당금지급	(2,802,000,000)	(1,401,000,000)	(408,625,000)
법인세납부(환급)	(2,579,293,090)	(3,379,705,001)	(1,020,973,911)

▶ 진로발효 주요 재무정보

(단위: 억 원)

주요 재무정보	연간				
	2013/12 (IFRS별도)	2014/12 (IFRS별도)	2015/12 (IFRS별도)	2016/12 (IFRS연결)	2017/12 (IFRS연결)
매출액	816	857	887	868	885
영업이익	183	194	217	214	200
영업이익(발표 기준)	183	194	217	214	200
당기순이익	141	163	176	181	155
영업이익률	22.47	22.66	24.43	24.71	22.60
순이익률	17.29	19.00	19.83	20.80	17.52
ROE(%)	26.78	27.10	25.39	18.23	
ROA(%)	21.99	22.61	20.68	14.90	
부채비율	17.65	21.79	23.62	19.29	17.61
자본유보율	1,306.02	1,510.88	1,765.32	2,000.31	2,166.79
EPS(원)	1,876	2,164	2,336	2,384	2,107
PER(배)	11.73	13.63	14.62	13.17	16.75
BPS(원)	7,445	8,530	9,877	11,122	12,004
PBR(배)	2.96	3.46	3.46	2.82	2.94
현금DPS(원)	1,000	1,000	1,100	1,210	1,100
현금배당수익률	4.55	3.39	3.22	3.85	3.12
현금배당성향(%)	53.29	46.20	47.08	50.74	52.19

진로발효는 배당투자를 하기에 적합한 종목이다. 매년 높은 영업이익률을 유지하고 배당성향 역시 높은 수준이니 말이다. 다만 주가에 큰 변동이 없어야 배당투자에 좋다. 길게 보면 진로발효의 흐름은 나쁘지 않다. 주가가 하락할 때 배당수익률은 더 높아지기 때문이다.

30

주식배당은 자본 구성을
어떻게 바꿀까

회사에는 운전자본이 필요하기 때문에 항상 일정 정도 현금이 있어야 하는데 돈이 배당금 형식으로 회사 밖으로 나가면 자금 사정이 빠듯해질 수 있다. 그래서 현금배당이 아닌 주식배당을 하는 기업들도 있다.

　주식배당은 무상증자와 동일한 회계적 효과를 낸다. 단지 연말에 배당이라는 이름을 붙여서 준다는 것만 다를 뿐이다. 무상증자와 주식배당의 다른

▶ **주식배당 재원 사례**

(단위: 천 원)

구 분	당분기말	전기말
법정적립금	3,063,308	2,202,803
임의적립금	26,954	26,954
미처분이익잉여금	104,673,189	88,258,274
합계 ↑	107,763,451	90,488,031

　　　　주식배당 재원

점은 재원에 차이가 있다는 것이다. 무상증자는 법정준비금(자본준비금, 이익 준비금 등)을 자본금으로 전입하는 것이고, 주식배당은 배당가능이익인 미처분이익잉여금을 자본금으로 전환하는 방식이다.

주식배당은 미처분이익잉여금 중 일부를 자본금 계정으로 이체하는 것이

▶ **셀트리온 2016년 주식배당에 따른 자본변동표**

제26기 3분기   2016.01.01.부터 2016.09.30.까지

(단위: 원)

		자본		
		자본금	주식발행 초과금	이익잉여금
2016.01.01.(기초자본)		112,431,663,000	647,186,388,630	1,058,486,112,455
총포괄이익	당기순이익(손실)			157,681,904,686
	매도가능금융자산평가손익			
자본에 직접 반영된 소유주와의 거래	주식배당	3,328,350,000 ◀──		(3,328,350,000)
	주식매입 선택권 행사 및 소멸	171,431,000	8,959,470,462	
	주식매입 선택권 인식			
	전환사채 전환	658,398,000	72,838,191,334	
	교환사채 교환			
	자기주식 매입			
2016.09.30.(기말자본)		116,589,842,000	728,984,050,426	1,212,839,667,141

		자본		
		기타포괄손익누계액	기타자본 구성요소	자본합계
2016.01.01.(기초자본)		6,158,904,455	(72,518,392,469)	1,751,744,676,071
총포괄이익	당기순이익(손실)			157,681,904,686
	매도가능금융자산평가손익	(1,479,160,874)		(1,479,160,874)
자본에 직접 반영된 소유주와의 거래	주식배당			
	주식매입 선택권 행사 및 소멸		(2,501,143,829)	6,629,757,633
	주식매입 선택권 인식		4,419,135,840	4,419,135,840
	전환사채 전환			73,496,589,334
	교환사채 교환		71,709,082,049	71,709,082,049
	자기주식 매입		(3,566,179,008)	(3,566,179,008)
2016.09.30.(기말자본)		4,679,743,581	(2,457,497,417)	2,060,635,805,731

* 주식배당은 '이익잉여금' 항목에서 '자본금' 항목으로 금액 이동에 불과하다.
* 무상증자와 회계처리가 동일하다.

므로 자본총계는 변하지 않고 구성만 변한다. 반면 현금배당을 하면 자본총계가 변한다. 그러면 셀트리온의 2016년 주식배당에 따른 자본 구성 변화를 살펴보자. 표에서 보다시피 자본총계는 변하지 않고 자본 구성만 변한다.

주식배당은 진정한 의미의 주주환원이 아니다. 주식을 추가로 발행해 주주에게 나눠주는 것이라 발행주식수만큼 주주가치가 희석되기 때문이다.

성장기업이라 현금배당을 할 만큼 자금 사정이 넉넉지 못한 까닭에 주주를 배려하는 차원에서 주식배당을 하는 것은 긍정적으로 바라볼 수 있다. 매출이 커지면서 나날이 실적이 좋아져 주가가 상승하면 배당받은 주식이 올라 주주에게 이익을 가져다준다.

엄밀히 말하자면 주가 측면에서는 주식배당보다 현금배당이 좋다. 주식배당을 하면 주식 공급이 증가하지만, 현금배당을 하면 배당받은 현금으로 다시 그 기업의 주식을 살 경우 주식 수요가 늘어나기 때문이다.

▶ **주식배당예고제**株式配當豫告制

상장회사가 주식을 배당하고자 할 경우 당해 사업연도 말부터 15일 전까지 주식배당 관련 사항을 금융감독원에 신고하고 증권거래소를 통해 직접공시를 해야 한다. 예를 들어 12월말 결산법인이면 결산기말이 12월 31일이므로 12월 16일까지 거래소 공시로 예정배당률을 투자자에게 알린다. 이 제도는 배당결의가 있는 주주총회 시점과 주식 유통시장의 배당락 시점과 시차를 이용해 대주주 등이 내부자거래에 주식배당률을 악용할 가능성을 배제하기 위해 도입했다.

31

스톡옵션이
회계처리되는 방법

스톡옵션은 임직원에게 자사 주식을 일정 가격에 매수할 권리를 주는 제도다. 주식매수선택권 혹은 주식매입선택권이라고도 한다. 이것은 자금력이 부족해 급여를 많이 줄 수 없는 벤처기업이 우수한 인재를 영입할 때 주로 활용한다. 대체로 권리부여 후 2년이 지나면 권리를 행사할 수 있다. 요즘에는 스톡옵션을 남발하는 경향 때문에 유통시장에서 물량 부담으로 작용하면서 주가에 부정적 영향을 주기도 한다. 자사주가 있으면 자사주로 스톡옵션을 주는 경우도 있다.

　신라젠 사례를 들어 스톡옵션을 알아보자. 신라젠은 다음과 같이 주식매수선택권 부여에 관한 사항을 공시했다.

　주식매수선택권은 부여일 이후 2년이 지난 2020년 2월 24일부터 행사한다. 권리행사를 하려면 최소 2년은 근무해야 하고 행사가격은 9만 7,400원

1. 부여대상자(명)	해당 상장회사의 이사·감사 또는 피용자		23
	관계회사의 이사·감사 또는 피용자		20
2. 당해부여 주식(주)	보통주식		500,000
	기타주식		-
3. 행사조건	행사기간	시작일	2020년 02월 24일
		종료일	2027년 02월 23일
	행사가격(원)	보통주식	97,400
		기타주식	-
4. 부여방법			신주 교부
5. 부여결의기관			이사회
6. 부여일자			2018년 02월 23일
7. 부여근거			상법 제542조의3 및 당사 정관 제10조의2
8. 당해부여 후 총부여 현황(주)	보통주식		2,884,000
	기타주식		-
9. 이사회 결의일(이사회 결의로 부여한 경우)			2018년 02월 23일
- 사외이사 참석 여부	참석(명)		3
	불참(명)		-
- 감사(감사위원) 참석 여부			참석

이다.

당해부여한 주식수는 50만 주이고 당해부여 후 총부여 현황을 보면 총주식매수선택권은 288만 주다. 이는 총발행주식수 6,817만 대비 4.2퍼센트 수준이다.

회사에서 주식매수선택권을 부여한 경우 주식보상비용이 발생한다. 주식보상비용을 산정하고 회계처리하려면 1주당 공정가치를 알아야 한다. 신라젠은 1주당 공정가치 계산을 다음과 같이 한다고 공시 내용에 명시했다.

▶ **신라젠 1주당 공정가치**

※ 1주당 공정가치 산정 방법 및 주요 가정

  1) 주식매수선택권 공정가치: 40,862원

  2) 산정 방법: 공정가액접근법(옵션가격 결정모형 중 이항모형 적용)

  3) 주요 가정

    가. 권리부여일 직전일의 종가: 94,800원

    나. 행사가격: 97,400원

    다. 무위험수익률: 2.81%

    라. 예상주가변동성: 31.26%

공정가액접근법과 몇 가지 가정을 토대로 산출한 1주당 공정가치는 4만 862원이다. 따라서 주식보상비용은 약 204억 원(=40,862원×50만 주)이다.

신라젠은 2년에 걸쳐 204억 원을 비용으로 회계처리해야 한다. 즉, 1년에 102억 원을 판관비 항목에서 주식보상비용 계정으로 처리한다. 비용처리하면 순이익이 그만큼 줄어들지만 회사에서 돈이 나가는 것이 아니므로 현금흐름에는 변화가 없다.

다음 표는 신라젠의 2018년 1분기 주식보상비용 내역이다.

▶ **신라젠 주식보상비용**

(단위: 천 원)

구 분	당분기	전분기
종업원급여	4,003,278	3,320,218
주식보상비용	1,172,526	590,268
복리후생비	262,238	183,017
여비교통비	246,065	168,492
감가상각비와 무형자산상각비	869,125	927,310
지급임차료와 건물관리비	324,536	333,063
지급수수료와 외부용역비	9,392,849	5,988,998
기타	622,642	453,609
합계	16,893,259	11,964,975

비용처리는 판관비에서 주식보상비용으로 하는 동시에 이 금액을 자본계정의 기타자본항목에 주식선택권으로 회계처리한다. 예를 들어 주식보상비용이 10억 원이면 회계처리는 다음과 같이 이뤄진다.

▶ **주식매수선택권을 부여할 경우 회계처리**

재무상태표				손익계산서	
자산		**부채**		**매출액**	
				매출원가	
				판매관리비	10억
		자본		**영업이익**	
				금융수익	
		자본금		금융비용	
		자본잉여금			
		이익잉여금	−10억	세전순이익	
		기타자본항목	10억	법인세	
자산총계		**부채와 자본 총계**		**당기순이익**	(10억)

* 주식매수선택권을 부여하면 재무상태표 차변과 대변에 변화가 없다. 손익계산서는 주식보상비용만큼 이익이 감소한다.

이제 2020년 2월 24일이 지나고 그해에 주식매수선택권을 50만 주 전량 행사했을 경우를 가정해보자. 이때 회계처리는 다음 표와 같다.

50만 주를 주당 9만 7,400원에 매수해야 하므로 매수금액은 487억 원(=50만 주×97,400원)이다. 이것은 유상증자와 같은 효과를 내기 때문에 자본금은 2.5억 원(=50만 주×500원), 주식발행초과금은 484.5억 원(=50만 주×96,900원) 증가한다.

옵션을 행사하면 주식매수선택권 204억 원은 없어지므로 기타자본항목에서 그만큼 금액이 줄어든다. 반면 회사에 현금이 487억 원 증가한다. 결국 주식매수선택권을 행사할 경우 재무상태표는 유상증자와 같은 효과를 낸다.

▶ **스톡옵션을 행사했을 경우 회계처리**

재무상태표

자산		부채	
현금	487억		
		자본	
		자본금	2.5억
		자본잉여금	484.5억
		이익잉여금	
		기타자본항목	~~204억~~
자산총계		**부채와 자본 총계**	

　　주식매수선택권 부여는 주주총회 특별결의 사항이다. 주주총회에서 발행 주식 총수 3분의 1 이상, 참석 주주 의결권 3분의 2 이상이 찬성하면 승인이 이뤄진다. 이처럼 부여 조건이 매우 까다로운 편이다.

32

유상감자와
감자차손

감자란 자본금을 줄이는 행위로 자본금 감소액보다 더 많은 자본이 유출되면 감자차손減資差損이 발생한다. 예컨대 액면가가 500원인데 감자 당시 주가가 1,000원이라면 주당 500원의 감자차손이 일어난다. 감자차손은 기말 결산 시점에 이익잉여금과 상계처리한다. 자본금을 줄이는 감자는 채권자와 주주 등에게 중대한 일이기 때문에 주주총회 특별결의 사항이며 채권자 이의신청 등의 절차가 필요하다.

감자차익은 액면가보다 낮은 가격에 자본금을 줄일 때 발생한다. 액면가가 500원인데 300원에 유상감자를 하면 주당 감자차익은 200원이다. 이는 자본잉여금으로 계상한다. 액면가가 500원인데 돈을 주지 않는 감자는 무상감자로 이때는 전액이 감자차익이다.

다음 표에 나타나 있듯 감자를 하면 재무상태표에서 세 가지가 변한다.

▶ 유상감자할 경우 재무상태표 변화

감자 전

자산		부채	
현금	100		
		자본	
		자본금	100
		자본잉여금	
자산총계	100	부채와 자본 총계	(100)

감자 후

자산		부채	
현금	90		
		자본	
		자본금	95
		자본잉여금	−5
자산총계	90	부채와 자본 총계	(90)

* 자본금 100억 원 회사가 10억 원 유상감자를 할 경우
* 액면가는 500원, 감자가격은 1,000원
* 감자에 따른 자본금 감소 5억 원, 감자차손 5억 원

- 감자대금을 현금으로 지불해야 하므로 감자금액만큼 현금이 회사 밖으로 빠져나간다.

- 자기자본이 감소한다(자본금 감소, 감자차손 발생).

- 감자 결과 총자산과 자기자본이 감소한다.

그러면 진로발효의 2011년 유상감자 사례를 살펴보자.

- 진로발효는 총 발행주식수 대비 43퍼센트에 해당하는 567.6만 주를 감자한다.

- 주당 유상감자 대금은 1만 1,500원이다.

- 총 유상감자 대금은 652.74억 원이다(567.6만 주×11,500원).

- 자본금 감소액은 28.38억 원이다(567.6만 주×500원).

- 감자차손은 624.36억 원이다(567.6만 주×11,000원).

감자차손은 기타불입자본에 편입했다가 이익잉여금과 상계처리한다.

▶ **진로발효 유상감자 사례**

구분	내용	
1. 감자주식의 종류와 수(주)		보통주 5,676,000
2. 1주당 액면가액(원)		500
3. 감자 전후 자본금	감자 전(원)	감자 후(원)
	6,822,450,000	3,984,450,000
4. 감자 전후 발행주식수	감자 전(주)	감자 후(주)
	13,200,000	7,524,000
5. 감자비율		보통주 43%
6. 감자기준일		2012년 2월 2일
7. 감자실시일		2012년 2월 3일
8. 감자방법	– 강제 유상 소각 – 총발행주식수(13,200,000주)에 대해 감자비율 43% 적용 – 유상소각대금: 1주당 11,500원	
9. 감자사유	자본금 규모의 적정화 및 주주가치 제고	

▶ **감자차손 처리 방식**

(단위: 원)

구분	당기말	전기말
감자차손	(62,436,000,000)	–
자기주식	(21,024,262)	–
자기주식처분이익	56,400,570	56,400,570
합계	(62,400,623,692)	56,400,570

፡፡ 왜 유상감자를 하는 걸까

자기자본은 주주의 청구권이다. 주주가 회사에 투자한 돈이다.

예를 들어 기업을 청산한다고 해보자. 총자산에서 부채를 갚고 나면 자기자본이 남는데 이는 주주의 몫이다. 주주가 회사 청산을 원할 경우 자기자본은 주주에게 돌려줘야 한다. 유상감자는 주주가 회사에 투자한 자기들의 몫을 일부 회수하는 것과 같다.

　워런 버핏은 수익성 있는 투자처가 없으면 회사 내에 현금을 쌓아두지 말고 차라리 주주에게 배당 등으로 돌려주는 것이 낫다고 했다. 진로발효는 주정회사로 이익률이 꾸준히 높고 현금흐름도 양호하지만 신규 사업 등을 전혀 하지 않고 현금을 쌓아놓았다. 2011년 감자를 단행했으나 이후 다시 현금이 쌓이고 있다. 다시 유상감자를 단행할지는 지켜볼 일이다. 진로발효는 매년 배당수익률이 3퍼센트가 넘는다. 무엇보다 신규 사업이나 증설투자 등이 없어서 현금흐름이 고스란히 회사 내부에 쌓이는 기업이다.

　진로발효는 매년 꾸준히 영업활동현금흐름이 발생하고 있지만 시설투자

▶ **진로발효 연결재무상태표**

제34기　　2017.12.31. 현재
제33기　　2016.12.31. 현재

주식회사 진로발효와 그 종속회사 　　　　　　　　　　　　　　　　　　　　(단위: 원)

과목	제34(당)기		제33(전)기	
자산				
Ⅰ. 유동자산		77,978,081,060		71,826,387,027
1. 현금 및 현금성자산	2,019,718,070		858,603,308	
2. 단기금융상품	46,800,000,000		42,995,995,617	
3. 매출채권 및 기타채권	20,097,351,578		18,497,757,845	
4. 재고자산	9,002,517,613		9,426,265,607	
5. 기타유동자산	58,493,799		47,764,650	
Ⅱ. 비유동자산		29,052,357,096		29,241,341,034
1. 장기금융상품	2,000,000		2,000,000	
2. 매도가능금융자산	3,321,330,085		3,264,780,085	
3. 유형자산	23,084,827,144		22,795,504,982	
4. 무형자산	2,626,588,667		3,104,894,767	
5. 기타비유동금융자산	17,611,200		74,161,200	
자산총계		107,030,438,156		101,067,728,061

► **진로발효의 연결현금흐름표**

제34기   2017.01.01.부터 2017.12.31.까지
제33기   2016.01.01.부터 2016.12.31.까지

(단위: 원)

과목	제34(당)기		제33(전)기	
I. 영업활동현금흐름		18,323,913,524		16,175,003,818
1. 영업으로 창출한 현금흐름	22,132,156,017		21,307,429,310	
2. 이자수취	733,193,372		608,798,897	
3. 이자지급	(163,094,365)		(110,740,019)	
4. 배당금수취	359,195,000		215,517,000	
5. 법인세 납부	(4,737,536,500)		(5,846,001,370)	
II. 투자활동현금흐름		(6,713,856,713)		(13,384,208,860)
1. 단기금융상품 감소	5,199,457,666		29,501,219,452	
2. 장기금융상품 감소	12,002,000,000		200,000,000	
3. 단기금융상품 증가	(9,003,462,049)		(30,997,215,069)	
4. 장기금융상품 증가	(12,002,000,000)		(5,500,000,000)	
5. 유형자산 취득	(3,428,643,239)		(6,606,631,424)	
6. 유형자산 처분	90,990,909		18,418,181	
7. 무형자산 처분	427,800,000		–	

등에 돈을 많이 쓰지 않아 잉여현금흐름이 좋다. 매년 당기순이익의 50퍼센트 정도를 배당하고도 회사에 현금이 쌓이고 있다.

33

자기자본이익률의 중요성

주식투자자들이 중요시하는 수익성 지표 중에 영업이익률과 자기자본이익률이 있다. 영업이익률은 매출액 대비 영업이익이 얼마나 났는지를 말해준다. 자기자본이익률은 자기자본 대비 순이익이 얼마나 났는지를 의미한다.

영업이익률 = 영업이익 / 매출액

자기자본이익률 = 순이익 / 자기자본

여기서 팁을 하나 주자면 종목명 앞에 '20-20', '35-18' 하는 식으로 숫자 조합을 표시해 관리하는 것도 하나의 아이디어다. 앞 숫자는 영업이익률이고 뒤 숫자는 자기자본이익률이다. 두 지표가 동시에 높은 종목은 수익성이 좋으므로 주목해야 한다. 그런데 왜 이 두 가지 수익성 지표가 중요한 걸까?

다음 예를 보며 그 이유를 알아보자.

이 회사의 영업이익률은 20퍼센트고 자기자본이익률은 30퍼센트다. 자기자본이익률을 계산할 때는 기말자기자본이 아니라 평균자기자본인 '(기초자기자본+기말자기자본)/2'을 이용한다. 그 이유는 1년간 순이익을 내는 데 평균적인 자기자본액을 얼마나 투입했는지 보는 것이 합리적이기 때문이다. 여기서는 편의상 기말자기자본으로 계산했다.

▶ **수익성에 도움을 주는 두 가지 지표**

재무상태표

자산		부채	300
		자본	500
		자본금	
		자본잉여금	
		이익잉여금	
		기타자본 구성요소	
자산총계	800	부채와 자본 총계	800

손익계산서

매출액	1,000
매출원가	
판매관리비	
영업이익	200
금융수익	
금융비용	
세전순이익	
법인세	
당기순이익	150

이제 영업이익률이 중요한 이유를 알아보자.

매출액으로 얼마나 많은 영업이익을 내느냐는 중요한 문제다. 매출액에서 매출원가와 판관비를 차감하면 영업이익이 나온다. 그러므로 영업이익을 많이 내려면 매출원가율을 낮추거나 판관비율을 낮추거나 혹은 두 비용을 동시에 낮춰야 한다. 판관비는 본사에서 발생하는 인건비, 연구개발비, 감가상

228

각비처럼 대부분 경상적인 비용이다. 경상비는 쉽게 줄일 수 없으므로 영업이익률을 높이는 핵심은 매출원가율을 낮추는 데 있다. 어떻게 하면 매출원가율을 낮출 수 있을까?

매출원가는 크게 네 가지 항목으로 구성된다.

- 공장 설비비용(감가상각비)
- 원재료비
- 인건비
- 제조경비

이 중 원재료비, 인건비, 제조경비(수도광열비, 전기료 등)는 낮추기가 어렵다. 원재료비는 국제시장에서, 인건비는 시장에서 정해진다. 제조경비도 마찬가지다. 그러나 감가상각비는 공장 설비를 어떻게 구축하느냐에 따라 달라진다. 그러고 보면 매출원가도 낮추기가 만만치 않다. 획기적인 제조공법을 개발하지 않는 한 원가율을 낮추기가 매우 어렵다. 경쟁사 대비 제조공법이 획기적이면 제품단위당 설비투자비와 제조경비는 낮아진다.

매출원가 중에서 감가상각비와 인건비는 고정비고 원재료와 제조경비는 변동비다. 판관비도 고정비다. 고정비 비중이 큰 기업일수록 매출액이 크게 늘어나야 영업이익률이 높아진다. 이런 이유로 기업은 매출 증대를 위해 최선을 다한다.

원재료 국제시세는 회사가 원한다고 낮출 수 없다. 회사는 회사가 할 수 있는 일을 해야 한다. 즉, 변동비가 아닌 고정비를 낮추는 데 주력해야 한다. 결국 회사는 고정비의 절대규모를 낮추는 일(제조공정을 획기적으로 개선)과 매출을 늘려 고정비율을 낮춤으로써 영업이익률을 높이는 일(영업레버리지 효과), 이 두 가지를 할 수밖에 없다.

제품단위당 고정비를 낮춘다는 관점에서 매출액 증가율은 상당히 중요하다. 매출액이 역성장하면 매출원가율과 판관비율이 급속히 높아진다. 제품 단위당 고정비가 커져 영업레버리지 효과가 반대로 작용하기 때문이다. 이때 매출액 감소율보다 영업이익 감소율이 훨씬 커진다. 그러므로 투자자는 기업의 매출액 증가율을 반드시 확인해야 하며 매출이 감소하는 기업은 투자에 주의를 기울여야 한다. 매출 성장 없이 판관비를 줄여 영업이익률을 겨우 유지하는 기업도 좋은 투자 대상은 아니다.

영업이익률은 기업의 경쟁력 척도로 볼 수 있다. 기업의 영업이익률은 제각각 다른데 그 이유는 매출을 늘리는 마케팅 능력, 제품의 품질, 제품단위당 제조원가가 다르기 때문이다. 영업이익률이 높은 기업은 마케팅 능력이 우수하고 좋은 제품을 낮은 가격에 만드는 능력을 갖췄다고 볼 수 있다. 특히 영업이익률이 경쟁사 대비 월등히 높은 기업은 '경제적 해자'를 갖춘 셈이다. 기업의 경제적 해자는 획기적인 제조공법, 높은 브랜드 가치, 우수한 마케팅 능력 같은 요인으로 만들어진다.

예를 들어 같은 제품을 생산하는 세 기업이 있다는 가정 아래 경제적 해자와 이익률 문제를 살펴보자. 이들의 기업별 매출원가율과 영업이익률은 다음과 같다.

▶ **매출원가율과 영업이익률 비교 사례**

	A기업	B기업	C기업
매출원가율	50%	60%	70%
판관비율	20%	25%	30%
영업이익률	30%	15%	0%

        ↑   ↑
경제적 해자   한계기업
갖춘 기업

C기업은 겨우 적자를 모면한 기업이다. 이때 C기업은 살아남기 위해 어떻게 할까? 우선 매출 증대를 위해 가격을 최대한 내려 판매한다. 이 경우 경쟁사 A기업과 B기업도 가격을 C기업 수준으로 내리려 한다. 물론 A기업은 마음만 먹으면 가격을 많이 내려 C기업을 적자로 몰고 갈 수도 있다. 이런 상황이 오래 이어지면 C기업은 적자를 내다가 도산할 가능성이 크다.

　이때 A기업도 피해를 보기는 마찬가지다. 가격을 많이 내린 탓에 마진율이 크게 하락해 영업이익률이 30퍼센트에서 20퍼센트 이하로 떨어질 수 있다. 그러니 A기업이 한계기업인 C기업을 도산할 지경까지 몰아치며 무리하게 영업이익률을 낮출 유인은 별로 없다. 이런 이유로 가격은 실질적으로 한계기업이 결정한다. A기업이 한계기업을 퇴출한 다음 다시 가격을 올릴 수도 있으나 그러면 소비자들이 그 기업을 불신하면서 만만치 않은 파장이 일어난다. 가격은 내리기는 쉬워도 올리기는 무척 어려운 법이다.

　요약하면 영업이익률은 기업의 경쟁력 척도로 매우 중요한 요소다. 영업이익률이 경쟁사 대비 월등히 높은 기업은 경제적 해자를 갖춘 셈이다.

　그럼 자기자본이익률이 중요한 이유를 알아보자.

　자기자본이익률은 다음 표(232쪽 표 참조)처럼 자기자본으로 순이익을 얼마나 만들어내는가를 나타낸다. 표에서는 자기자본 500억 원을 투입해 순이익 150억 원을 기록했으니 자기자본이익률이 30퍼센트다. 물론 순이익 150억 원을 만들기 위해 회사가 자기자본만 투입한 것은 아니다. 부채도 300억 원 투입했다. 결국 회사가 순이익 150억 원을 만드는 데 투입한 총자산은 800억 원이고, 이 돈으로 순이익 150억 원을 만들었으니 총자산이익률ROA은 18.7퍼센트다.

　주주는 자신이 투자한 금액이 1년간 얼마나 불어났는지를 중요시한다. 그래서 주주나 투자자는 자기자본이익률을 중요한 지표로 본다. 이 회사는 1년

재무상태표					손익계산서	
자산		**부채**	300		**매출액**	
					매출원가	
					판매관리비	
					영업이익	
					금융수익	
		자본	500		금융비용	
					세전순이익	
		자본금			법인세	
		자본잉여금				
		이익잉여금				
		기타자본 구성요소				
					당기순이익	150
자산총계	800	**부채와 자본 총계**	800			

에 주주가치를 30퍼센트 높였다. 은행의 정기예금 이자가 2퍼센트 수준인 점을 감안하면 이는 매우 높은 수치다.

이제 기업이 경쟁력을 꾸준히 유지하면서 높은 영업이익률을 유지하더라도 자기자본이익률을 높게 유지하기 어려운 이유를 알아보자.

먼저 이 회사가 다음 해에도 영업이익률을 유지해 순이익을 150억 냈다고 가정해보자. 배당을 주지 않을 경우 다음 해에 자기자본은 650억 원으로 늘어난다. 자기자본 500억 원에 전년도 순이익 150억 원이 이익잉여금으로 누적된 결과다.

전년도 자기자본이익률은 30퍼센트(=150/500억 원)인데 올해는 23.0퍼센트(=150/650억 원)으로 낮아졌다. 영업이익률 유지로 순이익은 150억 원으로 동일해도 분모인 자기자본이 500억 원에서 650억 원으로 늘어났기 때문이다. 다음 연도에 순이익 150억 원을 유지할 경우 자기자본이익률은 18.7퍼센

▶ **자기자본이익률을 높게 유지하기 어려운 이유**

재무상태표					손익계산서	
자산		**부채**	300		**매출액**	
					매출원가	
					판매관리비	
					영업이익	
					금융수익	
					금융비용	
		자본	650			
					세전순이익	
		자본금			법인세	
		자본잉여금				
		이익잉여금	150			
		기타자본 구성요소				
					당기순이익	150
자산총계	950	**부채와 자본 총계**	950			

트로 더 떨어진다. 영업이익률을 30퍼센트로 유지해도 분모인 자본이 커지므로 자기자본이익률은 지속적으로 하락한다. 이런 이유로 자기자본이익률을 계속해서 높게 유지하는 것은 어려운 일이다.

워런 버핏은 자기자본이익률을 꾸준히 18퍼센트 이상만 유지해도 훌륭한 회사라고 말했다. 자기자본 증가 속도만큼 이익도 늘어나야 자기자본이익률을 계속해서 유지할 수 있기 때문이다.

어떻게 하면 자기자본이익률을 높게 유지할 수 있을까?

첫째, 분자인 이익을 늘린다. 이는 매출이 증가해 이익 규모가 커져야 가능하다. 둘째, 분모인 자본을 천천히 늘린다. 이것은 배당을 많이 하면 가능하다. 배당을 많이 할 경우 이익잉여금 누적금액이 천천히 증가해 자기자본도 천천히 증가한다. 이 두 가지를 동시에 하는 기업은 자기자본이익률을 높게 유지하거나 더 높일 수 있다.

영업이익률을 높게 유지하는 것은 결국 자기자본이익률을 높게 유지하기 위한 수단이다. 손익계산서는 수단이고 자기자본이익률은 목적이다. 주주들이 높은 영업이익률에 더 관심을 보일까, 아니면 자기 돈을 얼마나 많이 불렸는지를 나타내는 자기자본이익률에 더 관심을 보일까?

최종적으로는 자기자본이익률이 중요하다. 그럼에도 불구하고 영업이익률의 중요성도 강조하는 이유는 일단 영업이익률이 높아 순이익을 많이 내야 주주가치인 자기자본이익률이 높아지기 때문이다. 주주들이 최종적으로 보는 것은 자기자본이익률이다.

34

신뢰성을 높이는 투하자본이익률

자기자본이익률은 신뢰할 만한 지표지만 부족한 면도 있다. 그 신뢰성을 높이려면 다른 지표도 함께 봐야 한다.

자기자본이익률은 주주가 주목하는 이익률이다. 주주가 출자한 자금이 한 해 동안 얼마나 이익을 냈는지 나타내는 지표이기 때문이다. 경영자가 주주에게 잘 보이려고 자기자본이익률을 높이는 방법에는 여러 가지가 있다.

먼저 부채를 끌어들이는 방법이 있다. 부채를 끌어들이면 총자본(=총자산)이 증가하고 자산을 더 많이 투자하므로 순이익이 증가한다. 이때 자기자본이익률이 높아지지만 부채비율이 높아 재무 리스크가 증가한다. 비용을 줄여 순이익을 내는 방법도 있다. 연구개발비를 줄이면 당장은 순이익이 증가한다. 물론 이런 기업은 미래 성장성을 담보할 수 없다. 따라서 자기자본이익률을 볼 때는 항상 부채비율 증감이나 부채비율 절대치에 주목하자. 부채비율이 높은 상태에서 자기자본이익률이 높으면 주의가 필요하다.

자본구조가 다른 두 기업의 자기자본이익률을 비교해보자. 아래 표에서 보듯 자기자본이익률은 B기업이 높다. 부채를 활용했기 때문이다. A기업과 B기업은 동일한 자산을 투입해 동일한 매출 100억 원을 일으키고 영업이익도 30억 원으로 동일하다. 즉, 두 기업은 수익창출 능력이 같다. 돈 버는 능력에는 두 기업에 차이가 없다는 얘기다. 이처럼 자금조달이 부채인지 자본인지 구분하지 않고 이익을 만드는 데 투입한 자본 대비 수익력을 볼 때, 참조할 수 있는 지표가 투하자본이익률ROIC, Return on Invested Capital이다.

자기자본이익률은 부채가 어느 정도인지와 상관없이 오로지 주주가 출자한 자본에 따른 이익률을 의미한다. 때문에 자기자본이익률은 기업의 본질적인 수익력을 나타내지 못한다. 가령 많은 부채를 써서 자기자본이익률을 높이면 이는 자산을 확대해서 경영하는 물량공세에 불과하다. 그러므로 기업의 수익력을 보려면 이익을 내는 데 실제로 투자한 자산이 얼마인지 보는 것이 합리적이다.

▶ **두 기업의 자기자본이익률 비교 사례**

	A기업	B기업
부채	0	50
자본	100	50
총자산	100	100
매출액	100	100
영업이익	30	30
금융비용	0	3
법인세	6	5.4
순이익	24	21.6
ROE	24.0%	43.2%
부채비율	0%	100%

* 법인세율 20%
* 부채 이자비율 6%

ROIC = 세후 순영업이익 / 영업투하자본

세후 순영업이익 = 영업이익 − 법인세

영업투하자본 = 순금융부채 + 자기자본

영업투하자본은 영업에 실질적으로 투하한 자본(혹은 자산)을 말하며 이는 두 가지 방법으로 계산할 수 있다.

▶ **방법 1**

재무상태표

자산		부채	
재고자산		매입채무	
매출채권			
		자본	
유무형자산			
자산총계		부채와 자본 총계	

* 재고자산, 매출채권, 유무형자산은 영업을 위해 투입한 자산이다. 여기서 매입채무를 **빼는** 방법이 있다.
* 영업투하자본 = 순운전자본 + 유무형자산

▶ **방법 2**

재무상태표

자산		부채	
현금		비이자부채	
		이자부채	
		자본	
자산총계		부채와 자본 총계	

* 자본은 영업에 투입한 것이고 비이자부채는 영업에 투입한 자금이 아니다. 이자부채는 영업에 투입한 자금이다. 이 둘을 합해 영업에 투입한 것인데 현금이 남아 있다면 영업에 투입하지 않은 것이다.
* 영업투하자본 = 자본 + 이자부채 − 현금

그럼 LCD 압흔 검사장비 제조업체 브이원텍의 사례를 들어 투하자본이익률을 살펴보자.

▶ 브이원텍 투하자본이익률

(2017년 9월말 기준)

영업투하자본 = 순금융부채 + 자기자본 = 131억 원

순금융부채 = 유이자부채 − 현금 = −473억 원

자기자본 = 604억 원

세후순영업이익 = 영업이익 − 법인세 = 103억 원

투하자본이익률 = 세후순영업이익 / 영업투하자본 = 103억 / 131억 = 78.6%

▶ 브이원텍 주요 투자지표

	2015A	2016A	2017P	2018F	2019F
주당지표(원)					
EPS	−	−	1,675	3,196	3,921
BPS	−	−	8,420	11,616	15,537
DPS	0	0	0	0	0
밸류에이션(배, %)					
PER	−	−	22.1	11.6	9.4
PBR	−	−	4.4	3.2	2.4
EV/EBITDA	−	−	14.4	7.7	5.4
배당수익률	0.0	0.0	0.0	0.0	0.0
PCR	−	−	28.7	14.9	10.8
수익성(%)					
영업이익률	20.8	36.6	39.8	40.7	39.8
EBITDA이익률	21.2	36.8	40.0	40.8	39.9
순이익률	19.2	32.6	28.4	34.8	33.0
ROE	20.6	43.5	25.5	31.9	28.9
ROIC	38.5	103.1	111.4	115.5	93.8

브이원텍은 자기자본이익률이 30퍼센트 수준인데 비해 ROIC는 78.6퍼센트로 매우 높다. 이는 부채를 사용하지 않고 현금이 많아서다. 현금은 영업활

동에 투입하지 않으므로 투하자본 계산에서 제외한다.

앞의 표에서 보듯 브이원텍은 실질적인 영업수익 창출 능력이 매우 뛰어난 기업이다.

브이원텍의 자산구조를 살펴보자.

브이원텍은 제조업체인데도 유형자산이 9억 원에 불과하다. 그 이유는 자체 사옥이 없고 제조는 외주가공을 이용하기 때문이다. 자체 사옥이 없어서 고정비가 적게 들어가고, 외주가공비는 변동비 성격이 강해 불황이 닥쳐도 타격을 적게 받는 사업구조다.

▶ 브이원텍 자산구조

(단위: 백만 원)

구분	제12기 3분기 (2017년 3분기)	제11기 (2016년)	제10기 (2015년)
회계처리 기준	K-IFRS	K-IFRS	K-IFRS
[유동자산]	61,784	26,365	12,562
당좌자산	54,608	23,159	10,021
재고자산	7,176	3,206	2,541
[비유동자산]	8,485	5,579	3,968
투자자산	3,953	0	382
유형자산	994	748	746
무형자산	2	1	0
기타비유동자산	3,536	4,830	2,840
자산총계	70,269	31,944	16,530
[유동부채]	9,760	7,209	3,414
[비유동부채]	37	475	664
부채총계	9,797	7,684	4,078
[자본금]	3,683	2,924	675
[자본잉여금]	26,835	1,542	0
[자본조정]	150	51	0
[기타포괄손익누계액]	1	(19)	(17)
[이익잉여금]	29,665	19,655	11,713
[비지배지분]	138	107	81
자본총계	60,472	24,260	12,452

(단위: 천 원)

구분	당분기		전분기	
	3개월	누적	3개월	누적
재고자산 변동	(1,363,367)	(3,969,695)	(1,219,700)	818,124
원재료 매입액	764,180	4,225,951	2,635,109	5,301,689
급여	754,830	1,899,568	471,543	1,330,242
퇴직급여	35,387	97,427	33,931	107,156
감가상각비	14,281	42,040	11,335	34,848
무형자산상각비	71	179	51	85
경상연구개발비	278,379	716,302	192,922	493,438
외주가공비	4,171,940	11,587,496	–	–
지급수수료	126,476	621,318	86,490	465,783
주식보상비용	33,102	98,226	279,338	279,338
기타비용	574,810	1,565,837	383,950	1,094,342
합계	5,390,089	16,884,649	2,874,969	9,925,045

이처럼 브이원텍은 감가상각비 부담이 없어서 영업이익률이 높다. 자산총계는 702억 원인데 현금을 540억 원 정도 보유해 현금 비중이 아주 높다.

비용구조를 보면 고정비비율이 25퍼센트로 변동비형 기업임을 알 수 있다. 여기에다 손익분기점이 낮다는 특징을 보이는데 이는 불황이 와도 큰 타격이 없다는 것을 의미한다. 변동비형 기업은 고정비형 기업보다 영업이익률이 대체로 낮다. 고정비를 통한 영업레버리지를 누리지 못하기 때문이다. 그런데 브이원텍은 변동비 비중이 높음에도 불구하고 영업이익률이 40퍼센트 수준이다. 이는 경제적 해자를 갖고 있어서 제품의 마진율이 높다는 것을 뜻한다.

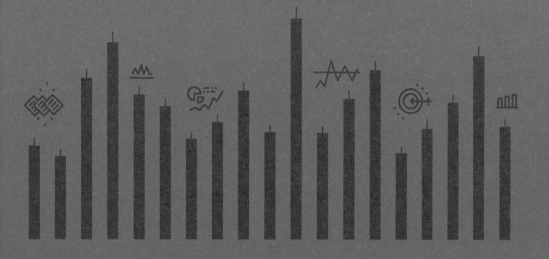

제4장

손익계산서 공부하기

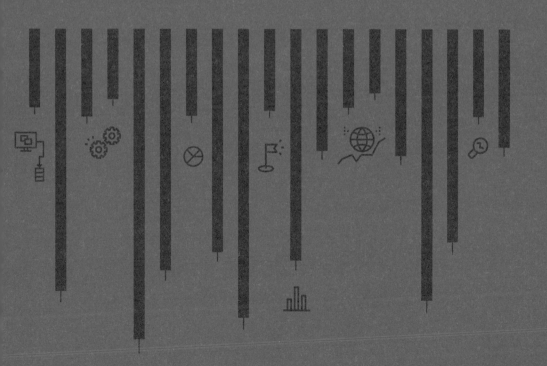

35

매출액은
손익의 출발점이다

매출액은 가장 중요한 지표다. 투자자들은 흔히 영업이익이나 순이익을 중심으로 손익계산서를 보는 경향이 있으나 그 이익의 원천은 매출액이다. 물론 이익 지표도 중요하지만 매출액이 감소하면 이익은 여간해서 증가하지 않는다. 오히려 비용 효과 때문에 매출 감소는 이익 감소를 가속화하는 경향이 있다.

수익 − 비용 = 이익

이익은 단지 수익과 비용의 결과일 뿐이다. 이익을 많이 내려면 수익을 늘리거나 비용을 줄여야 한다. 이익은 자본처럼 종속적으로 계산하므로 종속적 지표인 이익보다 수익과 비용에 집중해야 한다.

아래 표에서 보듯 손익계산서는 수익과 비용의 대응구조로 이뤄져 있다. 매출액(수익)에서 매출원가(비용)를 빼면 매출총이익(이익)이 나온다.

▶ 손익계산서 구조

매출액	수익	
매출원가		비용
매출총이익		
판매관리비		비용
영업이익		
금융수익	수익	
금융비용		비용
기타수익	수익	
기타비용		비용
세전순이익		
법인세		비용
당기순이익		

손익계산서를 다음과 같이 변형해서 만들 수도 있다.

▶ 변형한 손익계산서 구조

수익항목	비용항목	이익
매출액		
금융수익		
기타수익		
	매출원가	
	판매관리비	
	금융비용	
	기타비용	
	법인세	
		당기순이익

손익계산서에는 매출총이익, 영업이익, 세전순이익 항목 등이 있으나 이는 손익계산서를 좀 더 쉽게 이해하고자 편의적으로 사용하는 것뿐이다. 최종적으로 수익에서 비용을 빼면 당기순이익이 나온다.

이들 항목 중 어느 것이 가장 중요할까? 당연히 가장 큰 항목이 중요하다. 수익에서 가장 큰 것은 매출액이고, 비용에서 가장 큰 것은 매출원가다. 결국 이 두 항목이 당기순이익에 가장 큰 영향을 미친다. 이익에 가장 큰 영향을 미치는 두 항목에 주목해야 하는 이유가 여기에 있다.

다음은 이해를 돕기 위해 예시한 LG생활건강의 손익계산서다.

▶ **LG생활건강 연결손익계산서**

제17기　2017.01.01.부터 2017.12.31.까지
제16기　2016.01.01.부터 2016.12.31.까지
제15기　2015.01.01.부터 2015.12.31.까지

(단위: 원)

	제17기	제16기	제15기
매출액	6,270,463,509,780	6,094,059,406,134	5,328,492,268,366
매출원가	2,460,927,029,869	2,434,038,196,159	2,226,175,065,424
매출총이익	3,809,536,479,911	3,660,021,209,975	3,102,317,202,942
판매비와관리비	2,879,187,494,098	2,779,084,592,453	2,418,222,038,591
영업이익(손실)	930,348,985,813	880,936,617,522	684,095,164,351
금융수익	4,285,799,110	4,115,635,138	7,606,073,048
금융원가	15,427,075,952	20,167,665,700	35,679,975,295
기타영업외수익	19,167,483,077	20,590,794,734	48,510,020,627
기타영업외비용	(78,269,404,541)	(139,990,198,120)	(66,080,620,696)
지분법손익	1,298,502,931	7,250,466,854	6,325,853,489
법인세비용차감전순이익(손실)	861,404,290,438	752,735,650,428	644,776,515,524
법인세비용	242,854,775,549	173,495,828,366	174,414,470,074
당기순이익(손실)	618,549,514,889	579,239,822,062	470,362,045,450

그러면 이 표를 수익과 비용으로 간단하게 요약해보자.

보다시피 수익항목에서 매출액은 가히 절대적이다. 비용항목에서는 매출

▶ **LG생활건강 수익 및 비용 구조**

수익항목			비용항목		
매출액	62,704	99.6%			
금융수익	43	0.1%			
기타수익	203	0.3%			
			매출원가	24,609	43.3%
			판관비	28,792	50.7%
			금융비용	154	0.3%
			기타비용	783	1.4%
			법인세	2,429	4.3%
	62,950	100%		56,767	100%

원가와 판관비가 절대적이다. 매출에서 매출원가와 판관비를 제외하면 영업
이익이 나온다.

    매출액(수익)

      –   매출원가(비용)

      –   판관비(비용)
    ───────────────

         영업이익(이익)

영업이익 외에 다른 수익과 비용은 미미하여 영업이익이 가장 중요하다.
기타수익이나 비용이 일시적으로 크게 발생하는 것은 중요하지 않다. 중요한
것은 지속적이고 경상적인 수익과 비용이다.

그러므로 손익계산서에서 매출액, 매출원가, 판관비를 분석하면 사실상
분석이 끝났다고 볼 수 있다. 이 세 가지 항목이 어떻게 변하는지에 주목해
야 한다.

수익의 가장 큰 항목인 매출액이 증가하거나 감소하면 당기순이익에 직접

적으로 영향을 준다. 예를 들어 매출액이 100억 원 증가하면 법인세율 20퍼센트를 감안할 경우 순이익이 80억 원 증가한다.

수익 증가 없이 순이익을 늘리려면 어떻게 해야 할까? 가장 큰 비용항목인 매출원가와 판관비를 줄여야 한다. 매출원가는 매출액과 연동되는 변동비와 고정비로 이뤄져 있고 판관비는 대부분 고정비다. 어차피 고정비는 줄일 수 없으며 변동비는 매출 증감에 비례한다. 그러므로 비용을 줄이는 것은 결코 쉽지 않다.

비용항목을 쉽게 줄일 수 없다면 매출액이 증가해야 당기순이익이 늘어난다. 매출액 증가율이 미미하거나 매출이 역성장하는 기업을 특히 주의해야 하는 이유가 여기에 있다. 반대로 매출이 20퍼센트 이상씩 쑥쑥 증가하는 기업은 유망한 종목이니 주목하자.

36

매출액에
변화를 주는 요인

손익계산서에서 가장 중요한 지표인 매출액은 어떤 요인으로 변동할까? 매출액을 변동시키는 요인을 알아야 이익의 방향성도 알 수 있다.

매출액 = 가격$_P$ × 수량$_Q$

첫째, 제품단가가 상승하면 매출액은 증가한다. 제품가격은 공급이 부족해지거나 수요가 늘어날 경우 상승한다. 그 대표적인 사례가 광섬유다. 5G시대 도래로 중국, 미국 등에서 광케이블을 본격 설치하기 시작하자 수요가 급증했고 더불어 가격이 상승했다.

또한 반도체 경기 호조로 특수가스 수요가 늘어나자 가격이 상승하면서 특수가스 판매업체 후성의 매출이 증가했다. 진입장벽이 있는 상황에서 수급이 타이트해지면 가격 상승 폭이 크다. 반면 유틸리티업체는 정부가 가격을 통제하기 때문에 가격 상승이 쉽지 않다.

둘째, 수요가 증가해 판매량이 늘어날 때도 매출액이 증가한다. 경기가 좋아지면 경기순환형 기업은 매출이 늘어난다. 그 대표적인 분야가 석유화학 같은 소재 업종이다. 이런 산업은 가동률 상승에 따른 물량 증가에 주목해야 한다. 신문이나 증권사 탐방보고서에 공장을 풀가동하는 중이라는 내용이 나오면 호재 중의 호재임을 알아채야 한다.

중산층이 늘어나 소비인구가 증가하는 경우에도 물량 증가 효과를 볼 수 있다. 가령 주로 선진국에서 소비가 많던 보톡스는 가격이 하락 중이고 신흥국 중산층 인구가 늘어나면서 본격적으로 소비가 증가하고 있다.

셋째, 환율 변화도 매출액에 직접 영향을 미친다. 원/달러 환율이 1,000원에서 1,200원으로 상승하면 어떤 일이 생길까? 수출기업은 대금을 달러로 받아 원화로 환전한다. 1달러를 수출했을 때 전에는 1,000원의 매출이 발생했지만 환율이 상승하면서 1,200원의 매출이 발생하기 때문이다. 환율 상승만으로 20퍼센트의 매출 증가 효과가 나타나는 것이다.

그러면 매출액에서 수출이 차지하는 비중이 50퍼센트고 환율이 10퍼센트 상승하는 상황을 가정해보자. 법인세 실효세율이 20퍼센트라면 순이익은 8퍼센트 증가한다. 반대로 환율이 하락할 경우 그만큼 순이익이 감소한다. 그러므로 수출 비중이 높은 기업은 환율 동향을 확인해봐야 한다.

환율이 상승하면 매출액이 증가하는 긍정적 효과도 있지만 부정적 효과도 있다. 수출기업은 대부분 원자재를 해외에서 수입한다. 이때 원화가치 하락으로 원자재 수입가격이 상승하면서 비용이 증가한다. 다른 한편으로 수출기업은 원자재 구입을 위해 항상 달러를 보유한다. 이때 원화환율이 상승하면 환차익이 발생한다.

글로벌기업은 해외공장이나 현지법인을 많이 운영한다. 해외자산과 매출은 달러로 계산하므로 원화 환율 상승은 이들에게 유리한 측면이 있다. 해외자회사를 연결실적으로 잡을 경우 환율 상승은 유리하게 작용한다.

결국 원화 환율이 상승할 경우 매출 증가, 달러 보유에 따른 환율차익은 실적에 유리하게 작용하는 반면 원자재 구매단가 상승은 실적에 불리하게 작용한다. 따라서 이런 부분을 종합적으로 살펴야 한다.

매출액에 변화를 일으키는 요인은 이와 같이 세 가지로 집약할 수 있다. 매출이 증감하면 어떤 요인으로 변동했는지 분석해야 한다. 경쟁이 치열해져 판매단가가 하락하거나 경기가 나빠져 수요가 감소한 경우, 환율 하락으로 수출경쟁력이 떨어진 경우에는 매출액 감소를 심각하게 받아들여야 한다.

37

매출 성장을 위한
투자활동

매출액을 지속적으로 늘려가지 못하는 기업은 전망이 어둡다고 봐야 한다. 이익은 매출에서 나온다. 비용을 줄여 이익을 늘릴 수도 있지만 이것은 일시적이고 한계가 따른다. 고정비는 줄이기가 쉽지 않고 변동비는 기업 외적인 변수이기 때문이다. 따라서 기업은 매출을 확대하기 위해 고심한다.

매출을 늘리려면 투자를 해야 한다. 투자 없이 매출을 늘리기는 쉽지 않다. 실제로 기업은 매출을 늘리기 위해 신기술 개발, 기업 인수, 공정 개선 등에 투자한다.

기업이 투자를 하려면 자금이 필요한데 투자자금은 크게 세 군데서 조달할 수 있다. 바로 부채, 자본, 내부조달이다.

내부조달은 회사의 현금흐름 창출로 얻은 자금을 투자하는 것으로 이는 주주의 자본이다. 내부조달은 자본 같은 측면이 있다. 하지만 주주의 추가 출

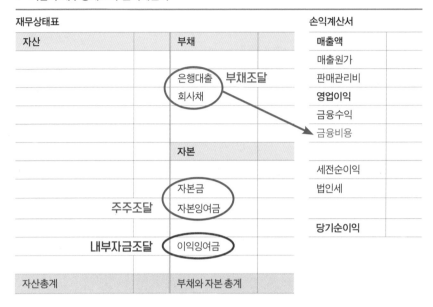

재무상태표				손익계산서	
자산		**부채**		**매출액**	
				매출원가	
		은행대출 **부채조달**		판매관리비	
		회사채		**영업이익**	
				금융수익	
				금융비용	
		자본			
				세전순이익	
		자본금		법인세	
주주조달		자본잉여금			
				당기순이익	
내부자금조달		이익잉여금			
자산총계		**부채와 자본 총계**			

자가 필요 없으므로 따로 분류해서 봐야 한다. 내부조달은 기업이 현재 사업에서 돈을 벌어 그 돈으로 투자하는 것으로 가장 좋은 자금조달 방법이다.

부채로 자금을 조달하면 고정비용인 금융비용이 발생한다. 또한 투자 시점과 매출 발생 시점의 차이로 일시적으로 실적이 나빠지는 시기가 오는데 이때 주가에 부정적 영향을 줄 수 있다. 기업은 표면이자율이 상대적으로 낮은 전환사채를 활용해 자금을 조달하기도 한다. 이 전환사채는 주식으로 전환될 경우 주가를 희석하는 까닭에 주가에 부정적 영향을 미칠 수 있다.

유상증자 같이 주주에게서 자본을 조달하면 금융비용은 발생하지 않는다. 그러나 발행주식수 증가로 주가가 희석되는 문제가 발생한다. 자본으로 자금을 조달할 때도 비용 문제가 발생한다. 배당금을 지불해야 하고 설령 배당금을 주지 않더라도 비용이 없는 자금이 아니다. 흔히 이익이 나면 배당금을 주고 이익이 나지 않으면 배당금을 주지 않아도 되므로 자본비용은 싸다고 여기지만 이는 잘못된 생각이다. 오히려 자본이 부채보다 조달비용이 더 높다.

왜 자본이 부채보다 조달비용이 높은 걸까?

돈을 가진 입장에서 한번 생각해보자. 돈을 은행에 맡기면 이자율이 낮지만 원금을 손해 볼 가능성도 낮다. 회사채 투자는 어떨까? 회사가 망하지 않는 한 안전하다. 대신 은행예금보다 불안하기 때문에 회사채 수익률이 은행예금 이자율보다 높다.

그렇다면 주식투자는 어떨까? 주가는 매일매일 변하므로 안정적이지 않다. 주식을 위험자산으로 분류하는 이유가 여기에 있다. 위험자산인 만큼 주식에 투자하면 은행에 예금하거나 회사채에 투자하는 것보다 수익률이 더 높아야 한다. 투자자가 회사에 투자할 때 회사는 충분히 높은 수익률로 보상해줘야 한다. 따라서 자본으로 자금을 조달하는 것은 부채(은행 혹은 회사채)보다 조달비용이 더 높다고 할 수 있다.

주식투자자가 요구하는 수익률은 다음과 같다.

주식투자자의 요구 수익률 = 무위험자산 수익률 + 위험 프리미엄

무위험자산이란 은행예금, 국채 등을 말한다. 은행이나 국가는 쉽게 망하지 않으므로 은행예금과 국채 투자에는 위험이 없다고 보는 것이다. 주식투자자 역시 이런 무위험자산에 투자하고 마음 편히 이자를 받을 수 있다. 그럼에도 불구하고 위험자산인 주식에 투자하는 이유는 더 높은 수익률을 바라기 때문이다. 이에 따라 주식투자자는 무위험자산 수익률에 위험 프리미엄을 얹어달라고 요구한다.

셀트리온을 사례로 들어 기업이 투자 재원을 어떻게 마련하고 투자 결과가

어떻게 매출로 연결되며, 주가는 어떤 흐름을 보이는지 살펴보자.

다음 표는 셀트리온이 투자자금을 어떻게 조달했는지 보여준다.

셀트리온은 2014년까지 부채로 조달하는 자금을 확대했다. 그것도 은행권에서 대출하기보다 주로 해외전환사채를 발행해서 자금을 조달했다. 이후 추가적인 자금조달은 없고 전환사채가 주식으로 전환되기 시작하면서 자본

▶ **셀트리온 자금조달 방식**

(단위: 억 원)

	2012	2013	2014	2015	2016	2017.9
이자부채	5,990	7,495	8,455	7,959	6,789	6,462
자본금	873	1,005	1,036	1,124	1,166	1,299
자본잉여금	3,656	3,788	3,654	6,486	7,294	7,401
이익잉여금	6,484	7,353	8,450	9,940	11,686	14,569
자금조달 중계	17,003	19,641	21,595	25,509	26,935	29,731
부채조달	35%	38%	39%	31%	25%	22%
주주조달	27%	24%	22%	30%	31%	29%
내부조달	38%	37%	39%	39%	43%	49%

* 주주조달: 자본금 + 자본잉여금
　내부조달: 이익잉여금

▶ **셀트리온 자본구조**

(단위: 억 원)

주요 재무정보	연간							
	2012/12 (IFRS연결)	2013/12 (IFRS연결)	2014/12 (IFRS연결)	2015/12 (IFRS연결)	2016/12 (IFRS연결)	2017/12 (IFRS연결)	2018/12(E) (IFRS연결)	2019/12(E) (IFRS연결)
매출액	2,262	4,710	6,034	6,706	9,491	11,375	14,923	19,062
영업이익	998	2,015	2,590	2,497	5,220	5,649	7,539	9,979
영업이익(발표기준)	998	2,015	2,590	2,497	5,220			
세전계속사업이익	1,157	1,491	1,631	2,293	5,057	5,523	7,559	9,803
당기순이익	1,025	1,175	1,583	1,805	4,007	4,296	5,922	7,762
영업활동현금흐름	1,371	1,452	776	2,509	5,166	3,075	4,028	5,240
투자활동현금흐름	-2,294	-1,063	-1,669	-1,625	-2,643	-1,445	-2,560	-2,412
재무활동현금흐름	1,199	-113	1,304	287	-963	-499	-205	-147

254

금과 자본잉여금이 증가했다.

셀트리온은 매년 주식 배당을 해왔고 실적이 개선되면서 이익잉여금이 급격히 늘어났다. 지금은 내부조달 자금이 50퍼센트 수준에 이르고 부채로 조달하는 자금의 비중은 크게 하락했다. 그 결과 이자발생 부채가 지속적으로 감소하면서 자본구조가 크게 개선되고 있다.

셀트리온은 자금을 조달해 지속적으로 R&D에 투자하는 한편 설비 증설로 생산 능력을 확대했다. 선제적이고 지속적인 투자활동으로 기술개발에 성공한 덕분에 바이오시밀러 시장을 여느 기업보다 먼저 개척한 것이다. 그러한 투자 결과가 현재 높은 매출로 나타나고 있다.

표를 보면 셀트리온은 매출액이 본격적으로 성장하고 있다. 이에 따라 영업활동현금흐름도 개선되어 현재 영업활동에서 창출하는 현금으로 투자활동을 하고도 현금이 남는다.

셀트리온의 사례처럼 기업이 매출을 늘리려면 적극적으로 투자해야 한다. 하지만 투자가 항상 성공을 담보하는 것은 아니므로 기업이 투자를 확대할 경우 자금조달 문제와 현금흐름에 주목해야 한다. 투자활동이 어느 정도 마무리되면 일반적으로 현금흐름이 개선되고 잉여현금흐름이 크게 좋아지는 시점에 이른다. 잉여현금흐름이 좋아지면 주가가 민감하게 긍정적으로 반응하는 경향이 있다.

투자 시점에 따라 셀트리온의 주가흐름을 살펴보자(256쪽 표 참조).

설비투자와 R&D투자에 집중하던 2011년부터 2014년까지 주가는 지속적으로 하락하기만 했다. 이 기간에 투자한 투자자는 고통스러운 시간을 보냈을 것이다. 그러나 투자를 어느 정도 마무리하고 매출이 크게 증가하자 잉여현금흐름이 대폭 늘어났고 주가는 긍정적으로 반응했다. 물론 시장이 제약바이오주에 우호적인 환경이기도 했다.

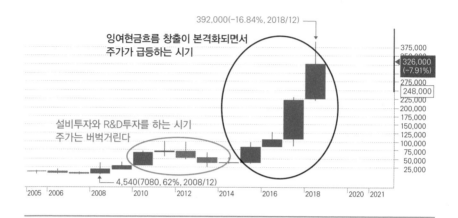

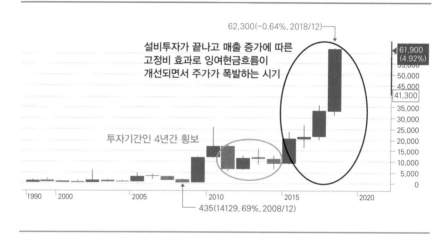

　　셀트리온 사례가 보여주듯 투자가 끝나면 매출이 증가하면서 잉여현금흐름이 함께 좋아진다. 투자는 감가상각비를 늘리지만 매출이 증가하면서 고정비 효과를 발휘하기 시작하고 그러면 이익률이 높아진다. 감가상각비가 증가하는 것은 잉여현금흐름이 좋아지는 것과 관련이 있다.

투자자는 기업의 투자가 끝나고 본격적으로 매출이 증가하면서 고정비 효과와 잉여현금흐름이 개선되는 시점을 공략해야 한다. 고정비 효과에 따른 잉여현금흐름 개선 시점에 주가는 본격적으로 상승하는 경향이 있다.

이와 유사한 사례로 더존비즈온이 있다. 투자 시기에는 주가가 정체되었지만 투자를 마무리하고 잉여현금흐름이 본격적으로 커지면서 주가가 상승했다.

투자자는 관심기업의 투자활동과 자금조달, 현금흐름의 관계에 지속적으로 관심을 기울일 필요가 있다.

38

매출원가는 어떻게 구성되고
왜 변동할까

매출원가 구성과 변동을 분석하는 것은 매우 중요하다. 매출원가는 비용이라 이익의 크기를 결정하는 데 중요한 역할을 하기 때문이다(이익=수익-비용).

- 매출원가: 공장에서 들어간 비용
- 판관비: 본사에서 들어간 비용

기업이 집행하는 비용은 크게 두 부문으로 나눠 회계처리한다. 공장과 본사 비용을 따로 처리한다. 공장에서 들어간 비용은 매출원가로, 본사에서 들어간 비용은 판관비로 계상한다.

제품의 판매가격을 책정하려면 제품단위당 원가 수준을 알아야 한다. 그리고 원가를 따질 때는 공장에서 제품의 제조 과정에 들어간 비용만 분리해서 계상한다. 원가를 알면 마진도 알 수 있다.

본사에서 집행한 비용은 판관비로 계상한다. 영업, 구매, 인사, 총무, 회계, 연구소 등 제조가 아닌 부서에서 집행한 비용을 판관비로 분류하는 것이다. 이를 후선부서 비용이라고도 한다. 이렇게 분류해서 비용을 계상하면 부문별 비용 파악이 가능하고, 비용 구성이 파악되면 이를 체계적으로 관리할 수 있다.

매출액에서 매출원가를 뺀 이익을 매출총이익이라 하고 매출총이익률을 Gross Margin이라고 한다. 영업이익률은 Operating Margin이다. 그럼 영업이익률이 높아지려면 어떤 상황이어야 하는지 생각해보자. 영업마진을 결정하는 요인은 세 가지다.

매출액 − (매출원가 + 판관비) = 영업이익

영업이익을 높이려면 매출액을 증가시키거나 매출원가를 낮추거나 판관비를 줄여야 한다. 더 쉽게 설명하면 수익(매출액)을 증대하거나 비용(매출원가, 판관비)을 줄여야 한다.

한마디로 기업은 매출액 증가와 비용 감소를 위해 노력해야 한다. 그러면 여기서 매출과 비용의 관계를 살펴보자.

매출액은 '제품가격×수량'이다. 제품가격은 기업이 아니라 시장에서 결정한다. 예를 들어 현재 1만 원에 거래되는 제품을 어떤 기업이 1만 2천 원에 내놓으면 팔릴까? 팔리지 않는다. 또 다른 어떤 기업이 9천 원에 팔 수도 있다. 이 경우 그 기업은 마진율이 줄어든다. 그뿐 아니라 다른 기업들도 제품을 팔기 위해 가격을 9천 원으로 내리면서 가격경쟁이 벌어진다.

이런 이유로 시장에서 1만 원에 거래되는 제품가격을 9천 원으로 내리는 결정도 쉽지 않다. 가격경쟁을 불러오는 동시에 마진율이 크게 하락해 기업 실적에 치명적이기 때문이다. 결국 제품가격은 시장이 결정하며 기업이 자기 마음대로 결정하는 것은 쉽지 않다. 즉, 제품가격은 외생변수에 속한다.

반면 비용은 기업 내부에서 통제하고 결정할 수 있다. 가령 매출원가는 공법 개선으로 낮추는 것이 가능하다. 경쟁사보다 싸게 만드는 공법이 있으면 그 기업은 경쟁력과 경제적 해자를 갖춘 것이라고 볼 수 있다. 즉, 매출원가율이 낮은 기업은 경제적 해자를 갖추고 있는 것이다.

예를 들어 신제품 개발 능력이 탁월해 경쟁사보다 한 발 앞서 획기적인 제품을 만들어내는 고영은 경제적 해자를 갖췄다는 평가를 받는다. 더존비즈온도 마찬가지다. 회계 프로그램을 경쟁사보다 저렴하게 만들어 시장을 장악한 더존비즈온은 강촌에 대규모 데이터센터를 지어 경쟁력을 높였다.

삼성전자의 강점도 반도체를 싸게 만드는 공정 기술에 있다. 씨젠의 경제적 해자 역시 경쟁사에 비해 진단시약 비용을 저렴하게 만드는 기술에 있다. 아미코젠은 독보적인 유전자 진화 기술을 보유하고 있다. 셀트리온은 바이오 시밀러를 값싸게 만드는 기술을 개발했다. 티씨케이도 남들이 만들지 못하는 실리콘 카바이드 링을 제조하는 데 성공해 경제적 해자를 갖췄다.

이처럼 제조업의 경쟁력은 경쟁사보다 비용을 적게 투입해 제품을 만드는 기술력을 갖췄느냐에 달려 있다.

판관비는 후선부서 비용으로 유능한 경영자는 판관비를 잘 통제한다. 흔히 생산성이 높다는 것은 판관비를 잘 통제한다는 것을 의미한다. 특별한 경우를 제외하고 판관비는 어느 기업이나 비슷하다.

종합하자면 매출원가와 판관비를 얼마나 잘 낮추고 통제하는지가 기업의 경쟁력을 결정한다고 볼 수 있다. 두 비용 중에서 더 중요한 것은 매출원가다. 판관비는 어느 경영자든 통제하므로 다른 기업에 비해 크게 줄이기가 어렵다. 그러나 제품 공정과 관련된 매출원가는 경쟁사보다 획기적인 공정을 갖추면 충분히 낮출 수 있다. 결국 투자자는 매출원가율이 경쟁사보다 낮은 기업을 찾아야 한다.

⠿ 매출원가 구성 파헤치기

제조업의 매출원가는 크게 네 가지로 구성되어 있다.

- 감가상각비(공장 등 유형자산의 가치 감소에 따른 비용처리, 고정비)
- 인건비(고정비)
- 원재료비(변동비)
- 기타 제조경비(전기, 수도, 운반비 같은 변동비)

매출원가를 고정비와 변동비로 구분할 경우 감가상각비는 고정비에 속한다. 반면 원재료비와 제조경비는 변동비다. 인건비는 고정비와 변동비의 성격이 모두 있지만 대체로 고정비로 분류한다. 원재료비는 매출액과 연동되고 외부에서 가격을 결정하므로 기업이 통제할 수 없다. 시장이 결정한 가격대로 원재료를 사다 써야 한다. 따라서 매출원가를 줄일 수 있는 부분은 감가상각비와 인건비다. 기업은 제조공정을 획기적으로 개선해 기계장치 등에 최소한으로 투자하거나 인건비를 줄여 매출원가를 낮출 수 있다. 이런 비용을 얼마나 낮추는가가 기업의 경쟁력을 결정한다.

매출원가 구성은 어떻게 알 수 있을까? 사업보고서 주석 부분에서 '비용의 성격별 분류'와 '판매비와관리비'를 비교해 계산할 수 있다. 브이원텍을 예로 들어 비용의 성격별 분류 내역을 살펴보자.

▶ **브이원텍 비용의 성격별 분류**

(단위: 천 원)

구분	당기	전기
재고자산 변동	(16,669,315)	(665,396)
원재료 매입액	5,226,499	10,380,846
급여	2,657,581	2,070,890
퇴직급여	176,610	101,670
감가상각비	56,342	47,316
무형자산상각비	249	136
경상연구개발비	941,359	971,714
외주가공비	27,815,280	-
지급수수료	745,008	802,113
주식보상비용	126,985	313,695
기타비용	2,222,997	1,483,051
합계*	23,299,595	15,506,035

* 매출원가 및 판매비와관리비의 합계 금액

비용의 성격별 분류는 매출원가와 판관비를 합산해서 보여준다. 그러므로 이 표에서 판관비를 차감하면 매출원가를 구성하는 비용을 계산할 수 있다.

브이원텍의 당기와 전기 중에 발생한 '판매비와관리비' 내역은 표에 나타난 바와 같다.

이제 브이원텍의 매출원가를 구성하는 네 가지 항목을 계산해보자.

원재료비는 비용의 성격별 분류에서 바로 확인할 수 있다. 판관비에는 원재료비가 없기 때문이다. 매출원가 감가상각비는 비용의 성격별 분류에 있는 감가상각비 5,600만 원에서 판매비와관리비에 있는 감가상각비 4,100만 원을 빼면 구할 수 있다. 인건비는 비용의 성격별 분류에서 급여와 퇴직급여를 합한 뒤 판매비와 관리비에서 찾은 같은 항목을 빼서 구한다.

▶ 브이원텍 판매비와관리비

(단위: 천 원)

구분	당기	전기
급여	1,341,496	1,243,639
퇴직급여	114,807	74,203
복리후생비	245,837	236,607
여비교통비	78,978	72,628
접대비	46,123	12,764
통신비	12,036	11,546
수도광열비	–	1,778
전력비	–	507
세금과 공과금	16,143	78,485
감가상각비	41,329	32,303
지급임차료	192,975	202,948
수선비	525	721
보험료	72,284	48,261
차량유지비	68,870	41,944
경상연구개발비	941,359	–
운반비	62,913	42,637
교육훈련비	602	450
도서인쇄비	6,584	6,373
포장비	–	58,660
사무용품비	916	4,403
소모품비	5,579	6,518
지급수수료	693,520	802,113
광고선전비	12,950	–
건물관리비	22,844	39,384
무형자산상각비	249	136
견본비	458	–
주식보상비용	31,505	75,365
합계	4,010,882	3,094,373

　　나머지는 제조경비다. 위 세 가지를 결정하면 자동으로 계산이 나온다. 이렇게 계산해서 나온 매출원가의 부문별 구성을 보면 어느 부문에서 원가가 높아지고 낮아졌는지 알 수 있다.

39

영업이익을
결정하는 요인

영업이익을 결정하는 것은 매출액을 비롯해 두 가지 비용인 매출원가와 판관비다. 매출액이 증가하거나 비용이 감소해야 영업이익이 증가한다. 매출액 증가 속도보다 비용 증가 속도가 낮을 경우에도 이익은 증가한다. 분자진단시약 기업 씨젠의 사례를 들어 영업이익에 변화를 일으킨 요인을 파악해보자.

씨젠의 영업이익은 2015년을 저점으로 해서 2년 연속 증가하고 있다. 증권사들이 발표하는 컨센서스Consensus(기대치)도 긍정적이다. 그러면 여기서 씨

▶ **씨젠 영업이익 변화**

주요 재무정보	연간							
	2013/12 (IFRS별도)	2014/12 (IFRS연결)	2015/12 (IFRS연결)	2016/12 (IFRS연결)	2017/12 (IFRS연결)	2018/12(E) (IFRS연결)	2019/12(E) (IFRS연결)	2020/12(E) (IFRS연결)
매출액	590	644	651	737	877	1,007	1,137	1,228
영업이익	141	111	86	101	140	126	169	198

젠의 영업이익이 2년 연속 증가한 요인이 무엇인지 분석해보자.

먼저 매출액 증가율을 확인해야 하는데 분기점은 2015년이다. 2015년까지 매출액 증가율은 둔화 추세였으나 2016년과 2017년 다시 두 자릿수를 회복했다. 두말할 필요도 없이 매출액 증가율이 높은 기업이 좋으며, 특히 씨젠은 2년 연속 높아지고 있다는 점에 후한 점수를 줘야 한다.

다음으로 비용을 보자. 매출원가와 판관비를 합한 '비용합계' 추이를 보면 2013년부터 2015년까지 매출액 증가율보다 더 높다. 수익보다 비용이 더 빠르게 증가한 이 시기에 영업이익 증가율은 마이너스다. 2016년에는 매출과 비용 증가율이 13퍼센트로 같은데 영업이익 증가율은 17퍼센트로 더 높다. 이는 고정비 효과 때문이다. 2017년에는 매출액 증가율보다 비용 증가율이 낮아지면서 영업이익 증가율이 크게 높아졌다.

요약하면 비용 증가율이 매출액 증가율보다 크면 이익이 늘어나기 어렵고, 매출액 증가율이 높으면 고정비 효과 등을 감안할 경우 이익률이 상승할 가능성이 크다.

▶ **씨젠 이익구조 분석**

(단위: 억 원)

		2013	2014	2015	2016	2017	2018E
매출액		590	644	651	737	877	1050
	YoY	14%	9%	19%	13%	19%	20%
영업이익		141	111	86	101	140	198
	YoY	-29%	-21%	-23%	17%	39%	41%
매출원가		152	176	184	212	294	
판관비		297	357	381	424	443	
비용합계		449	533	565	363	737	
	YoY	18%	19%	6%	13%	16%	
매출원가율		26%	27%	28%	29%	34%	
판관비율		50%	55%	59%	58%	51%	
영업이익률		24%	17%	13%	14%	16%	19%

비용항목을 좀 더 구체적으로 살펴보자.

씨젠은 매출원가율보다 판관비율이 더 크다. 판관비는 대부분 고정비이므로 씨젠은 고정비형 기업이라고 할 수 있다. 따라서 영업이익률을 높이려면 판관비율(=판관비/매출액)이 낮아져야 한다. 판관비율은 매출액이 증가하면 낮아진다.

'비용의 성격별 분류'를 확인해보면 어느 부분에서 비용이 많이 발생했는지 알 수 있다.

굵게 표시한 부분은 고정비를 의미하는데 씨젠은 고정성 경비 비중이 58퍼센트 수준이다. 이전에는 고정비비율이 이보다 더 높았다. 2017년(당기)에 고정비비율이 다소 낮아진 것은 장비 매출 때문이다. 장비 매출 증가로 변동성 비용이 증가하면서 고정비가 낮아진 것처럼 보이는 것이다.

씨젠의 가장 큰 비용항목은 종업원급여다. 고급 전문 연구원들을 채용해 시약을 개발하기 때문에 인건비 비중이 높을 수밖에 없다. 이런 이유로 연구개발 기간 동안에는 인건비 지출이 많고 매출은 정체되면서 이익이 감소한

▶ **씨젠 비용의 성격별 분류**

(단위: 천 원)

구분	당기	전기
재료비	25,146,871	8,724,120
상품매입액	8,575,362	13,838,324
재고자산 변동	(7,935,282)	(3,845,431)
종업원급여	19,228,293	17,680,379
감가상각비	3,758,754	2,791,870
무형자산상각비	3,288,044	2,693,453
광고선전비	1,028,482	1,076,692
지급수수료	4,998,573	3,201,634
경상연구개발비	3,413,338	3,452,673
기타	12,179,639	13,996,173
합계	73,682,074	63,609,887

다. 하지만 연구개발 성과가 나타나 매출이 증가하기 시작하면 고정비 효과를 보면서 이익 증가율이 높아진다.

이처럼 영업이익은 두 단계로 접근해서 분석하는 것이 좋다. 우선 매출액과 비용 중 어느 쪽 증가율이 높은지 확인해야 한다. 그다음에는 비용을 매출원가와 판관비로 나눠 어느 부분에 변동이 있었는지 파악한다.

40

왜 감가상각을
해야 할까

감가상각을 하는 이유는 자산가치 감소를 재무제표에 반영하기 위해서다. 그러나 여기에는 좀 더 깊은 뜻이 숨어 있다. 기업은 법적 인격체이며 법인격은 영속성을 추구한다. 법인은 '법적인 사람'으로 간주하기 때문에 계약 등에서 주체가 되며 사람과 계약을 할 수 있다.

사람이 살기 위해 매일 밥을 먹듯 법인도 영속성을 담보하는 행위를 하는데, 그 행위의 일환이 바로 감각상각이다. 감가상각은 기업에 어떤 영향을 미칠까? 예를 들어 자기자본 300억 원을 투자해 기계장치를 구입한 빵 제조업체가 있다고 가정해보자. 이 회사의 비용은 세 가지, 즉 인건비 100억 원, 감가상각비 100억 원 그리고 법인세가 20억 원이라고 가정하자. 기계장치의 내구연수는 3년이고 순이익은 전액 배당금으로 지급한다.

이제 이 빵 제조업체가 감가상각을 진행할 때의 재무상태표와 손익계산서를 만들어보자.

감가상각을 할 때 기계장치가 수명을 다한 3년 후에도 자산총계는 여전히 300억 원이다. 기계장치는 제로지만 현금 300억 원으로 다시 기계를 사면 된다. 회사 주주는 3년간 배당금 누계 240억 원을 수령하고 세금은 60억 원을 냈다. 자본은 자산에서 부채를 빼고 계산한다. 여기서는 부채가 없으니

▶ **감가상각을 할 때 손익계산서와 재무상태표**

	1차년도말	2차년도말	3차년도말
매출액	300	300	300
인건비	100	100	100
감가상각비	100	100	100
법인세	20	20	20
순이익	80	80	80
배당금	80	80	80
자산총계	300	300	300
– 기계	200	100	0
– 현금	100	200	300
자산총계	300	300	300

▶ **감가상각이 없을 때 손익계산서와 재무상태표**

	1차년도말	2차년도말	3차년도말
매출액	300	300	300
인건비	100	100	100
감가상각비	0	0	0
법인세	40	40	40
순이익	160	160	160
배당금	160	160	160
자산총계	300	300	0
– 기계	300	300	0
– 현금	0	0	0
자산총계	300	300	0

* 감가상각을 하지 않을 경우 기계장치를 장부가대로 계상했다가 3년 뒤 기계장치 가치가 제로가 되는 것으로 했다.

'자산=자본'이다.

그러면 감가상각을 하지 않는 경우를 생각해보자.

감가상각이 없으면 순이익이 많이 난다. 순이익은 전액 배당금으로 지급하므로 회사 내에 유보가 없다. 이에 따라 기계장치를 쓸 수 없는 3년 후부터 기업은 더 이상 빵을 만들어내지 못한다. 그동안 주주는 배당금 480억 원을 가져가고 세금으로 120억 원을 냈다.

다음 표는 3년 후에 결산한 내용을 서로 비교한 것이다.

▶ **3년 후 결산 내용 비교**

감가상각	실시	없음
총수익 누계	900	900
순이익 누계	240	480
배당금 누계	240	480
세금 누계	60	120
현금 보유	300	0
자산총계	300	0

표를 보면 감가상각을 실시할 경우 세금이 덜 나가면서 감가상각액 누계만큼 현금이 회사 내부에 남는다. 3년 후 기계가 수명을 다하면 회사에 유보한 300억 원으로 다시 기계장치를 사서 사용하면 되므로 회사는 영속성을 확보할 수 있다. 반면 감가상각을 하지 않고 이익을 전부 배당금으로 가져가면 3년 후 기업가치는 제로가 된다. 이 경우 회사는 망해버려 영속성을 잃는다.

감가상각을 하는 것은 기업의 영속성을 위해 수익의 일부를 사내에 축적하는 것으로 봐야 한다. 그것이 반드시 현금 형태인 것은 아니다. 어떤 자산 형태로든 감가상각 누계만큼 회사 내부에 유보할 수 있다. 감가상각이 없으면 순이익이 커지고 배당금도 증가하겠지만 미래를 담보할 수 없다. 따라서 감가상각은 기계가 완전히 마모되어도 기업이라는 법인격의 존속을 위해 회사 내부에 수익의 일부를 축적하는 행위로 봐야 한다.

감가상각 여부와 관계없이 주주에게 돌아가는 최종적인 이익은 동일하다. 감가상각을 하지 않을 경우 주주의 배당금 누계는 480억 원이다. 감가상각을 하면 배당금 누계는 240억 원이고 사내에 유보한 현금은 300억 원이다. 그 현금을 주주에게 배당할 경우 세금 60억 원을 제외한 240억 원을 배당하니 배당금 총액은 480억 원이다. 결국 두 방식에서 주주이익은 같다. 다만 사내에 유보하느냐 배당금으로 배당하느냐 차이가 있을 뿐이다.

41

감가상각비를
제대로 보는 법

손익계산서를 볼 때 감가상각비를 이해하는 것은 매우 중요하다. 어쩌면 재무제표를 통틀어 가장 중요한 항목인지도 모른다. 감가상각비는 이익 추정은 물론 현금흐름을 추정하기 위해서도 필요하다.

먼저 감가상각이라는 말의 뜻을 생각해보자. 감가상각에서 감가는 가치가 감소한다는 뜻이고, 상각은 보상해서 처리한다는 의미다. 결국 감가상각은 '가치가 감소하는 만큼 비용으로 처리하는 것'으로 이해할 수 있다.

기업의 자산은 가치가 감소하는 것과 감소하지 않는 것으로 구분한다. 그리고 가치가 감소하는 자산과 가격이 변동하는 자산은 다르게 회계처리한다. 가령 회사가 보유한 주식이나 채권 가격이 하락하면 감가상각하지 않고 평가손실로 처리한다. 이해를 돕기 위해 삼성전자를 예로 들어보겠다.

유동자산을 보면 맨 위에 현금이 나오는데 현금은 가치가 감소하지 않아 감가상각 대상이 아니다. 지금 1억 원은 1년 후에도 여전히 1억 원이다. 단기

(단위: 백만 원)

	2017.09.30.	2016.12.31.
유동자산	65,782,329	69,981,128
현금 및 현금성자산	2,955,954	3,778,371
단기금융상품	20,110,259	30,170,656
매출채권	30,265,906	23,514,012
미수금	1,251,655	2,319,782
선급금	1,214,660	814,300
선급비용	2,476,895	2,375,520
재고자산	6,600,153	5,981,634
기타유동자산	623,157	743,163
매각예정분류자산	283,690	283,690
비유동자산	123,027,161	104,821,831
장기매도가능금융자산	1,070,598	913,989
종속기업, 관계기업 및 공동기업 투자	55,688,643	48,743,079
유형자산	58,493,282	47,228,830
무형자산	2,688,016	2,891,844
장기선급비용	3,009,582	3,507,399
순확정급여자산	120,688	557,091
이연법인세자산	69,065	110,239
기타비유동자산	1,887,287	869,360
자산총계	188,809,490	174,802,959

금융상품은 대부분 이자가 붙기 때문에 가치가 감소하는 것이 아니라 증가한다. 단기매도가능금융자산은 1년 내에 매도할 수 있는 주식이나 채권 등을 말한다. 주가와 채권 가격은 상승할 수도 있고 하락할 수도 있다. 이는 가치 증감이라기보다 가격 변동으로 봐야 한다. 가격 변동에 따른 이익과 손실 처리는 나중에 살펴보기로 하겠다.

매출채권과 재고자산도 가치가 변하지만 감가상각 대상은 아니다. 매출채권은 회수하지 못한 만큼 기업에 손실이 발생한다. 이 손실은 비용으로 처리한다. 재고자산은 가치가 증가할 수도 있고 감소할 수도 있다. 대체로 재고자

▶ 삼성전자 유형자산 변동

(단위: 백만 원)

구분	당분기	전분기
기초순장부금액	91,473,041	86,477,110
일반취득 및 자본적 지출	32,874,746	14,721,270
사업결합으로 인한 취득	858,798	6,694
감가상각	(14,886,343)	(14,658,625)
처분/폐기/손상/환입	(153,969)	(299,477)
기타	(1,160,182)	(2,373,188)
분기말순장부금액	109,006,091	83,873,784

▶ 삼성전자 유형자산 상각

(단위: 백만 원)

구분	당분기	전분기
매출원가 ➡ (공장 감가상각비)	13,292,501	13,201,737
판매비와관리비 등 ➡ (본사)	1,593,842	1,456,888
계	14,886,343	14,658,625

산 가치는 감소하는데 그렇게 감소하는 부분을 평가해 재고자산 평가손실로 비용처리한다.

　비유동자산에서 유형자산과 무형자산을 제외한 나머지도 감가상각 대상이 아니다. 결론적으로 유무형자산만 감가상각 대상이다. 유형자산 중 토지는 감가상각 대상이 아니다. 반면 낡거나 마모되는 건물, 기계장치, 책상, 컴퓨터, 차량 등은 사용하다 보면 가치가 줄어든다. 무형자산도 감가상각 대상이다. 영어로는 이 두 가지를 구분하는데 유형자산 상각을 depreciation, 무형자산 상각을 amortization이라고 한다.

　감가상각비 14.8조 원은 삼성전자의 전체 감가상각비다. 전체 감가상각비는 공장과 본사 감가상각비를 구분해야 한다. 매출원가를 구하려면 공장에서 발생하는 감가상각비를 알아야 하기 때문이다(공장 감가상각비는 매출원가,

274

본사 감가상각비는 판관비에 속함).

공장의 기계장치, 건물, 운반구, 구축물 등은 주요 감가상각 대상이다. 본사는 자사 소유 건물일 경우 감가상각 대상이고 책상, 컴퓨터, 차량 등도 상각 대상이다. 반도체 제조시설에 대규모 자금이 투입된 삼성전자는 공장 감가상각비가 본사 감가상각비보다 훨씬 더 크다.

42

감가상각비와
영업레버리지 관계

영업이익은 매출액에서 매출원가와 판관비를 제외한 금액이다. 이익이 증가하려면 매출(수익)이 증가하거나 비용이 감소해야 한다.

만약 이익이 증가했다면 어떤 요인 때문인지 확인해야 한다. 예를 들어 더존비즈온의 경우 증권사 리포트에 이런 분석이 나왔다.

이 분석은 더존비즈온이 고정비형 기업임을 말해준다. 고정비는 공장 가

▶ **더존비즈온을 분석한 증권사 리포트**

매출액 증가 대비 영업이익이 큰 폭의 성장을 기록한 것은 ①고정비 성격의 비용구조를 보유한 사업모델로 인해 매출액 증가가 영업이익 상승으로 이어졌고, ②더존다스 상표권에 대한 지급 수수료를 조정해(기존 2.20%→2.05%로 하향, 올해 1월부터 소급 적용) 수익성이 개선됐으며, ③신규 프로젝트 수행에 따른 인건비 증가 중 일부가 정부보조금 지원과 개발비 자산화 형태로 반영됐기 때문임.

동률이 높든 낮든, 매출이 증가하든 감소하든 일정하게 지출하는 비용이다. 고정비에서 가장 큰 비중을 차지하는 것은 감가상각비와 인건비다. 더존비즈온은 고정비형이므로 외형을 늘려 고정비 부담을 줄여야 이익률이 높아진다. 이를 영업레버리지라고 한다.

기업이 설비투자를 하면 초기엔 비용이 증가한다. 공장을 짓는다고 매출이 금세 증가하는 것은 아니며 영업을 비롯해 일을 진행할 시간이 필요하다. 일정 시간이 흐른 뒤 신규 설비 증설에 따른 매출이 본격적으로 일어나는 시점에 이르면 이익이 증가한다.

따라서 설비투자를 발표하는 기업은 단기적으로 비용이 증가하고 이익은 감소할 수 있으므로 투자 시점을 잘 선정해야 한다. 2년 정도 지나면 매출이 붙기 시작하는데 이때부터 고정비 부담이 줄어들면서 이익이 증가한다.

표를 보면 더존비즈온은 2013년부터 설비투자를 해 2015년 큰 부분을 마무리했다. 2017년에 건물을 사면서 유형자산 투자액이 증가하기는 했지만 데이터센터 투자는 2015년 마무리했다. 덕분에 2016년부터 영업이익률이 20퍼센트대를 회복했다. 고정비 부담이 줄어들면서 이익이 증가하는 영업레버리지가 작동했기 때문이다. 매출액 대비 감가상각 비율 B/A를 보면 계속 감소하는 추세다. 이것은 매출액 증가율보다 감가상각비 증가율이 낮아서

▶ **더존비즈온 감가상각비 추이**

연도별	2013년	2014년	2015년	2016년	2017년	2018년E	2019년E
매출액(A)	1,296	1,364	1,577	1,768	2,056	2,337	2,669
감가상각비(B)	134	150	159	153	165	187	184
영업이익(C)	184	205	290	384	517	609	740
감가상각 비율 B/A	10%	11%	10%	9%	8%	8%	7%
영업이익률 C/A	14%	15%	18%	22%	25%	26%	28%
매출액증가율	4%	5%	16%	12%	16%	14%	14%
감가상각비증가율	−24%	12%	6%	−4%	8%	13%	−2%

다. 재무제표에서는 인건비도 중요한 고정비인데 이 부분도 매출액 대비 감소했다.

  더존비즈온 이익 증가는 설비투자가 끝나고 본격적으로 매출이 증가하면서 고정비 효과를 본 것으로 그 중심에 감가상각이 있다. 그러므로 제조업체들이 설비투자를 할 때는 감가상각비 효과가 언제 나타날지 꼭 살펴야 한다.

278

43

감가상각비를
회계처리하는 방법

⠿ 감가상각비와 재무상태표·손익계산서의 관계

감가상각비는 어떻게 회계처리를 할까? 예를 들어 10억 원짜리 기계를 샀는데 내구연한이 10년이라고 가정해보자. 10년을 사용하면 기계장치 가치는 제로가 된다. 기계장치를 사는 데 1월 1일 현금 10억 원을 지불했다면 회계처리는 다음과 같다. 현금을 주고 샀으니 자산총계에는 변화가 없다. 현금 10억 원이 감소하고 대신 기계장치라는 유형자산이 10억 원 증가한다.

전액 외상으로 샀을 경우에는 자산에서 기계장치 10억 원, 부채에서 채무 10억 원이 증가한다.

기계장치를 현금으로 샀을 때 손익계산서에는 어떤 영향을 미칠까? 기계를 살 때 전액 현금을 지불했으므로 첫해에 현금 10억 원이 회사 밖으로 나

▶ 기계장치를 현금으로 샀을 때

자산		부채	
현금	−10		
		자본	
기계	10		
자산총계		부채와 자본 총계	

▶ 기계장치를 외상으로 샀을 때

자산		부채	
		매입채무	10
		자본	
기계	10		
자산총계		부채와 자본 총계	

간다. 대신 자산이 그만큼 증가한다. 바로 이 부분이 중요하다. 기계를 구입하는 시점에는 회사의 손익계산서에 전혀 영향을 미치지 않는다. 자산 간에 변동이 있을 뿐이다.

이제 1년이 지나면 기계장치 내구연한이 10년이므로 10분의 1만큼 마모가 일어나 가치가 감소한다. 이때 가치 감소분만큼 회계처리를 해줘야 한다.

만일 1년이 지났는데도 기계장치 가치를 10억 원이라고 계상하면 이는 분식회계다. 가치가 9억 원인 기계를 10억 원으로 과대 계상했기 때문이다. 가치가 감소하면 그만큼 비용으로 처리해야 한다.

1년 뒤 감가상각을 반영할 경우 재무상태표와 손익계산서 내용은 이렇게 바뀐다.

▶ **감가상각을 1억 원 실시한 경우 재무상태표와 손익계산서**

재무상태표

자산		부채	
현금			
		자본	
기계	~~10~~		
	9		
		이익잉여금	−1
자산총계	−1	부채와 자본 총계	−1

손익계산서

매출액	
매출원가	1
판매관리비	
영업이익	
법인세전이익	
법인세	
당기순이익	−1

기계가치가 1억 원 감소했으니 자산에서 기계를 10억 원에서 9억 원으로 수정한다. 그리고 자산가치가 줄어든 만큼 매출원가에 1억 원을 더한다. 감가상각처리하는 것이다. 기계는 공장에서 비용처리하므로 매출원가에 해당한다. 비용인 매출원가가 1억 원 증가했으니 당기순이익은 1억 원 감소한다. 결산 시점에 당기순이익은 자본의 이익잉여금 항목에 더한다. 따라서 재무상태표 이익잉여금이 1억 원 감소한다. 이런 과정을 거치면 총자산과 총자본의 좌우변이 같아진다.

⠿ 감가상각비가 현금흐름에 미치는 영향

감가상각이 현금흐름표에 어떤 변화를 일으키는지 살펴보자. 첫해 1월 1일에 현금 10억 원을 주고 기계장치를 구입했으니 현금흐름표에서 10억 원 현금 유출이 생긴다.

▶ **감가상각이 현금흐름표에 미치는 영향**

현금흐름표

영업활동현금흐름	
투자활동현금흐름	
유형자산 취득	-10
재무활동현금흐름	
현금의 증감	-10

1년이 지난 뒤 기계장치 가치가 10퍼센트 감소했으므로 1억 원을 비용처리한다. 이때 손익계산서에서 1억 원을 비용처리해 당기순이익 1억 원이 감소한다. 자산가치가 감소한 만큼 비용처리했으나 현금이 회사 밖으로 나간 것은 아니다. 단지 1억 원을 비용처리하면서 유형자산 1억 원이 감소한 것뿐이다. 현금은 기계를 사면서 이미 회사 밖으로 나갔다. 감가상각은 구입한 기계장치에 마모가 일어나 가치가 감소한 부분만 손익계산서에 비용처리하고 자산항목을 조정하는 것이 전부다.

간접법 현금흐름표에서는 감가상각비를 영업활동현금흐름에 더해준다. 당기순이익을 계산할 때 비용으로 감가상각비 1억 원을 뺐지만 현금이 유출된 것이 아니기 때문이다. 간접법에서는 당기순이익을 맨 앞에 놓고 가감하므로 그렇게 한다. 이 부분은 나중에 현금흐름표를 다룰 때 다시 설명하겠다.

1년 후 감가상각비 1억 원을 더한 뒤의 현금흐름표다.

▶ **감가상각비 1억 원을 회계처리한 현금흐름표**

현금흐름표

영업활동현금흐름	
당기순이익	−1
감가상각비	1
투자활동현금흐름	
유형자산 취득	−10
재무활동현금흐름	
현금 증감	−10

이해를 돕기 위해 더존비즈온의 감가상각비와 현금흐름표를 살펴보도록 하자(284쪽 표 참조). 감가상각비는 사업보고서 주석에서 '비용의 성격별 분류'를 보면 된다.

이제 현금흐름표에서 감가상각비를 어떻게 처리했는지 보자.

감가상각비는 영업활동현금흐름에서 가산항목이다. 당기순이익을 계산할 때 비용으로 감가상각비만큼 뺐는데 현금이 나가지 않았으니 현금흐름표에서 더해주는 방식으로 회계처리한다.

영업활동현금흐름은 영업활동으로 회사 내부에 들어온 현금을 말한다. 이를 통해 1년간 영업한 결과 회사에 현금이 얼마나 들어왔는지 알 수 있다. 더

▶ 더존비즈온 비용의 성격별 분류

(단위: 천 원)

구분	당분기	전분기
재고자산 변동 및 사용액	4,431,863	4,782,410
종업원급여	48,144,054	43,581,518
지급수수료	19,213,548	17,640,007
유무형자산 상각비	11,693,389	11,398,292
판매수수료	70,944	265,768
외주용역비	8,175,219	5,602,028
기타	18,978,974	16,317,084
합계	110,707,991	99,587,107

* 3분기 누계로 116억 원을 감가상각처리했다. 종업원 급여 481억 원도 고정비다. 더존비즈온은 고정비 비중이 53%다. 매출이 증가해도 고정비는 크게 늘지 않기 때문에 영업레버리지가 발생한다.

▶ 더존비즈온 연결현금흐름표

(단위: 원)

	제41기 3분기	제40기 3분기
영업활동현금흐름	31,092,666,383	26,947,223,177
당기순이익(손실)	26,011,947,143	18,130,962,699
당기순이익조정을 위한 가감	20,491,842,740	21,730,420,416
퇴직급여	3,507,825,315	3,244,274,769
대손상각비	709,544,284	412,998,741
기타 대손상각비		138,406,162
감가상각비　　합하면 116억	8,216,409,848	7,725,950,159
무형자산상각비	3,476,980,061	3,672,341,851
외화환산손실	318,518,990	374,981,566
유형자산처분손실	1,801,221	
무형자산손상차손	700,000,000	735,595,430
매도가능금융자산손상차손	3,839,662	
기타 대손충당금환입	(2,165,695,742)	
외화환산이익	(14,306,796)	(15,876,827)
유형자산처분이익	(908,090)	(24,719,330)
무형자산손상차손환입	(22,095,430)	
장기금융상품평가손실	14,473,424	

* 표를 보면 당기순이익이 260억 원인데 영업활동현금흐름은 310억 원이다. 당기순이익은 서류상의 이익일 뿐 그만큼 회사에 돈이 들어온 것이 아니다. 단지 서류상으로 계산했을 때 그만큼 순이익이 났다는 얘기다.

존비즈온은 당기순이익보다 영업활동현금흐름이 더 많다. 여기에 영향을 미친 주요 항목이 바로 감가상각비다. 손익계산서에서 비용으로 처리했지만 감가상각비는 회사 밖으로 현금이 유출된 것이 아니라 서류상의 비용일 뿐이다.

투자자는 당기순이익과 영업활동현금흐름을 동시에 보는 습관을 들여야 한다. 당기순이익이 많이 나더라도 회사에 자금이 부족할 수 있기 때문이다. 외상매출을 많이 하면 당기순이익은 많이 난다. 하지만 어디까지나 외상이므로 회사에 현금은 들어오지 않는다. 외상매출이 많으면 영업활동현금흐름이 좋지 않다.

정상적인 현금흐름표라면 영업활동현금흐름이 당기순이익보다 많아야 한다. 당기순이익보다 영업활동현금흐름이 적을 경우에는 그 원인을 파악해야 한다. 만일 영업활동현금흐름이 마이너스라면 회사의 자금 사정이 악화되었음을 의미하므로 긴장해야 한다.

44

기업마다 비용구조가 다르다
: 변동비형 vs. 고정비형

기업의 비용구조가 어떠한지 알면 투자 판단에 도움이 된다. 예를 들어 원재료 가격이 하락하는 국면에서는 변동비형 기업에 투자할 것을 고려하고, 고정비형 기업은 매출이 증가하기 시작할 때 적극 관심을 기울여야 한다. 그럼 손익계산서를 보고 변동비형 기업인지, 고정비형 기업인지 판별하는 방법을 알아보자.

░ 고정비형 기업은 매출액 증가율이 핵심

비용은 크게 매출원가와 판관비로 구성된다. 따라서 고정비와 변동비를 계산하려면 이 두 가지 비용구조를 알아야 한다. 매출원가와 판관비는 사업보고서 주석사항에서 확인할 수 있다.

매출원가는 매출이 발생했을 때 공장에서 들어간 비용이다. 이러한 매출원가는 크게 인건비, 재료비, 감가상각비, 제조경비 네 가지로 분류한다. 이중 인건비와 감가상각비는 고정비고 재료비는 변동비다. 제조경비는 일부 고정성 경비도 있지만 대체로 변동비다. 전기료, 수도료, 운반비 같은 제조경비는 공장 가동률이 높아지면 비례해서 증가한다.

▶ **더존비즈온 매출원가 구성 내역**

(단위: 천 원)

구분	당분기	전분기
상품 매출원가	4,180,968	3,674,417
제품 매출원가	34,182,768	29,703,191
유지보수 매출원가	6,147,763	5,897,073
기타 매출원가	14,565,470	13,313,800
합계	59,076,969	52,588,481

매출이 증가할 때 비용도 늘어나면 변동비다. 반면 급여, 퇴직급여, 복리후생비 등은 매출 증가와 상관없이 일정하게 나가는 고정비다. 여비교통비, 접대비, 교통비, 통신비 등도 마찬가지다. 판매비 및 일반관리비는 후선부서 비용이므로 대부분 고정비다.

지급수수료는 어떨까? 판매에 따른 지급수수료는 변동비다. 대리점에서 많이 판매할 경우 비용도 증가하기 때문이다. 표에는 없지만 외주가공비도 변동비다. 주석사항에는 매출원가와 판매비 및 일반관리비를 합해 비용의 성격을 구분해놓고 있다. 이것은 전체 비용 대비 고정비와 변동비를 파악할 수 있는 중요한 표이므로 꼭 확인해봐야 한다.

대표적인 고정비는 종업원급여와 감가상각비다. 기타항목도 고정비로 분류해야 한다. 기타에 속하는 비용이 대부분 판매비 및 일반관리비의 자잘한

▶ 더존비즈온 판매비와관리비 내역

(단위: 천 원)

구분	당분기	전분기
급여	20,709,287	18,941,470
퇴직급여	1,877,924	1,707,403
복리후생비	3,698,725	3,382,384
여비교통비	727,802	791,410
접대비	1,757,522	1,588,928
통신비	924,273	915,643
수도광열비	118,351	147,124
세금과공과	652,332	325,574
감가상각비	2,353,678	2,077,617
지급임차료	1,108,205	1,175,141
수선비	192,325	158,980
보험료	586,479	502,736
차량유지비	1,445,118	1,324,780
운반비	15,426	18,153
교육훈련비	24,071	126,280
도서인쇄비	313,876	291,234
사무용품비	16,355	15,331
소모품비	337,030	222,650
지급수수료	9,375,454	8,556,668
광고선전비	2,603,790	2,034,396
판매촉진비	26,844	39,588
대손상각비	709,544	412,999
건물관리비	763,775	818,460
판매수수료	59,228	244,863
무형고정자산상각	1,114,262	1,066,204
협회비	101,670	93,922
리스료	17,678	18,688
합계	51,631,024	46,998,626

비용항목이기 때문이다.

더존비즈온의 비용 구성을 분석해보면 고정비 대 변동비는 71.2퍼센트 대 28.8퍼센트다. 따라서 더존비즈온은 대표적인 고정비형 기업이다. 고정비 중에서도 인건비 비중이 높은데 이는 사업의 특성에 따른 것이다. ERP 영업사원과 연구개발 인력이 많이 필요하다. 데이터베이스를 관리하는 관리직도 많이 있어야 한다. 이 때문에 더존비즈온은 인건비가 비용의 43퍼센트를 차지한다.

▶ **더존비즈온 비용 구성**

(단위: 천 원)

구분			당분기	전분기
재고자산 변동 및 사용액			4,431,863	4,782,410
종업원급여	➡	고정비	48,144,054	43,581,518
지급수수료			19,213,548	17,640,007
유무형자산 상각비	➡	고정비	11,693,389	11,398,292
판매수수료			70,944	265,768
외주용역비			8,175,219	5,602,028
기타	➡	고정비	18,978,974	16,317,084
합계			110,707,991	99,587,107

매출이 늘거나 줄어들어도 고정비는 크게 변하지 않는다. 매출이 증가할 경우 고정비가 크게 늘지 않아 이익률이 증가한다. 결국 더존비즈온처럼 고정비 비중이 높은 기업은 매출액 증가율이 실적 개선에서 가장 핵심적인 요인이다. 이를 영업레버리지가 높다고 한다. 이는 매출액이 증가하면 영업이익이 크게 증가한다는 의미다. 매출이 증가해도 고정비는 증가하지 않으니 영업이익 증가율이 높을 수밖에 없다.

최근 3년간 더존비즈온 매출액 증가율과 영업이익 증가율을 한번 비교해보자(290쪽 표 참조).

보다시피 매출이 10퍼센트대로 증가하면 이익은 항상 30퍼센트 이상 증가한다. 이는 고정비 효과로 영업이익 레버리지가 높다는 것을 의미한다.

최근 더존비즈온은 판매단가가 낮은 기존 ERP 제품을 클라우드형 ERP

	2015	2016	2017P	2018E	2019E
성장성(%)					
매출액	15.7	12.1	16.3	13.6	7.6
영업이익	41.2	32.5	34.6	23.1	10.4
세전이익	101.2	46.8	45.0	25.2	10.3
당기순이익	98.2	30.2	48.5	15.5	10.3
EPS	98.3	31.8	48.4	15.9	10.3

제품으로 교체해 판매 중이다. 이처럼 제품 구성이 고마진 제품으로 바뀌면서 마진율 추가 상승에 기여한 측면도 있다. 더존비즈온은 저마진 제품의 비중이 줄고 고마진 제품의 비중이 높아지는 상황이어서 이익률이 높아질 가능성이 있다.

❖ 변동비형 기업이라면 스프레드에 주목하라

대한유화의 비용구조를 보면 변동비 비중이 73.6퍼센트로 변동비형 기업임을 알 수 있다. 그중에서도 원재료 비중이 압도적으로 높아 원재료 가격이 떨어지면 이익이 많이 난다.

특히 화학업체는 제품과 원재료 간 가격 차이인 스프레드가 중요하다. 원재료 가격이 오르면 제품가격도 동반 상승하는 경향이 있기 때문이다. 만약 원재료 가격이 15원 올랐는데 제품가격은 5원 올랐다면 스프레드가 -10원으로 악화된다. 이 경우 제품을 팔수록 이익이 감소한다. 반대로 원재료 가격이 10원 올랐는데 제품가격이 20원 올랐다면 스프레드는 +10원으로 좋아진다. 이때는 제품을 팔수록 이익이 크게 증가한다. 그러므로 화학회사는 제품

▶ 대한유화 비용구조

(단위: 천 원)

구분	당기	전기
제품, 재공품 및 상품 변동	(30,348,377)	5,170,368
원재료와 부재료 사용액	1,114,569,084	894,600,306
상품매입액	17,940,118	394,577
종업원급여	113,410,338	106,565,122
감가상각비와 기타상각비 → 고정비	95,093,733	64,367,919
기타영업비용	184,538,950	182,260,672
총영업비용	1,495,203,846	1,253,358,963

가격과 원재료 가격 차이인 스프레드에 주목해야 한다.

대한유화 같은 변동비형 기업은 불황으로 제품가격이 하락하거나 원재료 가격이 급등할 경우 실적이 크게 악화될 가능성이 높다.

결국 실적 개선의 관점에서 핵심 요소는 고정비형은 매출 증가이고 변동비형은 원재료 가격 하락이다. 물론 제품가격 변동은 고정비형 기업과 변동비형 기업 모두에게 중요한 요소다.

45

고정비가 높다면
영업레버리지를 노려라

제품을 만들 때 들어가는 비용은 고정비와 변동비로 구분할 수 있는데, 이를 그래프로 표현하면 아래와 같다.

그래프에서 보듯 고정비는 제품을 전혀 만들지 않아도 들어가지만 제품의 생산개수와 상관없이 고정비는 일정하다. 대표적인 고정비로는 감가상각비,

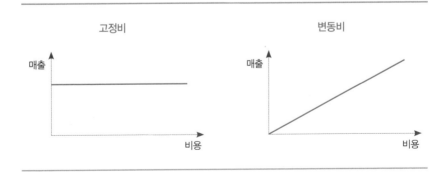

종업원급여, 건물 임차료 등이 있다. 반면 변동비는 매출에 비례해서 증가한다. 제품의 생산개수가 늘어나면 변동비는 증가한다. 대표적인 변동비로는 원재료, 지급수수료, 판매수수료 등이 있다.

제품을 10개를 만들든 100개를 만들든 고정비는 일정하다. 예를 들어 회사의 고정비가 1억 원이고 최대 1만 개의 제품을 만들 수 있다고 가정해보자. 이때 가동률이 50퍼센트인 기업은 제품 한 개당 소요되는 고정비가 2만 원이다. 가동률이 100퍼센트라 1만 개를 생산한다면 개당 고정비는 1만 원이다. 이처럼 가동률이 올라가면 고정원가가 떨어지면서 그만큼 이익이 증가한다. 가동률이 제조원가에 얼마나 중요한 역할을 하는지 알 수 있는 대목이다.

공장을 놀릴 경우 제조원가가 올라간다. 풀가동하는 것이 중요한 이유가 여기에 있다. 풀가동은 원가를 최대한 낮추고 있음을 의미한다.

아래 그래프는 가동률에 따른 개당 고정비를 보여준다. 조업도를 가동률로 이해해도 좋다.

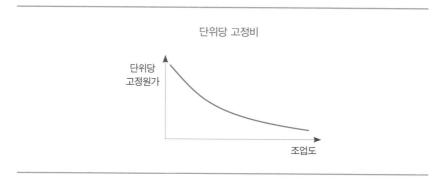

단위당 고정비

반면 변동비는 5,000개를 만들든 1만 개를 만들든 개당 비용이 일정하다. 단위당 변동비는 이렇게 나타난다.

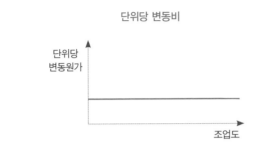

단위당 변동비

단위당 변동원가

조업도

　제품을 생산할 때 고정비 효과는 두 가지 측면을 고려해야 한다. 원가에서 고정비가 차지하는 비중과 가동률이 그것이다. 고정비 효과란 매출이 증가할 경우 단위당 고정비가 앞의 그래프처럼 우하향하는 것을 말한다. 매출이 증가한다는 것은 가동률이 올라간다는 것을 의미한다. 따라서 고정비 효과는 고정비 비중이 큰 기업의 가동률이 상승할 때 극대화된다.

　대표적으로 조선, 자동차 같은 중후장대重厚長大 제조업체의 가동률이 올라간다는 뉴스가 나오면 적극 투자해야 할 시기임을 알 수 있다.

　바이오기업이나 소프트웨어기업 같은 연구개발업체도 고정비 비중이 크다. 설비투자가 없어도 인건비와 연구개발비 비중이 높기 때문이다. 씨젠이나 한글과컴퓨터 같은 연구개발형 기업을 생각해보라. 이들 기업도 매출액이 증가하면 고정비 효과를 누린다. 따라서 씨젠과 한글과컴퓨터 같은 고정비형 기업은 매출액 증가율에 주목해야 한다. 이런 유형의 기업과 관련해 '올해 매출액 증가 가능성이 높다'라는 보고서가 나오면 호재로 봐야 한다.

　다음은 한글과컴퓨터의 2017년 11월 분기보고서에 있는 개별재무제표 비용구조로 이 회사가 완벽한 고정비형 기업임을 잘 보여주고 있다.

　고정비형 기업은 경기가 좋아지면 고정비 효과로 이익이 대폭 상승한다. 반면 불황에는 가동률이 떨어지면서 손실 폭이 확대된다. 고정비형 기업을

▶ **한글과컴퓨터 개별재무제표 비용구조**

(단위: 천 원)

구분	당분기	전분기
재고자산 변동 및 원재료 사용액	545,089	1,291,877
종업원급여	23,524,011	20,561,806
감가상각비와 무형자산상각비	2,892,458	5,449,275
운반비	49,172	57,278
광고비	2,012,604	1,431,393
기타비용	14,827,229	15,079,228
합계	43,850,563	43,870,857

경기민감형 기업이라고 하는 이유가 여기에 있다.

변동비형 기업은 단위당 변동비가 일정해 매출액이 증가해도 영업레버리지 효과를 누릴 수 없다. 하지만 매출 증가에 비례해 안정적으로 이익이 증가한다. 특히 고정비형 기업에 비해 손익분기점 매출액이 낮아 불황에 잘 견딘다.

또 다른 사례로 티씨케이의 비용구조를 살펴보자.

티씨케이 고정비율은 2016년 기준으로 49퍼센트다. 이처럼 고정비와 변동

▶ **티씨케이 개별 재무제표 비용구조**

(단위: 천 원)

구분		당기	전기
재고자산 변동		(10,348,243)	(2,065,319)
원재료와 상품 등 매입액		12,256,069	8,231,289
종업원급여(주석25)	고정비	13,775,127	10,149,012
복리후생비		1,346,900	960,355
감가상각비, 무형자산상각비		6,328,583	5,242,015
소모품비		16,636,725	8,631,401
지급수수료		3,953,540	2,786,010
외주가공비		9,016,881	4,931,853
수도광열비	고정비	3,125,445	2,494,480
기타비용		5,925,651	4,478,978
매출원가와 판매비와관리비 합계		62,016,678	45,840,074

▶ 티씨케이 최근 5년간 손익 현황

재무연월	매출액(억 원,%)		영업이익 (억 원,%)	당기 순이익 (억 원,%)	EPS (원)	PER (배)	PBR (배)	ROE (%)	EV/ EBITDA (배)	순부채 비율 (%)
	금액	YoY								
2014(A)	452	29.00	71	47	407	20.77	1.20	5.93	7.32	−26.67
2015(A)	619	36.95	161	132	1,128	22.63	3.31	14.93	13.49	−41.50
2016(A)	894	44.43	274	227	1,948	16.61	3.31	21.86	10.05	−34.49
2017(E)	1,299	45.26	474	384	3,286	21.18	5.62	29.68	13.12	−36.70
2018(E)	1,761	35.53	717	570	4,882	15.26	4.44	33.47	9.82	−39.29

비가 비슷한 기업이 많아 고정비형인지 아니면 변동비형인지 확실히 구분하기가 어렵다. 티씨케이는 매출액 증가율이 높아 고정비 효과를 봤다고 할 수 있다.

놀랍게도 티씨케이는 최근 4년간 매출액 증가율이 30퍼센트 이상이고 2018년에도 30퍼센트를 넘길 것으로 보인다. 이는 반도체 경기 호황 덕분이다. 전 세계에서 유일하게 실리콘 카바이드 링을 만드는 티씨케이는 반도체 경기가 좋고 경제적 해자까지 있어서 가동률을 최고치로 유지하고 있다.

물론 세계적인 수요를 충족하려면 지속적으로 증설해야 하므로 앞으로 고정비 비중이 높아질 것이다. 그러나 증설 후에는 곧바로 매출로 연결된다. 티씨케이처럼 지속적으로 매출액 증가율을 높게 유지하는 것은 쉽지 않은 일이다. 바이오, 2차전지, 반도체, OLED 산업 등 4차산업에 속하는 기업들은 매출성장성이 대체적으로 높은 편이다.

46

설비가동률이 높아지면 영업레버리지 효과가 나타난다

매출액 성장은 기업 이익이 증가하는 데 가장 중요한 역할을 한다. 매출액은 이익의 근원이기 때문이다. 매출은 수익의 수원지水源地로 매출 감소는 수원지가 말라버렸음을 의미하며 이는 최종이익에 부정적 영향을 미친다. 그래서 매출액 성장이 없는 이익 성장은 의심해봐야 한다. 매출액 성장이 없으면 고정비 효과가 역작용해 원가율이 높아진다.

원재료 가격이 하락하거나 구조조정 등으로 비용이 줄어 이익이 늘어날 수도 있다. 그러나 원재료 가격 하락은 회사가 원한다고 되는 게 아닌 외생변수에 속한다. 원재료 가격 하락에 따른 원가율 개선도 어느 정도 의미가 있긴 하지만 이는 회사의 근본적인 경쟁력 측면이 강화된 것은 아니다.

인건비 절감은 본사의 구조조정에 따른 것으로 마른수건을 짜는 것이나 다름없다. 이 또한 의미가 아예 없다고 할 수는 없으나 인력 구조조정에는 후

유증이 따른다. 이런 까닭에 인력 구조조정은 최후의 수단으로 불린다. 만일 인력을 줄여 고정비를 절감하는 기업이 있다면 회사상태가 상당히 심각하다는 것을 의미하므로 이런 기업에 투자하면 안 된다.

어떤 회사가 인력 구조조정에 들어갔다는 뉴스가 나오면 주식을 파는 것이 좋다. 얼마나 심각하면 직원을 내보내가며 비용을 절감하겠는가. 반대로 직원을 대규모로 뽑는다는 뉴스는 큰 호재다. 사업이 잘되어 일손이 모자란다는 것을 의미하기 때문이다.

매출액이 크게 증가하는 기업은 당연히 가동률이 높다. 제품을 많이 만들어야 하니 말이다. 만일 애널리스트 분석 자료에 물량 부족을 뜻하는 쇼티지 뉴스가 나오면 호재로 인식해야 한다. SKC코오롱PI가 그렇다.

▶ **애널리스트 분석 자료 사례**

18/01/29	[SKC코오롱PI]	성장의 의구심은 없다	장정훈, 조현석	삼성
18/01/29	[SKC코오롱PI]	Growth prospects not in doubt	장정훈, 조현석	삼성
18/01/03	[SKC코오롱PI]	판가 앞으로	장정훈, 조현석	삼성
18/01/03	[SKC코오롱PI]	ASP hikes at hand, volume growth to be mild	장정훈, 조현석	삼성
17/12/13	[SKC코오롱PI]	역대급 호황에 판가가 상승한다	김병기	한화
17/12/08	[SKC코오롱PI]	팔면 외국인이 받는다 이유는?	김장열	골든브릿지
17/12/04	[SKC코오롱PI]	PI 필름 글로벌 1등, OLED 프리미엄 합당	김용호	토러스
17/11/20	[SKC코오롱PI]	PI 필름, 심각한 쇼티지 상태	김갑호	교보
17/11/14	[SKC코오롱PI]	2018년 PI 필름 Shortage!	김철중	미래에셋대우
17/10/30	[SKC코오롱PI]	증설 공시 그 이후	장정훈, 조현석	삼성
17/10/30	[SKC코오롱PI]	Capacity addition bigger, sooner than forecast	장정훈, 조현석	삼성
17/10/24	[SKC코오롱PI]	3분기 방열시트 호조로 어닝 서프라이즈 기록	장민준	키움
17/10/24	[SKC코오롱PI]	또다시 서프라이즈	김병기, 유창우	한화
17/10/24	[SKC코오롱PI]	더할 나위 없이 좋다	김철중	미래에셋대우
17/10/24	[SKC코오롱PI]	3분기 Great!	손세훈, 임수경	NH

PI필름은 스마트폰 방열시트 등에 쓰이는데 스마트폰 슬림화로 방열시트를 채택하는 기종이 늘어나면서 급기야 물량 부족 사태를 맞은 것이다. 물량이 부족하면 가격은 자연스럽게 올라간다. 실제로 SKC코오롱PI는 지속적으로 증설을 해왔다. 그래도 물량을 대기가 힘든 상황이다 보니 단가가 올라갔다. 이처럼 물량Q과 가격p이 모두 상승하면 매출액 성장과 수익성 개선이 동시에 이뤄진다. 주가도 크게 올랐다.

투자자는 증권사 리포트에 이런 분석 글이 나오면 관심 있게 봐야 한다.

▶ **증권사 분석 사례**

PI필름 심각한 쇼티지 상태. 실적 가시성 높아
현재 PI필름은 애플발 RF PCB 수요 급증 및 중국발 방열시트 수요 증가로 심각한 쇼티지 상태를 보이고 있다. 제품가격 상승을 예상하는 것은 당연하다. 이러한 현상은 동사의 1단계 capa 증설을 완료하는 내후년 초까지 이어질 것으로 보인다.

가동률이 높다는 것은 회사의 자원을 완전히 사용한다는 것을 의미한다. 고정비 효과를 만끽한다는 얘기다. 만일 가동률이 50퍼센트라면 고정설비의 50퍼센트밖에 사용하지 못한다는 뜻이다. 고정설비는 사용하든 사용하지 않든 매년 가치가 감소하므로 이를 비용으로 떨어내야 한다. 고정설비를 100퍼센트 가동하는 것과 50퍼센트 가동하는 것은 제품단위당 생산비용 측면에서 커다란 차이가 난다.

다음 두 기업의 사례로 매출액과 고정비의 관계를 살펴보자(300쪽 표 참조).

표에서 보듯 A기업은 가동률이 높아 고정비 단위당 매출액 2를 뽑아낸다. 반면 가동률이 낮은 B기업은 매출액을 1.6밖에 만들어내지 못한다. 그런데 두 기업은 모두 고정비가 동일하게 나간다. 이는 비용은 똑같이 나가지만 A기

▶ 매출액과 고정비 관계

	A기업	B기업
매출액(A)	1,000	800
고정비(B)	500	500
고정비 단위당 매출액(A/B)	2	1.6

업이 B기업보다 제품을 더 많이 만들어낸다는 뜻이다. 이 경우 두 기업은 수익성 면에서 큰 차이가 날 수밖에 없다.

결론적으로 가동률 상승만큼 좋은 호재도 없다. 고정비가 큰 기업이 가동률 상승에 따라 매출액이 증가하면 영업이익은 매출액보다 더 빠르게 증가한다. 이것을 영업레버리지 효과라고 한다.

영업레버리지 = 영업이익 변화율 / 매출 변화율

예컨대 매출액이 10퍼센트 증가했는데 영업이익이 25퍼센트 증가했다면 영업레버리지는 2.5다. 아래에 제시한 표를 보면 훨씬 더 빨리 이해할 수 있을 것이다.

매출액이 500억 원이고 영업이익이 10억 원인 이 회사는 변동비보다 고정

▶ 매출액 10% 변동에 따른 영업레버리지 효과

항목	10% 감소	현재	10% 증가
매출액	450	500	550
(-)고정비	290	290	290
(-)변동비	180	200	220
영업이익	-20	10	40

300% 감소 ◄——— ———► 300% 증가

비 비중이 더 크다. 매출액이 10퍼센트 증가하거나 감소할 때 영업이익이 어떻게 변하는지 보자. 매출액이 10퍼센트 증가하면 영업이익은 무려 300퍼센트나 증가한다. 반대로 매출이 10퍼센트 감소할 경우 영업이익은 곧바로 적자 전환이다. 이는 매출액 증감과 상관없이 고정비가 늘거나 줄지 않아 나타나는 현상이다. 변동비는 매출액에 비례해 늘거나 줄어든다. 매출이 증가하면 원재료 사용량이 증가하는 것과 같다.

이처럼 영업레버리지가 발생하는 기업은 설비투자가 많은 기업, 백화점 같은 유통업체, 인건비 비중이 높은 R&D 전문 바이오기업 등이 있다. 중후장대 제조업체가 해당되기도 하지만 설비투자가 전혀 없어도 인건비 비중이 높은 바이오기업이 고정비형 기업이라는 점에 주목해야 한다.

대표적인 R&D기업인 씨젠의 2017년 9월 30일 분기보고서 비용구조를 보면 고정비가 대부분임을 알 수 있다.

씨젠은 전체 비용에서 종업원급여와 R&D비용, 감가상각비가 차지하는

▶ **씨젠 비용구조**

(단위: 천 원)

구분	당분기	전분기
재료비	6,973,352	5,345,022
상품매입액	20,112,331	10,299,914
재고자산 변동	(8,223,140)	(2,566,800)
종업원급여	13,841,847	13,024,704
감가상각비	2,593,487	2,014,004
무형자산상각비	2,454,759	1,968,829
광고선전비	884,235	810,610
지급수수료	2,414,942	2,253,194
경상연구개발비	2,401,855	2,561,938
기타	10,021,834	10,232,997
합계	53,475,502	45,944,412

비중이 40퍼센트다. 기타로 분류한 비용 중에도 고정비가 일부 있을 것이다. 즉, 씨젠의 고정비 비중은 50퍼센트 정도로 추정된다. 고정비형 기업인 씨젠이 영업이익을 늘리려면 절대적으로 매출 규모가 커져야 한다. 매출이 증가할 경우 영업레버리지 효과가 나타나 이익률이 크게 개선될 가능성이 높다.

씨젠의 최근 이익률과 향후 전망치를 확인해보자.

씨젠의 투자자는 오로지 매출액 성장률만 확인하면 된다. 매출액 규모가 1,000억 원을 넘어서면 영업이익률이 20퍼센트 이상으로 상승할 가능성이 높다.

투자자는 관심기업의 고정비 비중을 알고 있어야 한다. 그래야 매출이 증가할 때 이익이 나는 기업인지 아니면 원재료 가격이 하락해야 이익이 나는 기업인지 파악할 수 있기 때문이다.

▶ **씨젠 최근 이익률과 향후 전망치**

포괄손익계산서(12월 31일 기준) (단위: 십억 원)

	2016	2017E	2018E	2019E	2020E
매출액	74	88	106	125	149
매출원가	21	30	37	45	55
매출총이익	52	58	68	80	94
(매출총이익률, %)	71.2	65.8	64.8	64.0	63.3
판매 및 일반관리비	42	44	47	51	55
영업이익	10	14	21	29	39
(영업이익률, %)	13.7	15.7	20.0	23.1	26.1

	2016	2017E	2018E	2019E	2020E
증감률(%)					
매출액	13.1	18.8	20.5	18.2	19.3
영업이익	16.8	36.2	53.9	36.3	34.7

* 매출액 증가율보다 영업이익 증가율이 훨씬 높다. 이는 고정비 효과 때문이다.

또 다른 사례로 대한유화 비용구조를 한번 보자. 대한유화는 플랜트가 큰 석유화학업체라 고정비형 기업이라고 생각할 수 있지만 그렇지 않다. 대한유화는 유형자산이 1조 3,892억 원에 달하긴 해도 변동비인 원재료 비중이 훨씬 더 크다. 감가상각비보다 원재료 가격 변동이 원가에 미치는 영향이 절대적이다.

대한유화는 원재료인 나프타로 PP나 HDPE 등을 생산하는 기업으로 제품가격 대비 원재료 가격 차이가 중요하다. 그래프를 보면 스프레드가 확대되는 추세인데 이는 곧 마진율 상승을 의미한다.

대한유화 투자에서 핵심은 원재료 가격과 제품가격 사이의 차이인 스프레드가 어떻게 변하는지 확인하는 것이다. 원재료 가격은 떨어지고 제품가격이

▶ **대한유화 스프레드 추세**

그림1. Propylene 스프레드 확대

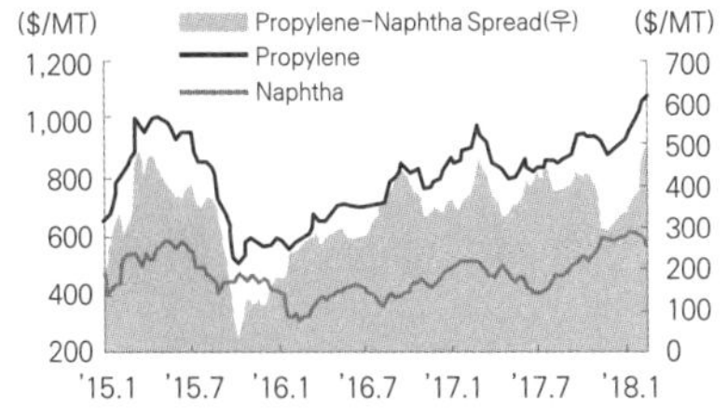

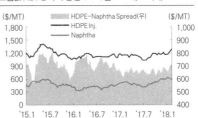

그림2. HDPE 가격 상승으로 1월 스프레드 확대

그림3. PP 스프레드 확대 중

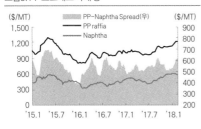

그림4. MEG 스프레드 최고치 유지

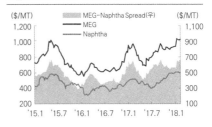

* 자료: Platts, NH 리서치본부

▶ **대한유화 비용구조**

(단위: 천 원)

구분		당기	전기
제품, 재공품 및 상품 변동		(30,348,377)	5,170,368
원재료와 부재료 사용액	**변동비**	1,114,569,084	894,600,306
상품매입액		17,940,118	394,577
종업원급여		113,410,338	106,565,122
감가상각비와 기타상각비	**고정비**	95,093,733	64,367,919
기타영업비용		184,538,950	182,260,672
총영업비용		1,495,203,846	1,253,358,963

* 화학업체는 대부분 대한유화처럼 원재료 가격과 제품가격에 민감한 변동비형 기업이다.

오르면 이익이 크게 늘어나는 사업구조다.

자신이 투자하는 기업이 변동비형 기업인지, 고정비형 기업인지 사전에 알고 있어야 한다. 그래야 매출 변화에 따른 실적을 추정해볼 수 있기 때문이다.

47

순이익이 증가하면
주가가 오를까

투자자들은 순이익이 전년 대비 얼마나 증가했느냐에 가장 큰 관심을 보인다. 주주는 자기자본을 가장 중요시하고 순이익은 자기자본을 증가시키기 때문이다. 순이익만 자기자본 증감에 영향을 주는 것이 아님에도 불구하고 오로지 순이익에만 매달리는 경향이 있다. 과거부터 PER라는 지표가 투자자의 뇌리에 깊이 자리해 절대적인 신화를 만들어낸 탓인지도 모른다. 가치투자자는 가장 먼저 PER가 어느 수준인지부터 본다.

PER = 주가 / 주당순이익

= 주가 / (순이익 / 발행주식수)

분자와 분모에 발행주식수를 동시에 곱할 때 식은 다음과 같다.

PER = (주가 × 발행주식수) / 순이익

    = 시가총액 / 순이익

PER는 기업가치가 시장에서 순이익의 몇 배로 거래되는가를 나타낸다. 순이익이 100억 원이고 시가총액이 천억 원이면 PER는 10배다. 이 항등식에서 순이익은 기업이 매년 산출하는 실적으로 해마다 변동한다. 이에 따라 PER도 변한다. 만약 분모인 순이익이 증가하면 PER는 낮아진다. 그런데 시가총액은 순이익 변동과 무관하게 변할 수 있다. 이는 투자자가 얼마의 PER를 주느냐 문제이기 때문이다. 시가총액은 정해져 있는 게 아니다. 항등식을 바꿔서 생각해보자.

시가총액 = PER × 순이익

예를 들어 반도체 소재업체 메카로의 적정한 시가총액은 얼마일까? 이것은 투자자가 부여하고자 하는 PER 수준과 순이익에 달려 있다. 이제 메카로의 실적을 보면서 PER와 시가총액을 살펴보자(307쪽 표 참조).

메카로는 2018년 2월 기준으로 순이익 321억 원을 올렸고 자본금이 49.6억 원이니 주당순이익은 3,235원이다. 주가가 3만 5,950원이므로 PER는 11.1배다. 주가와 주당순이익으로 계산한 결과물로 PER를 생각할 수도 있다. 하지만 PER가 주가의 결과물이 아니라 주가가 PER의 결과다.

PER(11.1 배) × 주당순이익(3,235원) = 주가(35,950원)

항등식 왼쪽의 주당순이익 3,235원은 전년도 실적이니 주어진 값이다. 그

매출액 또는 손익구조 30%(대규모 법인은 15%) 이상 변동(2018년 2월 8일 기준)

1. 재무제표의 종류	개별			
2. 매출액 또는 손익구조 변동 내용(단위: 원)	당해사업연도	직전사업연도	증감금액	증감비율(%)
– 매출액(재화 판매 및 용역 제공에 따른 수익액에 한함)	106,038,328,660	48,134,322,021	57,904,006,639	120.3
– 영업이익	43,388,489,453	3,098,844,413	40,289,645,040	1300.2
– 법인세비용차감전계속사업이익	41,087,318,213	3,041,353,636	38,045,964,577	1251.0
– 당기순이익	32,141,134,860	2,925,742,581	29,215,392,279	998.6
– 대규모 법인 여부	미해당			
3. 재무현황(단위: 원)	당해사업연도		직전사업연도	
– 자산총계	139,563,313,987		46,393,562,606	
– 부채총계	19,609,036,879		22,625,853,586	
– 자본총계	119,954,277,108		23,767,709,020	
– 자본금	4,965,570,000		3,917,320,000	

러므로 주가를 결정하는 것은 PER다. 이는 투자자가 주당순이익 3,235원에 대해 몇 배를 주고 주식을 살 것인가 하는 문제다. 지금 투자자들은 시장에서 주당순이익의 11.1배를 주고 메카로 주식을 사겠다는 얘기다. 만약 갑자기 메카로에 PER 15배를 주겠다는 사람이 나서면 주가는 4만 8,525원이된다.

그 사람은 왜 갑자기 15배를 주겠다고 하는 것일까? 그걸 정확히 알려면 그 사람을 찾아가 '당신은 왜 메카로에 평균적인 투자자들이 11.1배를 주는 데 반해 15배를 주느냐'라고 물어봐야 한다. 그게 가능한 일인가? 불가능하다.

대신 투자자는 두 가지로 반응할 수 있다. 하나는 PER 15배를 주는 사람을 정신 나간 사람으로 치부하고 보유한 주식을 그에게 떠넘긴다. 다른 하나는 갑자기 15배를 주는 사람이 나타난 현상에 주목하며 '저 사람은 분명 내가 알지 못하는 정보를 선취해 주식을 급하게 사는 투자자일 테니 나도 높게 PER를 주고 사자' 하며 15배 이상을 부른다. 이렇게 각각 생각이 다른 투자자들이 모여 자신이 메카로에 부여할 의향이 있는 PER를 제시하고, 그런 의견을 종합해 가격이 결정된다.

주식가격은 결국 투자자들이 이익의 몇 배를 줄 의향이 있느냐 문제로 환원된다. 과연 누가 몇 배를 주는 것이 적정한가 하는 문제에 명쾌하게 결론을 내릴 수 있을까? 현재의 메카로 PER 11.1배에는 어떤 근거가 있는가? 별로 없다. 그저 메카로 투자자들이 시장에 모여 결정한 것뿐이다.

이런 시각도 있다. 메카로와 비슷한 사업을 하는 회사와 비교해 배수를 주거나 IT업종 시장 전체와 비교하는 것이다.

메카로는 반도체 전공정에 들어가는 소재를 취급한다. 웨이퍼로 CVD 작업을 할 때까지를 전공정이라고 하는데 여기에 들어가는 전구체를 만든다. 반도체 소재업체 티씨케이도 소재를 취급하며 식각공정용 실리콘 카바이드 링을 만든다. 이처럼 메카로와 티씨케이는 똑같이 반도체 소재를 취급하지만 전혀 다른 제품을 제조한다.

메카로는 경쟁업체가 몇 개 있고 티씨케이는 전 세계적으로 아직 특기할 만한 경쟁기업이 없다. 메카로와 티씨케이는 고정비 비중, 이익률, 부채비율, 영업현금흐름도 모두 다르다. 이런 상황에서 단지 둘 다 반도체 소재를 취급한다는 이유로 티씨케이 PER 수준이 11배니 메카로도 11배 수준이 적정하다고 말할 수 있을까? 많은 사람이 이렇게 말한다.

"삼성전자보다 SK하이닉스 PER가 낮다. 고로 저평가다!"

정말이지 무수한 논란을 일으키는 발언이다. 단순하게 PER를 따지면 치명적이다. 삼성전자는 주주환원이 SK하이닉스와 다르다. 부채비율도 다르고 배당률도 다르다. 삼성전자에는 바이오기업 지분도 있고 스마트폰도 만든다.

반면 SK하이닉스는 반도체만 만든다. 이처럼 많은 부분이 다른데 단지 같은 반도체업체라는 이유만으로 비슷한 PER를 부여하는 것이 합리적일까?

또 하나 투자자들이 봐야 하는 부분은 '실적'이다. 위에서 메카로의 PER를 도출한 순이익은 2017년 결산 실적이다. 즉, PER는 과거 실적으로 계산한다. 일부 투자자는 여기에 반론을 제기하기도 한다. 지나가버린 실적이 무슨 소용이 있느냐는 거다.

과거 실적에 PER를 부여하는 것과 미래 예상실적에 PER를 부여하는 것 중에서 우리는 무엇을 선택해야 할까?

증시에서 과거 실적을 기준으로 매기는 PER를 트레일링PER라고 한다. 미래 실적에 근거해 계산하는 PER를 포워드PER라고 한다. PER를 볼 때는 어떤 근거로 작성했는지 확인해야 한다.

트레일링Trailing PER: 과거실적 기준 PER

포워드Forward PER: 향후 12개월 예상실적 기준 PER

'네이버 금융'에서 삼성전자를 검색하면 오른쪽 상단에 다음과 같은 항목이 보이는데, 여기서 삼성전자 PER를 확인할 수 있다(2018년 9월 기준).

주가를 결정하는 것은 순이익과 투자자가 부여하고자 하는 PER 배수다. 많은 사람이 실적이 좋아지면 주가가 오를 개연성이 높다는 사실에 동의한다. 이런 투자자는 과거 실적보다 미래 실적을 중요시한다. 물론 미래 실적을 예측하는 데는 불확실성이 많이 내포되어 신뢰성이 떨어지므로 이를 감안해 실적 전망치를 봐야 한다.

이제 투자자가 부여하는 PER를 생각해보자. 투자자는 부여하고자 하는 PER 배수를 지속적으로 바꾼다. 벤저민 그레이엄은 투자자의 이런 변덕을

▶ 삼성전자 트레일링PER과 포워드PER (2018년 9월 기준)

투자정보	
시가총액	305조 5,599억 원
시가총액 순위	코스피 1위
상장주식수	6,419,324,700
액면가 | 매매단위	100원 | 1주
주총일 | 전자투표	2018.03.23. | 미도입
외국인 한도주식수(A)	6,419,324,700
외국인 보유주식수(B)	3,380,222,198
외국인 소진율(B/A)	52.66%
투자의견 | 목표주가	4.05매수 | 64,841
52주 최고 | 최저	2,876,000 | 43,500
PER | EPS(WISEfn)	(8.78배) 5,421원
PER | EPS(KRX)	7.94배 | 5,997원
추정PER | EPS	(7.20배) 6,615원
PBR | BPS(WISEfn)	1.56배 | 30,427원
배당수익률	1.79%
동일업종 PER	7.21배
동일업종 등락률	+0.29%

트레일링PER (2016년 실적 기준)

포워드PER (2018년 추정실적 기준)

'미스터 마켓'이라는 가상의 존재를 가정해 조울증에 걸렸다고 비유했다. 미스터 마켓은 투자자 전체를 상징한다. 미스터 마켓이 우울증에 걸리면 주식을 헐값에 내동댕이친다. 우울증으로 만사가 귀찮고 주식도 꼴도 보기 싫은 것이다. 이때야말로 주식을 저가에 매수할 기회다. 반대로 미스터 마켓이 조증에 걸리면 가격에 상관없이 주식을 사재기한다. 미스터 마켓이 조증에 걸릴 경우 주식시장에 뻘겋게 불이 붙는다. 이때는 주식을 팔아야 한다.

삼성전자 PER 밴드는 역사적으로 투자자가 부여한 PER 배수를 잘 보여준다. 평균을 중심으로 지금 미스터 마켓이 우울증에 걸렸는지 조증에 걸렸는지 확인해보기 바란다. 증권사 리포트나 네이버 금융에는 역사적 PER와 PBR 밴드가 나오니 참고하시라.

▶ 삼성전자 P/E밴드

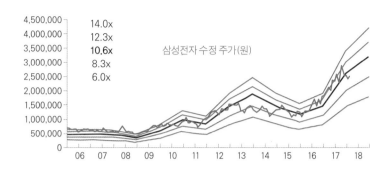

* 증권사 제공 밴드 차트

▶ 삼성전자 밴드 차트

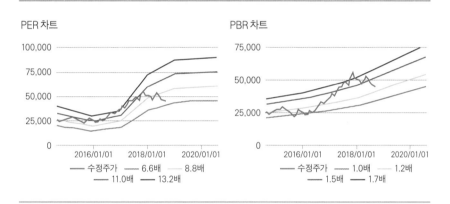

* 네이버 제공 밴드 차트

초우량주식이라 할지라도 주가는 우울증 영역과 조증 영역을 1년에도 몇 차례씩 오간다. 가급적 우울증 영역에서 매수해야 주식을 싸게 살 수 있다. 우울증 영역일 때 주식을 분할로 매수해 시장이 흥분하는 조증 영역에서 팔고 나오기를 반복해야 한다. 좋은 주식은 수없이 많고 우울증에 빠져 있는 종목은 항상 나타난다. 볼린저 밴드, 이동평균선, PER 밴드 등으로 조증과

55,300(-27.85%, 2017/12/01)

조증 영역

조증 영역

우울증 영역

17,000(134.71%, 2017/05/16)

2017/05/11   07   09   11   2018/01   2018/02/17

우울증을 판별할 수도 있다. 각자 주식이 우울증 상태인지 조증 상태인지 판별할 잣대를 하나쯤 마련하기 바란다.

48

순이익은
어디로 갔을까

기업은 이익을 어떻게 나눠 가질까? 기업 이익은 세 주체인 채권자, 정부, 주주가 나눠 갖는다. 다음 표는 손익계산서에서 각 주체별 몫이 어디서 빠져나가는지 보여준다.

가장 먼저 채권자가 몫을 챙긴다. 이들은 영업이익이 나자마자 달려들어 이자를 달라고 한다. 회사채를 보유한 투자자와 자금을 대출해준 은행은 회사가 영업적자가 나도 이자를 달라고 한다. 빚쟁이가 가장 무서운 법이다. 그 다음으로 달려드는 쪽은 세무공무원이다. 돈을 벌었으니 세금을 내라는 거다. 물론 적자가 나면 세금을 내지 않는다.

이렇게 이자를 갚고 세금을 낸 뒤 최종적으로 남는 이익이 주주의 몫이다. 주주가 가장 나중에 이익을 분배받는다. 티씨케이의 사례로 주주 몫인 당기순이익이 어떻게 회계처리되는지 알아보자(314쪽 표 참조).

▶ 손익계산서에서 각 주체별 몫

매출액	
매출원가	
판매관리비	
영업이익	
금융수익	
금융비용	채권자 몫
세전순이익	
법인세	정부 몫
당기순이익	주주 몫

▶ 티씨케이 포괄손익계산서

제23기 3분기   2017.01.01.부터 2017.09.30.까지
제22기 3분기   2016.01.01.부터 2016.09.30.까지

(단위: 원)

	제23기 3분기		제22기 3분기	
	3개월	누적	3개월	누적
수익(매출액)	36,437,426,192	92,341,564,679	23,564,187,516	67,655,515,966
매출원가	18,041,955,420	48,540,966,859	13,379,286,191	37,800,540,044
매출총이익	18,395,470,772	43,800,597,820	10,184,901,325	29,854,975,922
판매비와관리비	3,801,116,299	9,944,297,345	2,632,887,656	8,406,486,047
영업이익(손실)	14,594,354,473	33,856,300,475	7,552,013,669	21,448,489,875
기타이익	285,918,333	880,981,757	253,214,327	881,474,398
기타손실	300,488,906	1,034,437,241	278,151,572	1,122,027,676
금융수익	182,813,726	499,655,589	177,265,428	539,994,421
금융원가	0	0	0	0
법인세비용차감전순이익(손실)	14,762,597,626	34,202,500,580	7,704,341,852	21,747,931,018
법인세비용	2,950,323,031	7,114,938,165	1,671,842,000	4,772,842,000
당기순이익(손실)	11,812,274,595	27,087,562,415	6,032,499,852	16,975,089,018
기타포괄손익	0	0	0	0
총포괄손익	11,812,274,595	27,087,562,415	6,032,499,852	16,975,089,018

손익계산서는 기간을 명시한다는 점에 주목해야 한다. 표에서 제23기는 2017년을 말한다. 3분기 누계실적은 1월 1일부터 9월 30일까지다. 3분기 실적은 7월 1일부터 9월 30일까지다(3개월). 손익은 기간손익이라 언제부터 언제까지의 실적인지 명확히 규정해야 한다.

티씨케이 연간 손익계산서를 보면 2017년 1월 1일 0시는 전부 빈칸일 것이다. 영업을 하지 않았으니 이는 당연하다. 그러다 2017년 12월 31일이 되면 손익계산서에 매출액, 영업이익, 순이익을 확정한다. 이어 2018년 1월 1일 0시가 오면 티씨케이의 손익계산서 항목은 다시 제로가 된다. 손익계산서는 매 결산 시점이 지나면 비워진다는 것을 꼭 기억해야 한다.

분기 손익계산서도 마찬가지다. 앞에 제시한 티씨케이의 2017년 3분기 손익계산서를 보면 매출액이 364억 원, 순이익이 118억 원이다. 이것은 티씨케이가 2017년 7월 1일부터 9월 30일까지 3개월간 영업한 결과다. 3분기가 지나고 4분기가 시작되는 10월 1일 0시에 분기 손익계산서는 제로부터 시작한다. 손익계산서는 결산 기간을 시작하는 시점에 항상 제로상태로 출발한다. 이러한 손익계산서 계정을 임시계정이라고 한다. 다음 연도로 이월하지 않는다. 반면 재무상태표의 자산, 부채, 자본은 이월한다. 이는 영구계정이기 때문이다.

다음은 티씨케이 재무상태표인데 보다시피 손익계산서와 기간이 다르다. 재무상태표는 특정 시점을 기준으로 한다.

예를 들면 "내 재산은 2017년 12월 31일 현재 얼마다."라고 말하지, "내 재산은 2017년 1월부터 12월 31일까지 얼마다."라고 말하지 않는다. 내 재산이 매일 변하듯 기업의 재산도 매일 변한다. 그러니 투자자에게 매일 자산이 얼마나 변했는지 공시할 수는 없다. 그걸 하자면 일이 얼마나 많겠는가. 이런 이유로 금감원은 1년에 네 번만 분기별로 공시하라고 정했다. 물론 기업 내부적으로는 일일결산 자료를 갖고 있다.

▶ 티씨케이 재무상태표

제23기 3분기말   2017.09.30. 현재
제22기말   2016.12.31. 현재

(단위: 원)

	제23기 3분기말	제22기말
자산		
유동자산	90,235,313,706	66,590,593,189
현금 및 현금성자산	13,634,538,955	5,492,183,939
당기손익인식금융자산	7,125,098	9,865,036
매출채권	17,406,576,854	10,403,263,829
기타유동금융자산	39,629,331,740	35,624,867,423
기타유동자산	436,201,832	1,438,818,270
재고자산	19,121,539,227	13,621,594,692
비유동자산	64,152,887,860	64,941,011,310
기타비유동금융자산	670,122,998	458,517,225
유형자산	62,933,347,568	63,834,993,599
영업권 이외의 무형자산	549,417,294	647,500,486
자산총계	154,388,201,566	131,531,604,499

시간이 지나면서 재무제표는 어떻게 변해갈까? 손익계산서는 시작하는 시점에 제로에서 출발하지만, 재무상태표는 전년도에서 이월된 상태로 시작한다. 2017년 1월 1일 0시 티씨케이의 재무제표는 표에 나타난 바와 같다.

이 재무상태표는 2016년 12월 31일 자료가 그대로 2017년 1월 1일 0시로 이월된 것이다. 영업을 하지 않았으니 손익계산서는 당연히 모든 계정과목이 제로다. 이제 새해가 밝았고 티씨케이는 영업을 시작한다. 주주의 돈 1,140억 원과 빌린 돈 175억 원으로 만든 자산 1,315억 원이 사업 밑천이다. 2017년 9월말의 손익계산서와 재무상태표를 보면 이 돈으로 9개월간 장사한 결과가 나온다.

티씨케이가 9개월간 영업한 결과를 손익계산서에 표시한 내용을 보면 매출액 923억 원, 영업이익 338억 원, 당기순이익 270억 원이다. 재무상태표

▶ 2017년 1월 1일 0시 티씨케이 재무상태표와 손익계산서

재무상태표

자산		부채	175
		자본	1,140
		자본금	
		자본잉여금	
		이익잉여금	
자산총계	1,315	부채와 자본 총계	1,315

손익계산서

매출액	
매출원가	
판매관리비	
영업이익	
금융수익	
금융비용	
세전순이익	
법인세	
당기순이익	

▶ 2017년 9월 30일 티씨케이 재무상태표와 3분기 누적 손익계산서

재무상태표

자산		부채	191
		자본	1,352
		자본금	
		자본잉여금	
		이익잉여금	
자산총계	1,543	부채와 자본 총계	1,543

손익계산서

매출액	923
매출원가	485
판매관리비	99
영업이익	338
금융수익	5
금융비용	0
세전순이익	342
법인세	71
당기순이익	270

도 1월 1일과 달라져 자산총계가 1,315억 원에서 1,543억 원으로 증가했다. 부채는 175억 원에서 191억 원으로, 자본은 1,140억 원에서 1,352억 원으로 늘어났다.

왜 자산과 부채, 자본이 변한 걸까? 영업을 해서 순이익이 270억 원 발생했다. 그리고 손익계산서는 결산 마감할 때 모든 계정과목을 비워야 하는데 이때 당기순이익만 이익잉여금 항목으로 이월된다. 이 때문에 자본총계가 변한다. 부채도 상환하거나 추가로 더 빌릴 수 있다. 결국 자산은 부채와 자본의 합계이므로 덩달아 변한다. 이해를 돕기 위한 방편으로 이렇게 설명했으나 사실 영업을 하면 자산과 부채가 변한다. 자본은 자산에서 부채를 뺀 숫자에 불과하므로 수동적으로 결정된다.

이제 4분기 첫날 다시 사업을 시작하면 티씨케이의 4분기 손익계산서와 재무상태표는 다음과 같이 출발한다.

▶ **2017년 10월 1일 0시 티씨케이 재무상태표와 손익계산서**

재무상태표				손익계산서	
자산		부채	191	**매출액**	
				매출원가	
				판매관리비	
				영업이익	
				금융수익	
				금융비용	
		자본	1,352		
				세전순이익	
		자본금		법인세	
		자본잉여금			
		이익잉여금			
				당기순이익	
자산총계	1,543	부채와 자본 총계	1,543		

4분기 손익계산서는 다시 제로에서 시작한다. 반면 재무상태표는 3분기말에 이월된 금액에서 출발한다. 이 차이는 임시계정과 영구계정에서 비롯된다. 기업이 영업을 해서 실적이 발생하면 자산, 부채, 자본이 변한다. 기업은 자산을 구성해 영업을 하고 그 결과가 나오면 자산은 재구성된다. 그렇게 재구성된 자산을 갖고 기업은 새로 영업을 한다. 그 영업 결과는 다시 자산을 재구성한다. 기업이 영업을 계속하는 한 이처럼 자산은 계속 변한다.

손익계산서와 재무상태표 변화는 매일 동시에 일어난다. 기업은 매일매일 변한 손익계산서와 재무상태표를 갖고 있다. 일일 결산하기 때문이다. 예를 들어 손익계산서 항목에서 현금매출액이 10억 원 발생했다면 재무상태표에 현금 10억 원이 증가한다. 이때 매출액 10억 원은 당기순이익을 얼마만큼 유발할까? 매출원가, 판관비, 예상하는 세금 등을 따져보면 당기순이익이 나온다. 특정 기간이 만료될 경우 이 당기순이익은 이익잉여금 항목으로 비워야 한다. 이것이 재무상태표와 손익계산서의 기본적인 관계다.

이제 당기순이익이 어떻게 이익잉여금으로 이월되는지 알아보자. 순이익은 주주 몫이므로 배당하거나 아니면 이익잉여금에 이월해 누적한다. 자본변동표를 보면 그 과정이 나온다.

▶ **티씨케이 자본변동표**

제23기 3분기 2017.01.01.부터 2017.09.30.까지
제22기 3분기 2016.01.01.부터 2016.09.30.까지

(단위: 원)

	자본				
	자본금	자본잉여금	기타자본구성요소	이익잉여금	자본합계
2016.01.01. (기초자본)	5,837,500,000	6,035,001,920	233,168,836	81,943,861,698	94,049,532,454
회계정책변경에 따른 증가(감소)	0	0	0	0	0
오류수정에 따른 증가(감소)	0	0	0	0	0
당기순이익(손실)	0	0	0	16,975,089,018	16,975,089,018

	자본				
	자본금	자본잉여금	기타자본 구성요소	이익잉여금	자본합계
기타포괄손익	0	0	0	0	0
배당금지급	0	0	0	(2,802,000,000)	(2,802,000,000)
2016.09.30. (기말자본)	5,837,500,000	6,035,001,920	233,168,836	96,116,950,716	108,222,621,472
2017.01.01. (기초자본)	5,837,500,000	6,035,001,920	233,168,836	101,882,875,223	113,988,545,979
회계정책변경에 따른 증가(감소)	0	0	0	0	0
오류수정에 따른 증가(감소)	0	0	0	0	0
당기순이익(손실)	0	0	0	27,087,562,415	27,087,562,415
기타포괄손익	0	0	0	0	0
배당금지급	0	0	0	(5,837,500,000)	(5,837,500,000)
2017.09.30. (기말자본)	5,837,500,000	6,035,001,920	233,168,836	123,132,937,638	135,238,608,394

보다시피 2016년 1월 1일(기초자본) 자본합계는 940.4억 원이다. 여기에 9월말까지 당기순이익 169.7억 원을 추가하고 배당금으로 28억 원을 지출했다. 이렇게 해서 2016년 9월 30일(기말자본) 자본합계는 1,082.2억 원으로 변했다.

이렇게 결산기에 당기순이익이 이익잉여금으로 이전해 자본에 변화를 일으키는 과정을 이해할 수 있을 것이다. 당기순이익이 발생하면 배당을 주고 나머지는 이익잉여금으로 누적한다.

49

연결회계를
정확하게 보는 법

IFRS International Financial Reporting Standards (국제회계기준) 회계에서 주재무제표는 연결재무제표다. 그러므로 투자자는 연결실적에 주목해야 한다. 물론 종속회사가 없을 경우에는 개별재무제표가 주재무제표다. 연결재무제표는 법적으로 각각 별개의 실체인 지배기업과 종속기업을 하나의 실체로 보고 이들의 재무제표를 합산해서 작성한다. 이러한 연결재무제표를 작성할 때는 투자와 자본상계, 내부거래, 미실현 손익을 제거해야 한다.

연결재무제표로 작성할 경우 회계분식을 쉽게 파악할 수 있다. 종속기업과 거래에서 분식거래를 했는지 연결회계에서 드러나기 때문이다. 개별재무제표로 작성하면 종속기업에 부실을 떠넘길 수 있지만 연결실적을 기준으로 작성할 경우에는 종속기업을 통한 회계분식이 어렵다.

예를 들어 지배기업이 종속기업에 제품을 비싸게 팔면 지배기업 이익이 증가한다. 반면 종속기업은 실적이 악화되므로 두 기업을 연결실적으로 합산해 회계할 경우 지배기업이 비싸게 판 효과가 사라진다. 미국과 일본 등도 연결재무제표 중심으로 회계처리하므로 기업 간 국제적인 비교가 가능하다.

종속기업은 연결 대상 기업을 말하는데, 어떤 기업이 종속기업인지는 사업보고서 연결재무제표 주석란 맨 앞에 나온다. 다음은 아미코젠의 종속기업 현황이다.

통상 지배기업은 종속기업의 '50퍼센트+1주' 이상 지분을 보유하거나 실질적인 지배력 혹은 사실상 지배력을 갖춰야 한다. 산동애미와 스킨메드는 아미코젠의 지분율이 50퍼센트 이하지만 실질적인 지배력을 행사하기 때문

▶ **아미코젠 종속기업**

(단위: 주, RMB, 원)

회사명	자본금	투자주식수		
		지배주주	기타주주	합계
아미코젠(중국)바이오팜유한회사 [Amicogen (China) Biopharm Co., Ltd]	15,016,800,000	44,160,000	35,840,000	80,000,000
산동애미과생물기술유한공사 (Shandong Amicogen Biotechnology, LLC.)	757,203,000	1,500,000	2,900,000	4,400,000
아미코젠씨앤씨㈜	1,550,000,000	215,575	94,425	310,000
㈜스킨메드	991,552,500	725,220	1,257,885	1,983,105
㈜아미코젠퍼시픽	716,750,000	102,000	41,350	143,350
바이오코젠㈜	166,667,000	333,334	–	333,334

회사명	지분율 (%)	업종	소재지	보고기간 종료일
아미코젠(중국)바이오팜유한회사 [Amicogen (China) Biopharm Co., Ltd]	55.20%	담체 외	중국	2017.12.31
산동애미과생물기술유한공사 (Shandong Amicogen Biotechnology, LLC.)	34.09%	효소 외	중국	2017.12.31
아미코젠씨앤씨㈜	69.54%	건강기능식품 제조	대한민국	2017.12.31
㈜스킨메드	36.57%	화장품 외	대한민국	2017.12.31
㈜아미코젠퍼시픽	71.15%	건강기능식품 판매	대한민국	2017.12.31
바이오코젠㈜	100%	연구용 시약 외	대한민국	2017.12.31

▶ 아미코젠 종속기업 요약 재무 현황

(단위: 원)

회사명	자산	부채
아미코젠(중국)바이오팜유한회사 [Amicogen (China) Biopharm Co., Ltd]	98,591,963,739	44,917,959,198
산동애미과생물기술유한공사 (Shandong Amicogen Biotechnology, LLC.)	841,422,059	381,053,610
아미코젠씨앤씨㈜	1,186,444,364	1,066,027,456
㈜스킨메드	5,732,469,844	1,909,615,017
㈜아미코젠퍼시픽	3,301,179,675	2,260,373,470
바이오코젠㈜	914,247,315	69,557,420
합계	110,567,726,996	50,604,586,171

회사명	매출액	당기순이익(손실)
아미코젠(중국)바이오팜유한회사 [Amicogen (China) Biopharm Co., Ltd]	53,627,570,870	3,530,352,369
산동애미과생물기술유한공사 (Shandong Amicogen Biotechnology, LLC.)	2,602,399,882	(12,841,935)
아미코젠씨앤씨㈜	593,682,090	(72,224,067)
㈜스킨메드	1,449,023,601	(627,350,083)
㈜아미코젠퍼시픽	6,018,146,243	(540,091,663)
바이오코젠㈜	27,000,000	(194,586,907)
합계	64,317,822,686	2,083,257,714

에 종속기업으로 분류한다. 실질적인 지배력이란 재무정책과 영업정책을 결정할 능력이 있음을 의미한다.

연결재무제표 주석을 보면 종속기업의 간단한 재무 현황도 알 수 있다.

참고로 20퍼센트 이상 50퍼센트 미만 지분율을 보유하고 중대한 영향력을 행사할 경우 지분법으로 회계처리한다. 지분법 투자 내용은 연결재무제표 주석에서 확인할 수 있다.

▶ **아미코젠 관계기업 투자 내역**

(단위: 원)

회사명	소재지	지분율(%)	보고기간 종료일	관계의 성격	측정 방법
㈜셀리드	대한민국	30.37%	2017.12.31.	연구개발	지분법
㈜클리노믹스	대한민국	35.21%	2017.12.31.	연구개발	지분법
㈜스킨메드인터내셔널	대한민국	30.00%	2017.12.31.	생산 및 판매	지분법

회사명	취득원가	순자산지분가액	장부금액
㈜셀리드	1,812,500,000	(1,670,320,923)	–
㈜클리노믹스	1,000,001,600	668,530,441	923,116,808
㈜스킨메드인터내셔널	150,000,000	(16,263,799)	–
합계	2,962,501,600	(1,018,054,280)	923,116,808

▶ **아미코젠 관계기업 투자 지분법 평가**

(단위: 원)

기업명	기초	취득	지분법 손익
㈜셀리드	1,294,063,754	–	(1,350,078,102)
㈜클리노믹스	1,202,364,385	–	(273,292,947)
㈜스킨메드인터내셔널	96,848,792	–	(96,848,792)
바이오코젠㈜	1,839,358,773	–	(92,540,265)
합계	4,432,635,704	–	(1,812,760,106)

기업명	지분법 자본 변동	대체	기말
㈜셀리드	56,014,348	–	–
㈜클리노믹스	(5,954,630)	–	923,116,808
㈜스킨메드인터내셔널	–	–	–
바이오코젠㈜	(146,864,173)	(1,599,954,335)	–
합계	(96,804,455)	(1,599,954,335)	923,116,808

⠿ 연결실적을 도출하는 과정

지배기업 A가 종속기업 B의 지분을 50퍼센트 보유하고 있다고 가정해보자.
지분을 50퍼센트 보유한다는 것은 무엇을 의미할까? A사가 B사 자기자본에

A사 재무상태표

자산		부채	500
		자본	500
자산총계	1,000	부채와 자본 총계	1,000

B사 재무상태표

자산		부채	300
		자본	200
자산총계	500	부채와 자본 총계	500

50퍼센트 청구권을 갖고 있음을 의미한다. A사가 B사 자기자본에 50퍼센트의 권리가 있다는 말이다.

B사 지분 50퍼센트를 소유한 A사에는 B사 자본 200 중 100에 청구권이 있다. 연결재무제표에는 이 부분을 표시해준다. 두 회사를 연결재무제표로 작성하면 다음과 같이 나타난다.

▶ **A사 연결재무상태표**

자산		부채	800
		자본	700
		지배주주지분	600
		비지배주주지분	100
자산총계	1,500	부채와 자본 총계	1,500

A사 개별재무제표와 연결재무제표에 어떤 차이점이 있는지 살펴보자. 연결재무제표상의 자산과 부채는 A사와 B사 숫자를 합산한 것이다. 마찬가지로 자본도 합산한 수치다. 이때 자본은 지배주주지분과 비지배주주지분으로 나눠 표기한다는 점에 주목해야 한다. B사 자본의 50퍼센트는 A사 소유가 아니다. 즉, B사 자본 50퍼센트는 A사가 지배하지 않는 부분이다. 그러므로 A사가 지배하는 부분과 지배하지 않는 부분을 나눠서 표기한다. 지배한다는 개념은 자본 청구권이 있다는 의미다.

다음 표는 아미코젠의 연결재무상태표에서 자본 부분만 발췌한 것이다.

2017년말 기준 아미코젠의 연결재무상태표 자본총계는 1,159억 원이다. 이 금액이 모두 아미코젠 주주 소유의 자본총계는 아니다. 아미코젠 주주의 자본총계는 지배주주지분인 891.9억 원이다. 비지배주주지분 267.3억 원은 종속기업들 주주 지분이다.

▶ **아미코젠 연결재무상태표**

제18기　2017.12.31. 현재
제17기　2016.12.31. 현재
제16기　2015.12.31. 현재

(단위: 원)

	제18기	제17기	제16기
자본			
지배주주지분	89,190,048,426	81,536,747,369	82,104,494,394
자본금	4,797,877,500	4,557,877,500	4,557,877,500
주식발행초과분	67,628,216,329	54,084,747,589	54,084,747,589
기타자본	(324,401,473)	(1,003,248,010)	99,536,392
기타포괄손익누계액	(3,649,358,381)	(1,467,734,393)	(915,779,934)
이익잉여금	20,737,714,451	25,365,104,683	24,278,112,847
비지배지분	26,732,190,222	25,621,686,190	28,141,241,865
자본총계	115,922,238,648	107,158,433,559	110,245,736,259

50

연결재무제표에서
손익계산서 보는 법

연결회계에서 손익계산서는 어떻게 만들어질까? 먼저 큰 개념부터 파악해보자. 연결손익계산서는 지배기업과 종속기업 전체의 경영성과를 의미한다. 연결회계에서는 내부거래를 제거하고 외부와 거래에서 발생한 수익 및 비용만 합산한다. 그리고 기업 집단 내부에서 취득한 자산에 포함된 미실현 손익은 제거한다. 투자자본 상계처리도 해야 한다. 연결회계에서 당기순이익은 지배기업주주 지분과 비지배기업주주 지분으로 나뉜다.

투자자본 상계: 지배기업이 종속기업 지분에 투자할 경우 이를 상계처리해야 한다. 예를 들어 A사와 B사의 개별재무상태표가 다음과 같을 경우 연결재무상태표를 작성해보자.

A사는 B사에 150을 투입해 60퍼센트의 지분을 확보했으므로 B사 자본 200 중 120을 상계처리해야 한다. 그 120에 해당하는 자본을 150을 주고

샀는데 30이 영업권이므로 이를 자산항목에 계상한다. 동시에 B사에 투자한 150을 상계처리한다. 이 과정에 따라 작성한 A사의 연결재무상태표는 다음과 같다.

▶ **연결재무상태표 작성하기**

A사 재무상태표

자산		부채	400
		자본	600
자산총계	1,000	부채와 자본 총계	1,000

B사 재무상태표

자산		부채	300
		자본	200
		→ 지분 60% 보유	
자산총계	500	부채와 자본 총계	500

* A사가 B사 60% 지분 소유
* A사가 150을 투입해 지분 60% 소유

▶ **A사 연결재무상태표**

자산		부채	700
A사 자산	1,000	A사 부채	400
B사 자산	500	B사 부채	300
영업권	30		
B사 투자자산	(150)	자본	680
		A사 자산	600
		B사 자산	200
		B사 자본 상계	(120)
자산총계	1,380	부채와 자본 총계	1,380

내부거래 제거: 지배기업과 종속기업 간 거래는 내부거래이므로 이를 조정해야 한다. 외부거래만 기재하기 때문에 이를 제거하는 것이다. 종속기업이 외상으로 지배기업의 제품을 구매할 경우 매출채권과 매입채무가 생기는데 이것도 상계한다. 연결회계는 지배기업과 종속기업을 한 몸으로 보기 때문에 두 기업 간 거래는 자사가 자사에 제품을 팔고 산 것과 동일하게 여겨 이 부분을 제거한다.

예를 들어 아미코젠이 종속기업 아미코젠차이나에서 담체를 200억 원어치 수입할 경우 아미코젠차이나 개별재무제표에 매출액 200억 원을 계상한다. 연결실적을 작성할 때는 두 회사의 매출액을 합산하는데, 이때 아미코젠차이나의 매출액 200억 원을 제거한다. 아미코젠과 아미코젠차이나가 한 몸이면 두 기업 간 거래는 아미코젠차이나 창고에서 아미코젠 창고로 담체를 옮긴 것에 불과하기 때문이다. 아미코젠이 담체로 CX효소를 만들어 제약원료회사에 250억 원에 팔았을 경우 이는 매출로 잡는다.

미실현 손익: 지배기업이 종속기업에 제품을 팔았는데 종속기업이 그 물건을 판매하지 않고 재고로 보유한 경우를 생각해보자. 이때 지배기업은 종속기업에 이익을 남기고 팔았을 것이다. 예컨대 매출원가가 8,000원인 제품을 종속기업에 1만 원에 팔았는데 종속기업이 아직 그 물건을 시장에 판매하지 않았다면 어떨까? 지배기업과 종속기업은 한 몸이므로 아직 이익을 실현한 게 아니다. 이때 2,000원이 미실현 이익 상태다. 지배기업은 2,000원을 이익으로 간주해 개별재무제표를 작성했으니 연결회계에서는 이러한 미실현 이익을 제거해야 한다.

아미코젠의 실제 연결손익계산서를 살펴보자(330쪽 표 참조).

아미코젠의 연결손익계산서에 나오는 당기순이익은 어디에 귀속하는지 나눠서 표기했다. 지배기업주주에게 귀속된 당기순이익은 -46억 원이고 비

제18기   2017.01.01.부터 2017.12.31.까지
제17기   2016.01.01.부터 2016.12.31.까지
제16기   2015.01.01.부터 2015.12.31.까지

(단위: 원)

	제18기	제17기	제16기
매출액	73,665,135,174	68,968,044,744	32,457,291,972
매출원가	48,865,367,284	45,220,054,414	20,528,770,614
매출총이익	24,799,767,890	23,747,990,330	11,928,521,358
판매비와관리비	22,904,182,759	19,570,085,462	9,591,046,075
영업이익	1,895,585,131	4,177,904,868	2,337,475,283
기타수익	847,950,586	1,582,985,750	1,556,713,347
기타비용	5,094,229,554	1,512,333,234	425,878,560
금융수익	189,217,349	149,586,194	173,025,529
금융비용	968,486,840	935,854,097	345,023,433
투자주식처분손실	(1,812,760,106)	(944,964,846)	(219,427,121)
법인세비용차감전순이익	(4,942,723,434)	2,517,324,635	3,076,885,045
법인세비용	(1,367,355,482)	614,655,642	538,405,490
당기순이익	(3,575,367,952)	1,902,668,993	2,538,479,555
법인세비용차감후기타포괄손익	(3,569,141,767)	(1,201,168,027)	(1,991,152,746)
총포괄손익	(7,144,509,719)	701,500,966	547,326,809
당기순이익(손실) 귀속			
지배기업주주 지분	(4,605,846,382)	1,588,678,628	2,065,660,863
비지배기업주주 지분	1,030,478,430	313,990,365	472,818,692

지배기업주주의 지분은 10.3억 원이다. 이것은 아미코젠 주주에게 속하는 당기순이익이 −46억 원이고, 아미코젠차이나 등 종속기업 주주에게 속하는 당기순이익은 10.3억 원이라는 의미다. 이는 자기자본을 지배주주지분과 비지배주주지분으로 나누는 것과 같은 맥락이다.

　연결재무제표를 볼 때 특히 주목해야 할 부분이 있다. 매출액과 영업이익 등은 지배기업과 종속기업 실적을 모두 합산하기 때문에 상당히 크게 나온다. 그렇지만 당기순이익 항목에서는 지배주주 귀속 지분만큼만 반영하므로

이를 감안해서 봐야 한다. 예컨대 연결영업이익이 30퍼센트 증가해도 지배주주 귀속 당기순이익은 그만큼 증가하지 못하는 경우가 많다.

또한 종속기업 실적도 주목해서 봐야 한다. 지배기업 영업이익률이 높은데 종속기업 이익률은 낮을 경우 매출액 증가율은 좋게 나오지만 영업이익률은 하락하는 경향이 있다. 주재무제표는 연결재무제표지만 늘 개별재무제표도 함께 살펴볼 필요가 있다.

51

당기순이익에 영향을 미치지 않는 기타포괄손익

순자산액이 변동하면 손익이 발생한다. 예를 들어보자. 매도가능금융자산 가치가 100에서 150으로 변하면 매도가능금융자산 평가이익 50이 발생한다. 그런데 매도가능금융자산을 매각하지 않았으므로 당장 실현한 손익이 아니라 미실현 손익이다. 자산가치가 변했을 뿐 계속 보유하려는 자산이니 이를 따로 당기순이익 아래 기타포괄손익 계정항목에 처리한다. 재무상태표에는 기타포괄손익 누계액으로 계상한다.

매도가능금융자산을 매각하면 실현 손익이 되기 때문에 이를 당기손익에 반영한다. 이때 재무상태표 자본항목인 기타포괄손익 누계액을 이익잉여금으로 대체한다.

기타포괄손익으로 회계처리하는 항목으로는 유무형자산의 재평가이익, 확정급여채무 재측정손익, 매도가능금융자산 평가손익, 해외사업 환산손

제49기   2017.01.01.부터 2017.12.31.까지
제48기   2016.01.01.부터 2016.12.31.까지
제47기   2015.01.01.부터 2015.12.31.까지

(단위: 백만 원)

	제49기	제48기	제47기
당기순이익(손실)	42,186,747	22,726,092	19,060,144
기타포괄손익	(5,502,257)	1,991,400	76,071
후속적으로 당기손익으로 재분류되지 않는 포괄손익	407,900	1,014,040	288,047
순확정급여부채 재측정요소	414,247	963,602	263,978
관계기업 및 공동기업의 기타포괄손익에 대한 지분	(6,347)	50,438	24,069
후속적으로 당기손익으로 재분류되는 포괄손익	(5,910,157)	977,360	(211,976)
매도가능금융자산평가손익	511,207	(23,839)	(414,961)
관계기업 및 공동기업의 기타포괄손익에 대한 지분	(49,256)	(130,337)	(65,330)
해외사업장환산외환차이	(6,334,987)	1,131,536	268,315
현금흐름위험회피파생상품평가손익	(37,121)		
총포괄손익	36,684,490	24,717,492	19,136,215
포괄손익 귀속			
지배기업 소유주지분	35,887,505	24,310,814	18,804,189
비지배지분	796,985	406,678	332,026

익, 위험회피 파생상품 평가손익 등이 있다. 위의 표는 삼성전자의 연결포괄
손익계산서다.

매년 발생하는 기타포괄손익은 재무상태표의 기타포괄손익 누계액으로
결산분개한다. 이는 당기순이익을 이익잉여금으로 이전하는 것과 같은 맥락
이다. 기타포괄손익 누계액 내역은 연결재무제표 주석사항에 나온다.

이처럼 기타포괄손익 항목을 두고 회계처리하면 당기순이익에 영향을 미
치지 않는다. 이렇게 하는 이유는 당장 보유자산을 처분할 가능성이 없기 때
문이다. 매도가능금융자산은 기업이 비교적 장기간 보유하는 금융자산으로
시장가치가 상승하면 그만큼 이익을 보는 것은 맞지만 당장 금융자산을 매
각하지 않는 한 미실현 이익일 뿐이다. 따라서 당기순이익으로 처리하기보다

▶ 삼성전자 기타자본항목

(단위: 백만 원)

구분	당기말	전기말
자기주식	(6,228,187)	(9,750,326)
매도가능금융자산평가이익	1,879,774	1,390,624
관계기업 및 공동기업의 기타포괄손익누계액에 대한 지분	40,394	94,694
해외사업장환산외환차이	(9,192,002)	(2,902,076)
순확정급여부채 재측정요소	(405,206)	(811,529)
기타	6,036	44,027
계	(13,899,191)	(11,934,586)

기타포괄손익으로 처리하는 것이 낫다. 나중에 실제로 매각했을 때 당기손익으로 인식하면 된다.

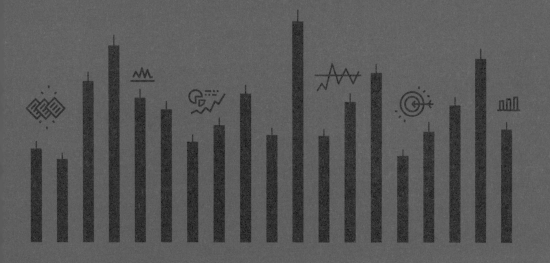

제5장

현금흐름표 공부하기

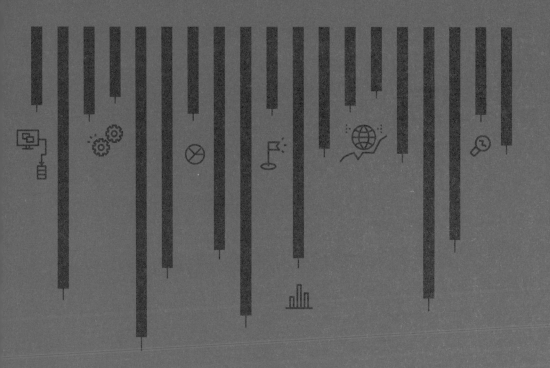

52

현금흐름표가
중요한 이유

이제 가장 중요한 현금흐름표를 알아보자. 자금을 조달(부채와 자본)해 자산을 구성하고 이를 기반으로 영업을 하면 그 결과물(손익계산서)이 나온다. 기업활동은 아래 표로 요약할 수 있다.

 기업활동은 재무활동, 투자활동, 영업활동으로 나뉜다. 재무활동과 투자활동은 재무상태표에 기록하고 영업활동은 손익계산서에 나타낸다. 이 세 가지 활동은 유기적으로 연관되어 있다. 영업을 하려면 투자가 필요하고, 투

▶ **기업의 세 가지 활동**

자금 조달	자산 구성	영업 결과
부채	자산	손익
자본		
재무활동	투자활동	영업활동

자를 하려면 자금을 조달해야 한다. 자금조달이 여의치 않을 경우 투자활동이 지체되고 영업활동에 지장을 초래한다. 영업이 잘되면 회사에 현금이 많아지므로 굳이 신규로 자금을 조달할 필요는 없다. 사내 유보자금으로 투자활동을 할 수 있기 때문이다.

기업의 세 가지 활동에서 중요한 접점을 찾자면 바로 현금이다. 자금조달 행위는 곧 현금을 확보하는 일이다. 현금이 있어야 투자활동을 할 수 있으므로 영업활동은 결국 현금을 만들어내는 행위다. 그러니 세 가지 활동에서 가장 중요한 것은 현금이다. 현금은 기업이라는 법인격이 살아 있게 하는 피 같은 존재다. 현금이 말라버리면 기업은 생명이 끊어진다. 그러므로 기업이 현금을 어떻게 조달하고 사용하는지 아는 일은 매우 중요하다.

기업의 현금 조달과 운용, 신규 창출은 재무상태표와 손익계산서로 알 수 있다. 그러나 이것만으로는 명쾌하고 직관적으로 알기 어렵다. 현금흐름표라는 장부를 따로 만들어 세 가지 활동에서 현금의 유출입을 보려는 이유가 여기에 있다. 현금흐름표는 재무상태표와 손익계산서를 현금의 유출입 관점에서 재구성한 것이다. 그만큼 기업에 현금이 중요한 까닭에 이를 따로 떼어 내 일목요연하게 보기 위해 정리한 것이 현금흐름표다.

∷ 기업에서 현금이 창출되는 과정

현금흐름은 현금+흐름으로 기업에서 현금이 어떻게 흘러가는지를 보여준다. 이러한 현금흐름은 흑자나 적자로 부르지 않는다. 현금흐름은 이익이 아니기 때문이다. 현금흐름은 현금이 줄었다거나 늘었다고 해야 한다. 현금이 줄어들면 현금흐름 마이너스, 증가하면 플러스다. 현금이 증가했는지 아니면 감소했는지가 중요하다.

예를 들어 회계연도 초에 현금 500을 가지고 영업을 시작했다고 가정하자. 그해에 유입된 현금이 100이고 유출된 현금이 150이라면? 현금흐름이 −50이다. 이때 한 해 동안 현금이 50 감소하고 기말현금은 450이 된다. 다음 표는 그 상황을 보여주는데 이것을 세 가지 기업활동으로 구분해서 정리한 것이 현금흐름표다.

▶ **세 가지 기업활동으로 구분해 정리한 현금흐름표**

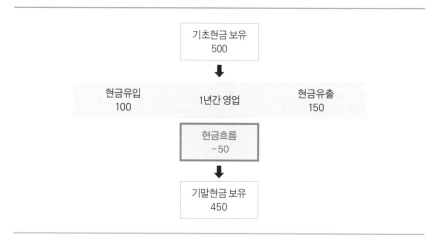

고영의 재무제표를 보면서 현금흐름을 더 깊이 이해해보자. 다음은 고영의 자금조달 내역인데 부채와 자본으로 자금을 조달했다(340쪽 표 참조). 이 표는 제15기부터 봐야 한다. 고영은 제15기에 부채와 자본으로 자금을 조달해 자산을 구성했다.

그 자금으로 고영은 제16기 영업을 하고 그 결과물은 제16기 손익계산서로 나온다. 그렇게 손익계산서가 나오면 제16기말 자금조달과 자산운용을 재구성한다.

▶ 고영 재무활동

(단위: 원)

	제16기 3분기말	제15기말
부채		
유동부채	31,610,022,649	27,477,608,481
매입채무 및 기타채무	23,857,942,460	20,374,379,336
유동성장기차입금		115,459,162
당기법인세부채	4,935,377,953	4,880,912,320
충당부채	1,125,970,534	948,558,354
기타부채	1,690,731,702	1,158,299,309
비유동부채	11,601,790,220	10,376,052,769
장기매입채무 및 기타비유동채무		9,381,924
퇴직급여부채	11,601,790,220	10,366,670,845
부채총계	43,211,812,869	37,853,661,250
자본		
지배기업의 소유주에게 귀속되는 자본	160,649,906,225	156,882,652,090
자본금	6,837,975,500	6,834,475,500
기타불입자본	617,756,001	15,320,989,331
이익잉여금	153,339,298,781	135,012,231,346
기타포괄손익누계액	(145,124,057)	(285,044,087)
비지배지분		384,927,525
자본총계	160,649,906,225	157,267,579,615

고영은 제15기말에 1,951억 원을 조달해 영업을 시작했는데, 제16기 영업 결과를 반영한 자금조달 내역이 제16기 3분기말에 2,038억 원이다. 자금조 달 내용과 금액이 변했다.

이렇게 조달한 자금을 각종 자산에 투자해 그 내용을 기록한 것이 자산항 목이다. 자산은 영업용 자산(재고자산, 매출채권, 유형자산, 무형자산 등)과 투자 자산(현금, 단기금융상품, 장기금융상품, 매도가능금융자산 등) 두 가지로 운용했 다. 투자자산은 영업활동에 필요한 곳에 사용하고 남은 자금을 운용하는 자 산이라 할 수 있다.

▶ 고영 투자활동

(단위: 원)

	제16기 3분기말	제15기말
자산		
유동자산	159,696,704,197	154,891,864,189
현금 및 현금성자산	36,166,736,989	46,315,099,990
단기금융상품	21,799,871,700	28,550,000,000
매출채권 및 기타채권	74,876,531,764	56,755,326,608
재고자산	24,050,082,472	19,563,475,004
기타금융자산	1,707,444,809	2,802,742,358
기타자산	1,096,036,463	905,220,229
비유동자산	44,165,014,897	40,229,376,676
장기금융상품	2,016,500,721	1,744,276,465
매도가능금융자산	79,843,400	79,843,400
유형자산	24,311,105,410	23,842,197,228
무형자산	6,062,758,907	6,441,706,199
이연법인세자산	9,167,617,278	6,859,866,255
기타금융자산	2,527,189,181	1,261,487,129
자산총계	203,861,719,094	195,121,240,865

▶ 고영 영업활동

(단위: 원)

	제16기 3분기		제15기 3분기	
	3개월	누적	3개월	누적
매출액	51,011,016,889	147,877,562,455	41,831,722,643	125,670,198,635
매출원가	17,736,117,611	52,788,866,585	14,890,422,422	46,787,217,165
매출총이익	33,274,899,278	95,088,695,870	26,941,300,221	78,882,981,470
판매비	7,169,161,978	20,891,367,576	5,585,218,299	17,188,161,467
관리비	8,190,819,582	24,365,170,070	8,056,802,871	23,857,606,417
연구개발비	5,922,331,552	17,882,262,594	4,368,620,480	13,278,413,973
영업이익	11,992,586,166	31,949,895,630	8,930,658,571	24,558,799,613
금융수익	302,041,304	627,878,603	133,642,040	885,856,898
금융원가	200,453,965	1,334,785,798	566,065,477	1,152,761,448
기타영업외수익	1,621,424,652	2,755,518,135	267,420,266	2,281,153,065
기타영업외비용	621,624,003	5,051,147,480	4,664,382,772	6,122,066,017
법인세비용차감전순이익	13,093,974,154	28,947,359,090	4,101,272,628	20,450,982,111
법인세비용	2,729,540,248	5,162,830,120	279,756,532	3,067,152,911
당기순이익	10,364,433,906	23,784,528,970	3,821,516,096	17,383,829,200

자산을 구성해 일정 기간 동안 영업활동을 한 결과는 손익계산서에 나타난다. 고영의 3분기 매출액은 1,478억 원, 당기순이익은 237억 원이다. 이것은 고영이 일정기간 자산을 운용해 투자 성과를 낸 기록이다.

재무상태표와 손익계산서를 보면 기업의 세 가지 활동으로 어떤 결과가 나타났는지 알 수 있다. 세 가지 활동의 최종 결과인 현금은 어떻게 변했을까? 이는 자산항목에 나온다.

▶ **세 가지 활동의 최종 결과인 현금 변화**

(단위: 원)

	제16기 3분기말	제15기말
자산		
유동자산	159,696,704,197	154,891,864,189
현금 및 현금성자산	36,166,736,989	46,315,099,990
단기금융상품	21,799,871,700	28,550,000,000
매출채권 및 기타채권	74,876,531,764	56,755,326,608
재고자산	24,050,082,472	19,563,475,004
기타금융자산	1,707,444,809	2,802,742,358
기타자산	1,096,036,463	905,220,229

위의 표에서 현금이 463억 원에서 361억 원으로 줄었다. 당기순이익이 237억 원인데 왜 현금이 줄었을까?

여기에는 여러 가지 이유가 있을 것이다. 먼저 당기순이익의 질적인 측면을 봐야 한다. 매출액 중에 외상매출이 있을 경우 그만큼 현금이 들어오지 않는다. 하지만 당기순이익은 현금매출이나 외상매출이나 똑같다. 외상매출도 매출이기 때문이다. 당기순이익이 전부 현금은 아니다. 원재료를 많이 살 경우에도 회사에서 현금이 빠져나간다. 원재료는 재고자산이며 재고자산 증가는 현금의 감소 요인이다.

이처럼 손익계산서와 재무상태표를 하나하나 들여다보면 현금의 유출입을 파악할 수 있다. 한데 이렇게 일일이 항목 하나하나의 현금 유출입을 계산하는 것이 너무 복잡한 탓에 재무활동, 투자활동, 영업활동에서 각 현금의 유출입 상황을 표로 만들어 알기 쉽게 나타낸 것이 현금흐름표다.

고영의 현금흐름표를 살펴보자.

▶ **고영 연결현금흐름표**

제16기 3분기 2017.01.01.부터 2017.09.30.까지
제15기 3분기 2016.01.01.부터 2016.09.30.까지

(단위: 원)

	제16기 3분기	제15기 3분기
영업활동현금흐름	7,085,189,097	15,347,518,352
당기순이익	23,784,528,970	17,383,829,200
당기순이익 조정을 위한 가감	11,238,379,817	12,129,906,042
순운전자본 변동	(20,862,152,027)	(9,533,995,918)
이자수취	317,030,661	383,336,223
이자지급	(6,719,562)	(13,293,246)
법인세납부	(7,385,878,762)	(5,002,263,949)
투자활동현금흐름	4,091,928,105	(6,119,278,134)
단기금융상품 처분	9,000,000,000	
단기대여금 감소	15,000,000	64,400,000
보증금 감소	188,254,382	118,186,862
장기대여금감소	3,058,142	55,000,000
차량운반구 처분	1,345,456	16,867,462
비품 처분	1,138,680	485,174,928
단기금융상품 취득	(2,249,871,700)	
장기금융상품 취득	(170,740,926)	(170,740,926)
단기대여금 증가	(30,000,000)	
장기대여금 증가	(100,000,000)	(50,000,000)
보증금 증가	(347,987,563)	(324,027,949)
차량운반구 취득	(278,027,272)	(4,179,162)
공구와 기구 취득	(76,000,000)	(4,460,000)
비품 취득	(1,012,142,444)	(725,048,106)
건설 중인 자산 증가	(4,216,180,000)	
건설 중인 무형자산 증가	(446,081,082)	(642,553,716)
기타무형자산 취득	(406,017,568)	(721,717,527)

	제16기 3분기	제15기 3분기
재무활동현금흐름	(20,599,072,727)	(3,546,665,874)
주식선택권행사	130,690,000	578,770,000
배당금지급	(5,333,014,800)	(3,990,461,100)
주식발행비용	(1,113,000)	(1,113,000)
유동성 장기차입금 상환	(113,329,958)	(133,861,774)
종속기업에 대한 소유지분 변동으로 인한 지급	(532,176,669)	
자기주식 취득	(14,750,128,300)	
환율변동효과 반영 전 현금 및 현금성자산 순증가(감소)	(9,421,955,525)	5,681,574,344
현금 및 현금성자산에 대한 환율변동효과	(726,407,476)	(994,085,652)
현금 및 현금성자산 순증가(감소)	(10,148,363,001)	4,687,488,692
기초현금 및 현금성자산	46,315,099,990	26,590,402,993
기말현금 및 현금성자산	36,166,736,989	31,277,891,685

표에서 보듯 현금이 영업활동에서 70.8억 원, 투자활동에서 40.9억 원 유입되었다. 재무활동에서는 205.9억 원이 유출되었다. 현금 유입보다 유출이 많으니 돈이 줄어드는 것은 당연하다. 이처럼 기업활동의 세 분야에서 각 현금의 유출입 상황을 보여주는 것이 현금흐름표다.

현금흐름표를 보면 다음 사항을 알 수 있다.

- 기업이 어디에 얼마를 투자했는지
- 영업활동으로 현금이 유입되었는지 아니면 유출되었는지
- 영업활동에서 현금흐름이 당기순이익보다 적다면 왜 적은지
- 당기순이익이 질적으로 좋은지, 나쁜지
- 기업이 빚을 갚는지 아니면 더 늘리는지
- 자사주를 샀는지 팔았는지
- 배당금을 얼마나 줬는지

현금흐름표는 오로지 현금의 유입과 유출 측면에서 기업활동을 들여다본다. 현금이 가장 중요하기 때문이다. 현금이 고갈되면 기업은 도산하므로 현금이 어떻게 들어오고 나가는지 추적해야 한다. 이처럼 현금 유출입을 일목요연하게 보여주는 장부가 현금흐름표다.

53

현금흐름표 작성 방법
: 직접법 vs. 간접법

세 가지 현금흐름 중 가장 중요한 영업활동현금흐름을 알아보자. 영업활동현금흐름은 영업활동에 따른 자금의 유출입 내역을 기록한 것이다. 당기순이익이 늘어날 경우 영업활동현금흐름이 좋아질까? 대체로 그렇다. 그러나 당기순이익이 전부 현금으로 유입되는 것은 아니다.

다음 표는 영업활동에서 현금의 유출입이 일어나는 항목을 보여준다. 여

▶ **영업활동에서 현금 유출입이 일어나는 내용**

현금 유입	현금 유출
매출	재고자산 구입
매출채권 회수	판매비와 일반 관리비
이자 수입	매입채무 결제
배당금 수입	이자 지급
	법인세 지급

기서 중요한 것은 현금거래만 봐야 한다는 점이다.

손익계산서는 발생주의(거래가 발생한 시점에 인식) 원칙으로 작성한다. 예를 들어 외상으로 매출이 발생해도 거래로 인식하고 수익으로 기록하지만 회사에 현금은 들어오지 않는다. 현금흐름표는 현금주의 원칙으로 작성하기 때문에 현금으로 거래한 매출만 영업활동현금흐름에 플러스로 기록한다. 재고자산 구입도 마찬가지다. 원재료를 외상으로 구입할 경우 현금이 유출되지 않는다. 이 점을 정확히 이해해야 한다.

⠿ 직접법으로 작성한 영업활동현금흐름

직접법은 영업활동과 관련해 현금의 유출입을 거래 건별로 모두 기록하는 방법이다. 여기서 괄호 표시는 유출을 의미한다.

현금매출	100
매출채권 회수	10
원재료 현금구입	(50)
종업원 월급	(30)
은행 이자 지급	(5)
법인세 납부	(10)
영업활동현금흐름:	15

직접법으로 현금흐름표를 작성할 경우 모든 거래를 기록해야 하므로 업무가 기하급수적으로 늘어난다. 기업의 입장에서 이것은 현실적인 방법이 아

니다. 또 다른 문제로 거래를 상세하게 기록하면 회사 기밀이 누출될 수 있다. 그래서 기업들은 대부분 간접법으로 현금흐름표를 작성한다.

⠿ 간접법으로 작성한 영업활동현금흐름

당기순이익	24
외상매출	(30)
법인세	+6
매출채권 감소:	+20
매입채무 증가:	+10
영업활동현금흐름:	+30

간접법은 당기순이익으로 시작하는데 당기순이익은 그해에 벌어들인 이익을 말한다. 이때 당기순이익은 서류상 이익일 뿐 실제로 회사에 유입된 현금이 아니다. 이해를 돕기 위해 다음 표를 예로 들어 간접법 현금흐름표 작성 방법을 설명하기로 하겠다.

표에 나타난 당기순이익이 24억 원이므로 간접법 현금흐름표는 당기순이익 24억 원이 현금으로 전액 유입되었다고 가정하고 계산을 시작한다. 간접법에서는 당기순이익을 맨 위에 기록한다. 그다음으로 손익계산서에서 현금이 유입되지 않은 거래를 뺀다. 가령 외상매출 30억 원은 현금 유입이 아니므로 빼준다. 법인세 6억 원은 서류상 지출일 뿐 실제로 낸 법인세가 아니다. 법인세는 결산 이듬해인 3월에 낸다. 따라서 현금 유출이 아닌데 손익계산서에 유출로 표기했으니 그만큼 더해줘야 한다.

▶ 간접법 현금흐름표

재무상태표					손익계산서	
자산		**부채**			**매출액**	100
					(외상매출)	(30)
매출채권 감소	20	매입채무 증가	10		매출원가	50
					판매관리비	20
					영업이익	30
					금융수익	
					금융비용	
		자본				
					세전순이익	30
					법인세	6
자산총계		**부채와 자본 총계**			**당기순이익**	24

　이어 재무상태표에서 현금 유출입 부분을 계산한다. 매출채권 20억 원이 감소했는데 이는 매출채권을 회수해 회사에 현금이 유입되었음을 의미한다. 현금이 유입되었으니 더해줘야 한다. 매입채무 증가는 외상으로 원재료를 구입했음을 의미한다. 외상으로 물건을 샀으니 그만큼 회사에 현금이 들어온 것이나 마찬가지라서 현금 유입이다. 이런 방식으로 간접법 현금흐름표를 작성한다.

　직접법이든 간접법이든 그 결과는 같다. 그런데 우리가 보는 현금흐름표는 전부 간접법 작성이므로 간접법 현금흐름표에 익숙해져야 한다. 중요한 것은 영업활동으로 회사에 현금이 유입되었는가 아니면 유출되었는가 하는 점이다(참고로 투자활동과 재무활동 현금흐름은 간접법과 직접법이 같다. 영업활동현금흐름만 작성법이 다르다).

　더존비즈온의 현금흐름표를 사례로 들어 간접법으로 작성한 영업활동현금흐름을 알아보자.

▶ 더존비즈온 간접법 영업활동현금흐름

제41기 3분기　2017.01.01.부터 2017.09.30.까지
제40기 3분기　2016.01.01.부터 2016.09.30.까지

(단위: 원)

	제41기 3분기	제40기 3분기
영업활동현금흐름	31,092,666,383	26,947,223,177
당기순이익(손실)	26,011,947,143	18,130,962,699
당기순이익 조정을 위한 가감	20,491,842,740	21,730,420,416
퇴직급여	3,507,825,315	3,244,274,769
대손상각비	709,544,284	412,998,741
기타 대손상각비		138,406,162
감가상각비	8,216,409,848	7,725,950,159
무형자산상각비	3,476,980,061	3,672,341,851
외화환산손실	318,518,990	374,981,566
유형자산처분손실	1,801,221	
무형자산손상차손	700,000,000	735,595,430
매도가능금융자산손상차손	3,839,662	
기타 대손충당금환입	(2,165,695,742)	
외화환산이익	(14,306,796)	(15,876,827)
유형자산처분이익	(908,090)	(24,719,330)
무형자산손상차손환입	(22,095,430)	
장기금융상품평가손실	14,473,424	
배당금수익	(19,929,180)	(1,330,000)
이자수익	(369,040,791)	(385,536,435)
이자비용	611,871,489	844,089,041
법인세비용	5,522,554,475	5,009,245,289
영업활동으로 인한 자산·부채 변동	(7,379,758,704)	(7,724,049,862)
매출채권 및 기타비유동채권 감소(증가)	3,914,030,267	8,958,709,874
기타유동자산 감소(증가)	(7,815,072,412)	(834,308,666)
기타유동금융자산 감소(증가)	10,457,900	(15,542,867,652)
재고자산 감소(증가)	142,153,848	(155,584,358)
매입채무 및 기타유동채무 증가(감소)	(2,006,898,487)	(284,689,031)
기타유동부채 증가(감소)	1,561,817,730	193,184,305
기타유동금융부채 증가(감소)	(197,507,910)	(30,199,576)
퇴직금순지급액	(13,300,521)	(28,294,758)
사외적립자산불입액	(2,975,439,119)	
법인세납부(환급)	(8,265,212,022)	(5,109,728,053)

이자수취(영업)	826,960,511	765,728,194
이자지급(영업)	(613,042,465)	(847,440,217)
배당금수취(영업)	19,929,180	1,330,000

우선 연도별 흐름을 보는 것이 중요하다. 더존비즈온은 제41기의 영업활동현금흐름이 제40기에 비해 증가했다. 그다음으로 당기순이익과 영업활동현금흐름을 비교해봐야 한다. 더존비즈온은 영업활동현금흐름이 당기순이익보다 많다. 일반적으로 기업의 영업활동현금흐름은 당기순이익보다 많다. 만약 어떤 기업의 영업활동현금흐름이 당기순이익보다 적으면 당기순이익의 질質이 별로 좋지 않다고 볼 수 있다. 이는 당기순이익에서 차감하는 것이 많음을 의미한다.

간접법은 당기순이익에서 출발한다. 그런데 당기순이익을 계산해놓은 손익계산서에는 현금의 유출입과 상관없이 거래가 성립되면 이를 기록한다. 발생주의 회계처리이기 때문이다. 이런 까닭에 실제로 현금 유출입이 수반되지 않는 거래도 있다. 이 부분을 조정해줘야 한다. 간접법 현금흐름표에서는 당기순이익이 전부 현금거래라고 가정했으니 당기순이익에서 출발해서 현금 유출입 여부를 따져야 한다. 당기순이익 조정을 위한 가감은 손익계산서 항목과 관련이 있다.

그럼 당기순이익 조정을 위한 가감의 주요 항목을 보자.

퇴직급여 35.0억 원: 퇴직급여는 미래에 임직원들이 퇴직할 것에 대비해 회사에서 미리 비용으로 계상하는 항목이다. 따라서 이 비용은 회사 밖으로 나가지 않는다. 단지 서류상으로 비용처리한 것뿐이다. 비용처리할 때 부채항목인 퇴직급여충당금이 증가한다. 퇴직급여충당금 35억 원을 비용처리했으니 당기순이익은 그만큼 감소한다. 퇴직급여충당금을 비용처리하지 않을 경우 영업활동현금흐름은 345억 원(=310억+35억)이 된다. 퇴직급여를 손익계산서에서 비용처리하고 실제로 그 돈은 회사 밖으로 나가지 않았으나 손익계산서의 당기순이익은 퇴직급여를 비용처리했다. 따라서 간접법 현금흐름표에서 영업활동현금흐름을 계산할 때는 당기순이익에 이 금액을 더해줘야한다.

감가상각비 82.1억 원: 감가상각비는 유형자산 내용 연수에 따라 정액법으로 손익계산서에서 매년 비용처리한다. 유형자산을 구입할 때 이미 현금이 나갔기 때문에 매년 감가상각비를 비용처리하더라도 현금이 나가지 않는다. 당기순이익은 감소했지만 현금 유출이 없으니 간접법으로 영업활동현금흐름을 계산할 때 당기순이익에 더해야 한다.

그다음으로 영업활동에 따른 자산·부채 변동 항목을 보자.

일반적으로 영업활동현금흐름은 당기순이익보다 크다. 심지어 당기순이익이 적자여도 영업활동현금흐름은 플러스일 수 있다. 아미코젠의 사례로 그 내용을 좀 더 살펴보자.

아미코젠의 영업활동현금흐름을 보면 제18기 3분기까지 당기순손실 6.3억

▶ **아미코젠 영업활동현금흐름 사례**

제18기 3분기 2017.01.01.부터 2017.09.30.까지
제17기 3분기 2016.01.01.부터 2016.09.30.까지

(단위: 원)

	제18기 3분기	제17기 3분기
영업활동현금흐름	7,697,436,268	5,767,024,083
당기순이익(손실)	(635,455,185)	104,314,681
당기순이익에 대한 조정	6,321,573,353	6,049,926,591
영업활동 자산부채 증감	2,622,546,481	425,211,879
이자수취	89,944,798	138,087,840
이자지급	(725,498,879)	(710,601,497)
법인세납부(환급)	24,325,700	(239,915,411)

원이 발생했지만 영업활동현금흐름은 76.9억 원이다. 적자가 났어도 현금흐름은 매우 좋았다. 어찌된 일일까? 당기순이익에 대한 조정과 영업활동 자산 부채 증감 항목을 보면 이유를 알 수 있다. 감가상각비(49억 원) 등이 많았고 운전자본(매출채권, 재고자산) 측면에서도 현금을 유입한 요인이 있었다. 아미코젠은 당기순이익이 적자지만 영업활동으로 현금을 회사 내부로 많이 유입해 자금 사정은 오히려 좋아진 경우다.

54

순이익은 왜
영업활동현금흐름과 다를까

회계에는 거래를 인식하는 두 가지 기준이 있는데 그것은 현금주의와 발생주의다. 현금주의는 현금을 받거나 지급하는 시점에 거래가 발생한 것으로 보고 이를 수익과 비용으로 인식한다. 발생주의는 현금 수령이나 지급에 관계없이 거래가 성립되었을 때 수익과 비용으로 인식한다.

현금주의는 가계부 작성을 떠올리면 쉽게 이해할 수 있다. 가계부는 입금과 출금 위주로 작성한다. 발생주의는 거래가 성립되면 입출금이 수반되지 않아도 장부에 수익과 비용으로 기록한다. 외상매출도 매출(수익)로 인식한다.

발생주의 회계에서는 다음 세 가지 시점 중에서 언제 거래가 성립되었다고 볼까?

1) 주문과 함께 계약금을 받은 시점 2) 거래처에 물건을 인도한 시점

3) 대금을 완전히 받은 시점

2)번을 거래 성립 시점으로 보고 이때 매출로 계상한다. 설령 이 시점에 물건 값을 현금으로 전부 받지 못해도 외상매출금으로 기록한다.

그러나 현금흐름표에서는 오로지 회사에 현금이 들어왔는지 아니면 나갔는지만 본다. 현금주의 원칙으로 작성하는 현금흐름표에는 회사에 아직 돈이 들어오지 않은 외상매출금은 기록하지 않는다. 재무상태표와 손익계산서는 발생주의 원칙으로 회계장부를 작성하고, 현금흐름표는 현금주의 원칙으로 작성하기 때문에 현금흐름표가 어렵게 다가온다.

다음 표는 후성과 그 종속기업의 영업 결과다.

후성은 2017년(제12기) 당기순이익이 282억 원인데 여기에 담긴 의미는 무엇일까? 이는 후성이 1년간 영업한 결과로 얻은 이익이다. 보통 이익이 나면 현금이 그만큼 증가했다고 생각한다. 하지만 발생주의와 현금주의 차이를 알고 있다면 현금이 당기순이익만큼 증가하지 않는다는 것을 이해한다.

▶ **후성과 그 종속기업 영업 결과**

(단위: 원)

과목	제12기	제11기
I. 계속영업		
매출액	248,838,269,757	192,073,255,877
매출원가	(186,571,988,385)	(132,470,933,761)
매출총이익	62,266,281,372	59,602,322,116
판매비와관리비	(26,783,775,449)	(23,168,744,694)
영업이익	35,482,505,923	36,433,577,422
기타수익	4,669,768,649	28,876,178,767
기타비용	(5,056,365,890)	(2,451,453,975)
금융수익	267,537,819	136,510,722
금융원가	(2,573,946,439)	(3,719,799,384)
관계기업 및 공동기업투자이익	510,848,801	145,618,954
법인세비용차감전순이익	33,300,348,863	59,420,632,506
법인세수익(비용)	(5,077,234,020)	6,678,340,474
계속영업당기순이익	28,223,114,843	66,098,972,980

매출액 중에는 일부 외상매출도 있기 때문이다.

아래 사례를 보면 이 부분을 더 쉽게 이해할 수 있다.

▶ 현금이 당기순이익만큼 증가하지 않는 이유

A기업 *외상매출 없음		B기업 *외상매출 30	
매출액	100	**매출액**	100
매출원가	40	매출원가	40
판매관리비	20	판매관리비	20
영업이익	40	**영업이익**	40
금융수익		금융수익	
금융비용		금융비용	
세전순이익	40	세전순이익	40
법인세	8	법인세	8
당기순이익	32	당기순이익	32
현금증가	32	**현금증가**	2

먼저 모든 수익과 비용 거래가 현금거래라고 가정해보자. 단, B기업은 외상
매출이 30억 원이다.

A기업과 B기업 모두 외상매출이 있든 없든 상관없이 당기순이익은 32억
원이다. 손익계산서는 거래가 발생한 시점에 수익과 비용을 인식하므로 외상
매출도 수익으로 인식한다. 이에 따라 두 기업의 당기순이익은 같다.

그런데 B기업은 매출액 100억 원 중에서 외상매출이 30억 원이다. 따라서
그만큼이 회사에 현금으로 들어오지 않았다. B기업의 현금 증가는 2억 원이
고 매출채권은 30억 원 증가했다. 이를 현금흐름표로 기록해보자.

A기업		B기업	
영업활동현금흐름	32	영업활동현금흐름	2
당기순이익	32	당기순이익	32
손익항목조정		손익항목조정	
자산부채 변동		자산부채 변동	
		매출채권증가	-30

두 기업은 당기순이익은 똑같아도 회사에 들어온 현금은 다르다. 이는 현금 유입이 없는 외상매출이 있기 때문이다. 이제 모든 당기순이익이 현금을 창출하는 것이 아님을 알 수 있을 것이다.

외상매출 하나만 살펴봤으나 손익계산서에는 현금 유입이 없어도 수익으로 인식하는 항목이 많이 있다. 예를 들어 2017년 7월 1일 은행의 1년 만기 정기예금 1억 원에 가입했다고 해보자. 정기예금 금리는 연 5퍼센트고 만기가 되어야 이자와 원금을 받는다. 이 회사는 2017년 12월 31일 결산보고서에 이자수입 250만 원을 기록한다. 6개월이라는 기간이 경과했기에 이를 수익으로 인식하는 것이다. 물론 이자는 2018년 6월 30일에 받는다. 이자를 받지 못했지만 기간이 경과해 수익이 발생했으니 이자수익으로 인식한다. 이렇게 수익이 250만 원 증가하면 당기순이익도 250만 원 늘어난다. 그러나 현금이 유입되지 않았기 때문에 간접법 영업활동현금흐름에서는 이자수입을 빼줘야 한다.

반대로 금융기관에서 돈을 빌린 경우를 생각해보자. 가령 은행에서 1년 만기 대출을 10억 원 받았고 대출이자율은 10퍼센트라고 해보자. 2017년 7월 1일에 받았으니 12월 31일에 이자비용은 5천만 원이다. 6개월이 경과한 뒤 이를 이자비용으로 인식하고 금융비용으로 처리한다. 그렇지만 실제 이자비용 1억 원은 2018년 6월 30일에 유출된다. 2017년말에 비용이 현금으로 유출되지 않았지만 손익계산서에는 비용처리한다. 비용처리한 만큼 당기순이익이 감소하지만 간접법 영업활동현금흐름에서는 현금이 나가지 않은 이자비용을 더해줘야 한다.

정리하면 현금으로 들어오지 않은 이자수익은 영업활동현금흐름에서 빼주고, 현금으로 지출하지 않은 이자비용은 현금흐름에 더해준다. 이를 더존 비즈온의 사례를 통해 살펴보자.

▶ 더존비즈온 사례

(단위: 원)

과목		제41기
I.영업활동현금흐름		50,080,136,632
1.당기순이익	40,580,415,768	
2.비현금 조정	30,933,706,843	
유형자산처분이익	(908,090)	
유형자산처분손실	1,801,221	
무형자산손상차손	719,000,000	
외화환산이익	(21,785,236)	
외화환산손실	620,570,017	
감가상각비	11,039,834,666	
무형자산상각비	4,663,008,356	
매도가능금융자산손상차손	1,407,412,462	
퇴직급여	4,692,329,521	
당기손익금융자산평가손실	8,321,722	
대손상각비	1,087,382,725	
기타대손충당금환입	(2,360,248,221)	
배당금수익	(24,004,941)	
이자수익	(486,220,792)	
이자비용	832,275,316	
법인세비용	8,760,114,614	
3.운전자본 조정	(13,307,010,502)	
매출채권 감소(증가)	(4,861,239,855)	
기타채권 감소(증가)	(488,833,108)	
기타금융자산 감소(증가)	(1,405,789,408)	
기타유동자산 증가	(7,145,510,185)	

358

재고자산 감소(증가)	210,388,184	
매입채무 증가	336,528,430	
기타채무 증가	784,232,775	
기타유동부채 증가	3,348,594,502	
기타금융부채 증가(감소)	(245,007,594)	
사외적립자산불입액	(3,756,397,710)	
퇴직금순지급액	(83,976,533)	
4.법인세 납부	(8,284,993,409)	
5.이자수취	962,282,786	
6.이자지급	(833,446,292)	
7.배당금 수취	24,004,941	

물론 실제로 이자가 들어오고 이자비용을 지출하기도 한다. 앞서 예를 든 정기예금은 만기인 2018년에 이자수익으로 500만 원이 들어온다. 은행에서 1년 만기 대출을 받은 경우에는 2018년 만기가 도래했을 때 이자비용 1억 원을 지출한다. 따라서 2018년 영업활동현금흐름엔 이자수취 500만 원 현금 유입, 이자지급 1억 원 현금 유출로 기록해야 한다.

이자수취 9.6억 원은 실제로 이자를 받았으니 현금 유입이기 때문에 플러스 요인이다. 이자지급 8.3억 원은 실제 이자 지급액으로 현금 유출이니 현금흐름 마이너스다. 손익계산서에서는 현금 유출과 유입이 없는 이자비용과 이자수익을 조정하고, 현금흐름표에는 실제 유출입이 있는 이자수취와 이자지급을 기록하는 것이다. 이자수취와 이자지급은 이자수익 및 이자비용과 혼동하면 안된다.

모든 수익과 비용 거래가 현금거래면 당기순이익만큼 현금이 유입된다(당기순이익=현금). 그러나 손익계산서는 발생주의 원칙으로 작성하기 때문에 현금의 유출입이 없어도 거래로 인정하고 기록한다. 따라서 당기순이익이 전액 현금은 아니다. 이 부분이 손익계산서와 현금흐름표의 차이점이다.

55

감가상각비를
현금흐름표에서 표시하는 법

감가상각비란 유형자산 가치 감소를 손익계산서에 반영해주는 비용을 말한다. 자산가치가 감소하면 감소한 부분을 손익계산서에서 비용으로 처리하는 것이다. 자산가치가 감소했는데 이를 그대로 놔두면 분식회계가 된다. 가령 자산가치가 100에서 90으로 감소했으면 감소한 자산가치 10을 손익계산서에 비용으로 처리해야 한다. 그래야 자산가치를 제대로 반영하는 것이다.

자산가치가 감소할 경우 이익도 감소한다. 감가상각비가 발생하는 유형자산뿐 아니라 재고자산, 매출채권도 마찬가지다. 재고자산 가치가 감소할 때 재고자산평가손실이 발생한다. 그러면 평가손실만큼 손익계산서에 비용처리한다. 재고자산은 평가충당금이라는 항목으로 비용을 반영한다. 매출채권도 회수할 수 없으면 자산가치가 감소하는데 이를 손익계산서에 반영한다. 유형자산, 재고자산, 매출채권 등 가치가 변동하는 모든 자산은 가치가 변한

만큼 손익계산서에 이를 반영해야 올바른 회계처리다.

이제 현금흐름과 관련해 감가상각비를 어떻게 회계처리하는지 알아보자.

ᯓ 기계를 구매하는 시점의 회계처리

대표적인 유형자산인 기계설비를 구입했을 때는 어떻게 회계처리할까? 무엇보다 현금이 회사에서 유출되는 시점에 주목해야 한다. 기계설비는 크게 두가지 방식으로 구매한다. 현금구매와 외상구매가 그것이다. 현금 30퍼센트, 외상 70퍼센트로 살 수도 있다. 중요한 것은 현금구매인가, 아니면 외상구매인가 하는 점이다. 예를 들어 현금 100으로 기계를 샀다고 가정해보자. 그러면 다음 표에서 보듯 재무상태표에는 현금 100을 유출하고 대신 유형자산인 기계장치 100이 추가된 것으로 기록한다.

▶ **현금구매와 외상구매의 차이**

현금으로 기계 구입				외상으로 기계 구입			
자산		부채		자산		부채	
현금	-100					미지급금	100
		자본				자본	
기계장치	100	자본금		기계장치	100	자본금	
		자본잉여금				자본잉여금	
		이익잉여금				이익잉여금	
자산총계		부채와 자본 총계		자산총계	100	부채와 자본 총계	100

자산총계는 변하지 않는다. 단지 현금이 유형자산으로 형태만 바뀐 것 뿐이다. 손익계산서의 당기순이익에는 영향이 없고 현금흐름표에서는 현금 100이 유출된다.

▶ 현금흐름표상 변화(현금구매)		▶ 현금흐름표상 변화(외상구매)	
영업활동현금흐름		영업활동현금흐름	100
당기순이익		당기순이익	
손익계산서 조정		손익계산서 조정	
– 감가상각비		– 감가상각비	
운전자본 증감		운전자본 증감	
– 매입채무 증감		– 매입채무 증감	100
투자활동현금흐름		투자활동현금흐름	
– 유형자산 매입	-100	– 유형자산 매입	
현금 증감	-100	현금 증감	100

기계를 외상으로 구입할 경우에는 부채가 증가한다. 앞으로 갚아야 할 미지급금이 100 증가한다. 기계를 구입했으니 자산 역시 100이 증가한다. 이로써 재무상태표의 차변과 대변이 같아진다. 이때는 기계를 구입했어도 현금 유출은 없고 오히려 실질적인 현금 유입이다. 그래서 간접법 현금흐름표에서 외상매입은 현금 유입으로 계상한다.

기계를 도입한 시점에서 보면 재무상태표의 자산항목이 변하거나(현금→기계장치) 부채가 늘어나면서 자산이 증가한다. 기계를 사도 손익계산서에는 영향이 없다. 그러나 현금흐름표에는 변화가 있다. 현금으로 살 경우 현금 유출이 발생하고 외상으로 사면 현금 유입이 일어난다. 현금 40퍼센트, 외상 60퍼센트로 살 때도 마찬가지다. 현금 40이 유출되고 미지급금 60은 현금 유입이다. 따라서 20만큼 현금 유입이다.

▶ 현금 40과 외상 60으로 기계를 구입했을 때

자산		부채	
현금	-40	미지급금	60
		자본	
기계장치	100	자본금	
		자본잉여금	
		이익잉여금	
자산총계	60	부채와 자본 총계	60

기계를 사용했을 때의 회계처리

기계에는 수명이 있다. 수명이 5년인 기계도 있고 10년인 기계도 있는데 이를 내용연수라고 한다. 그러면 앞의 사례에서 100을 주고 구입한 기계의 내용연수가 10년이라고 가정해보자. 이 기계는 매년 가치가 10씩 감소하므로 당연히 가치를 조정해 상각해야 한다. 가치가 감소했으니 손익계산서에 감소한 가치만큼 비용으로 처리한다. 이를 감가상각이라고 한다.

이제 기계를 사용한 지 1년이 지났다고 해보자. 이때 재무상태표, 손익계산서, 현금흐름표는 어떻게 변할까? 다음 표가 그 내용을 잘 보여준다.

손익계산서에서 감가상각비를 매출원가 10으로 비용처리하고 당기순이익이 10 감소한다. 재무상태표에서는 기계장치(유형자산)가 100에서 90으로 줄어든다.

이제 현금 유출입을 보자. 기계장치 가치가 감소하면 현금이 나갈까? 가치가 감소할 뿐 현금은 나가지 않는다. 가치가 감소한 만큼 손익계산서에 비용

▶ **기계장치 가치가 10 감소했을 경우 회계처리**

재무상태표

자산		부채	
		자본	
기계장치	~~100~~	자본금	
	90	자본잉여금	
		이익잉여금	-10
		기타자본항목	
자산총계	**-10**	**부채와 자본 총계**	**-10**

손익계산서

매출액	
매출원가	10
판매관리비	
영업이익	
당기순이익	**-10**

* 기계장치 가치가 100에서 90으로 감소했으니 총자산 10 감소, 손익계산서에서 10을 비용처리했으니 당기순이익 10 감소, 결산 회계 때 당기순이익은 이익잉여금으로 이월된다.
* 재무상태표 차변과 대변 일치

▶ **간접법 현금흐름표**

영업활동현금흐름	0
당기순이익	-10
손익계산서 조정	
– 감가상각비	10
운전자본 증감	
– 매입채무 증감	
투자활동현금흐름	
– 유형자산 매입	
현금 증감	0

처리해 당기순이익은 줄어들지만 현금은 유출되지 않는다. 현금 유출은 기계를 구입한 시점에 이미 발생했기 때문이다.

이처럼 감가상각비는 현금흐름에 영향을 주지 않는다. 감가상각을 해도 현금이 회사 밖으로 유출되지 않기 때문이다. 단지 자산가치가 감소하고 당기순이익이 줄어들 뿐이다. 자산 감소와 자본 감소 조합이 만들어지는 것이다. 감가상각은 현금 유출입이 없기 때문에 현금흐름에 중립적이다.

⠿ 영업현금흐름에 감가상각비가 중요한 이유

앞의 현금흐름표를 보면 당기순이익이 –10으로 적자가 났지만 영업활동현금흐름에는 전혀 변화가 없다. 손익계산서에 적자가 났어도 회사의 자금 사정에는 변화가 없다. 이는 감가상각비 때문이다.

순이익이 발생해도 영업활동현금흐름이 마이너스인 경우가 있다. 흑자가 나면 흔히 회사가 좋아졌을 거라고 생각하지만 현금흐름에서 마이너스가 난다면 자금 사정이 악화되었음을 의미한다. 이는 흑자가 났으면서도 자금 사정이 나빠진 사례다. 극단적인 경우 흑자 도산이 일어나기도 한다.

손익계산서만으로는 회사의 자금 사정을 완전히 파악할 수 없으므로 현금흐름표를 함께 살펴봐야 한다. 예를 들어 당기순이익은 적은데 영업활동현금흐름은 매우 좋은 기업도 있다. 이런 기업은 설비투자 등을 크게 진행해 왔기 때문에 감가상각비를 비용으로 많이 처리한 경우다. 아직 설비투자 효과가 본격화하지 않아 매출 증가는 미미하지만 감가상각비가 높아 당기순이익이 증가하지 않거나 오히려 감소한 상태다. 그렇지만 영업활동현금흐름은 감가상각비 효과로 상당히 좋을 수 있다.

결국 순이익이 적다고 나쁘게만 볼 필요는 없다. 잉여현금흐름이 좋기 때문이다. 잉여현금흐름은 투자자에게 매우 중요한 지표다. 사실 주가는 당기순이익보다 잉여현금흐름 증감에 더 예민하게 반응한다고 알려져 있다. 다음은 아미코젠의 2017년 연결현금흐름표다.

2017년 당기순이익이 35.7억 원 적자인데 영업활동현금흐름은 118.8억 원이다. 언뜻 적자만 보고 현금이 외부로 많이 빠져나가 회사의 자금 사정이 나빠졌다고 생각하기 쉽지만 그렇지 않다. 영업활동으로 현금이 무려 118.8억 원이나 유입되었다. 적자에도 불구하고 자금 사정은 더 좋아진 것이다.

과연 어느 부문 덕분에 현금흐름이 좋아진 걸까? 유무형자산 감가상각비 73.9억 원이 영업활동현금흐름 개선에 기여했다. 그동안 아미코젠은 공격적인 투자로 영업기반을 크게 늘려왔다. 이 때문에 비용이 많이 들어가면서 손

▶ **아미코젠 2017년 연결현금흐름표**

제18(당)기   2017.01.01.부터 2017.12.31.까지
제17(전)기   2016.01.01.부터 2016.12.31.까지

(단위: 원)

과목	제18(당)기	제17(전)기
I. 영업활동현금흐름	11,882,053,271	11,276,966,408
1. 영업으로 창출한 현금흐름	12,816,261,933	13,182,126,954
(1) 당기순이익(손실)	(3,575,367,952)	1,902,668,993
(2) 당기순이익에 대한 조정	13,600,531,996	7,765,454,484
퇴직급여	663,197,268	655,107,328
감가상각비	6,908,205,620	4,772,513,639
무형자산상각비	489,539,951	502,107,192
무형자산손상차손	3,242,748,517	–
대손상각비	151,954,801	(372,587,585)
주식기준보상	92,488,868	26,213,634
이자수익	(120,165,827)	(108,522,876)
관계기업투자손실	1,812,760,106	944,964,846
영업권손상차손	713,087,234	–
외화환산이익	(4,712,832)	(402,970,855)
단기매매증권처분이익	–	(11,095,186)

제18(당)기   2017.12.31. 현재
제17(전)기   2016.12.31. 현재

(단위: 원)

과목	제18(당)기말	제17(전)기말
자산	11,882,053,271	11,276,966,408
I. 유동자산	12,816,261,933	13,182,126,954
현금 및 현금성자산	13,480,141,412	13,215,027,604
단기금융상품	8,752,597,983	1,048,476,591
매출채권 및 기타채권	21,709,115,410	19,995,689,656
재고자산	26,686,677,590	18,711,794,852
기타유동자산	1,651,812,469	1,889,870,387
당기법인세자산	263,288,814	194,687,105
유동자산 합계	72,543,633,678	55,055,546,195
장기매출채권 및 기타채권	1,598,436,960	1,617,063,960
장기기타금융자산	4,096,432,680	2,007,750,000
관계기업투자	923,116,808	4,432,635,704
유형자산	64,784,151,032	63,225,985,892
무형자산	17,648,248,118	19,991,502,236
이연법인세자산	1,920,692,712	–
비유동자산 합계	90,971,078,310	91,274,937,792

익계산서는 좋지 않았다. 하지만 감가상각비 효과로 자금 사정이 나쁘지 않다는 것을 알 수 있다.

연결재무상태표를 보면 아미코젠의 현금성 자산과 단기금융상품을 합한 액수가 2016년보다 2017년에 증가했다. 당장 현금화가 가능한 자산이 221억 원이다. 연결실적 차원에서 자금 사정이 나쁘지 않음을 알 수 있다.

56

투자활동의 두 가지 측면
: 영업투자 vs. 지분투자

투자활동에는 두 가지 측면이 있다. 그것은 영업활동에 투자하는 것과 잉여자금을 지분투자하는 것이다. 현금흐름표를 보면 어디에 투자했는지 알 수 있다. 다음 표는 아미코젠의 투자활동 내역이다. 굵게 표시한 부분이 영업활동에 투자한 것이고 나머지 자금은 영업외활동에 운용한 것이다.

보다시피 제18기 3분기의 투자활동현금흐름이 (261.3억 원)이다. 여기서 괄호 표시는 현금이 나갔다는 것을 의미한다. 아미코젠은 2017년 3분기말까지 투자활동에서 현금이 회사 밖으로 261.3억 원 빠져나갔다. 그 구체적인 세부항목을 살펴보자.

먼저 단기금융상품이 16.2억 원 감소했다. 단기금융상품은 만기가 1년 이내인 금융상품이다. 만기가 되어 해지하면 단기금융상품이 감소하고 회사에 그만큼 현금이 들어온다. 몇 줄 밑에 보면 단기금융상품 증가가 (100.5억 원)

제18기 3분기　2017.01.01.부터 2017.09.30.까지
제17기 3분기　2016.01.01.부터 2016.09.30.까지

(단위: 원)

과목	제18기 3분기	제17기 3분기
투자활동현금흐름	(26,135,111,483)	(8,091,139,732)
단기금융상품 감소	1,625,138,000	4,897,414,688
단기대여금 감소		32,241,222
유동성보증금 감소	725,160,000	112,603,970
유형자산 처분	18,040,555	17,727,273
단기매매증권 처분		3,074,372,232
보증금 감소	47,364,580	133,500,000
단기금융상품 증가	(10,052,239,741)	(2,337,694,287)
만기보유금융자산 취득		(500,000,000)
매도가능금융자산 취득	(1,135,142,820)	
단기대여금 증가	(9,659,720)	
장기기타금융자산 취득	(83,500,000)	(450,000,000)
종속기업에 대한 투자	(2,903,441,800)	
관계기업에 대한 투자　영업활동을 위한 투자		(812,501,600)
유형자산 취득	(9,381,300,964)	(9,611,678,199)
무형자산 취득	(1,656,897,173)	(1,973,934,122)
보증금 증가	(22,320,000)	(541,000,000)
유동성보증금 증가	(3,306,312,400)	(132,190,909)

으로 나온다. 이는 단기금융상품을 매입해 현금이 회사 밖으로 유출되었음을 의미한다. 단기금융상품은 만기가 오면 팔고 다시 산다.

종속기업에 대한 투자는 (29.0억 원)으로 나온다. 종속기업에 자금을 투자해 현금이 빠져나갔다는 의미다. 유형자산 취득은 (93.8억 원)으로 나온다. 설비투자를 하거나 토지를 사서 현금이 회사 밖으로 나간 것이다. 무형자산 취득도 마찬가지로 이해하면 된다.

종합해보면 아미코젠은 2017년 3분기까지 영업활동을 위한 투자에 약 139억 원을 썼고, 영업외투자활동(금융자산 투자, 매도가능금융자산 투자 등)에

▶ **아미코젠 지분투자 내역**

법인명	최초 취득일자	출자목적	최초 취득금액	기초잔액		
				수량	지분율	장부가액
산동애미과생물 기술유한공사 (비상장)	2014. 03.06.	중국 내 헬스&뷰티 사업영역 확장	262	1,500,000	46.15	262
아미코젠씨앤씨㈜ (비상장)	2014. 04.18.	키틴키토산 사업 영역 강화	900	215,575	69.54	900
㈜셀리드 (비상장)	2014. 06.11.	면역진단사업의 다각화	1,500	343,750	30.37	1,813
바이오코젠㈜ (비상장)	2014. 10.24.	식물성 유산균 기술확보 및 Vegan Yogurt 시장 진출	2,000	166,334	49.90	2,017
㈜스킨메드 (비상장)	2015. 07.15.	코스메슈티컬 화장품 사업 진출	2,100	600,000	43.82	2,100
㈜아미코젠퍼시픽 (비상장)	2015. 08.10.	건강기능식품의 유통채널 확대	3,200	102,000	71.15	4,000
아미코젠(중국) 바이오팜유한회사 (비상장)	2015. 09.28.	중국 내 Green API사업 진출	29,222	44,160,000	55.20	32,126
㈜클리노믹스 (비상장)	2015. 11.25.	면역진단사업의 다각화	500	1,467,392	35.21	1,000
합계				–	–	44,218

* 지분율에서 굵게 표시한 부분은 종속회사로 연결실적 대상이다.

▶ **아미코젠 매도가능금융자산 투자 내역**

(단위: 원)

구분	당분기말	
	취득원가	장부금액
시장성 없는 지분증권		
Labmaster Oy	357,750,000	357,750,000
㈜지파워	500,000,000	500,000,000
BIO WORKS Technologies AB	1,135,142,820	1,135,142,820
전환사채		
㈜제일그린산업	500,000,000	500,000,000
㈜펄자임	350,000,000	350,000,000
㈜클리노믹스	300,000,000	300,000,000
합계	3,142,892,820	3,142,892,820

122억 원을 썼다. 이로써 기업이 영업활동에 필요한 투자 외에 금융자산을 사거나 지분투자도 한다는 것을 알 수 있다.

앞의 표는 아미코젠의 지분투자 내역이다. 이 외에도 아미코젠은 매도가능금융자산에도 투자했다.

아미코젠은 개별재무제표 자본총계가 997억 원이다. 한편 아미코젠이 지금까지 종속기업이나 관계기업 그리고 매도가능금융자산에 투자한 돈이 무려 473억 원이다. 이는 아미코젠의 개별 자본총계를 절반이나 넘어서는 수준이다. 상당히 큰 금액을 계열사와 관계사에 투자했음을 알 수 있다.

57

영업이익보다 더 중요한 EBITDA

흔히 영업이익보다 EBITDA 지표가 더 중요하다고 말한다. 기업이 영업활동으로 현금을 창출하는 능력을 알려면 EBITDA를 봐야 한다. 그럼 먼저 영업이익에 담긴 의미를 살펴보고 EBITDA를 알아보자.

영업이익에 담긴 의미

영업이익은 이자와 세금을 내기 전에 회사가 벌어들인 이익을 말한다. 영업이익에서 부채와 관련해서 이자비용을 지불하고 세금을 내면 주주이익인 당기순이익이 결정된다.

손익계산서에서 영업이익은 중요한 곳에 위치하고 있다. 매출액에서 매출

▶ 손익계산서로 보는 영업이익

손익계산서

매출액	
(−)매출원가	(감가상각비)
(−)판매관리비	(감가상각비)
영업이익	
금융수익	
금융비용	이자
세전순이익	
법인세	세금
당기순이익	

원가와 판관비를 빼면 영업이익이 나온다. 이는 영업활동으로 벌어들이는 마진율을 의미하며 마진율이 높을수록 경쟁력이 있다.

예를 들어 영업이익률이 20퍼센트인 A기업과 10퍼센트인 B기업이 있다고 해보자. 이 경우 A기업이 B기업보다 경쟁력이 있다. 만일 A기업이 B기업의 마진율을 없애버리는 선까지 가격을 내리면 B기업을 시장에서 밀어낼 수 있다. 가격을 10퍼센트 인하할 경우 A기업은 영업이익률이 10퍼센트 하락하지만 B기업은 영업이익을 낼 수 없다. 이자비용을 지불하고 나면 당기순이익이 적자가 된다.

이처럼 영업이익률은 기업의 생존과 관련된 중요한 지표다. 영업이익 밑에 금융비용이 있는데 이는 영업이익에 상관없이 지불해야 한다. 심지어 영업적자가 발생해도 지불한다. 그러므로 주주에게 돌아갈 몫이 남아 있으려면 금융비용보다 영업이익이 커야 한다.

∷ EBITDA에 담긴 의미

영업이익은 기업의 생존과 직결되는 동시에 주주의 몫을 결정하는 이익이다. 한데 영업이익은 서류상의 이익일 뿐 현금 유출입을 의미하지는 않는다. 현금 유출이 없는 감가상각비 같은 비용 때문에 영업이익과 영업활동현금흐름에는 차이가 발생한다. 감가상각비와 영업활동현금흐름에 어떤 관련이 있는지 알아보자. 다음 표는 이해를 돕기 위해 예시한 것이다.

▶ 감가상각비와 영업활동현금흐름 관계

손익계산서

매출액	1,000	
(−)매출원가	500	감가상각비 150
(−)판매관리비	300	감가상각비 20
영업이익	200	
금융수익		
금융비용	(이자)	
세전순이익		
법인세	(세금)	
당기순이익		

먼저 영업활동현금흐름을 계산하면 감가상각비는 현금 유출이 없는 비용이라 당기순이익에 더해준다. 그러므로 영업활동에 따른 실질적인 현금 유입은 200이 아니라 370이다. 영업이익보다 훨씬 큰 현금이 유입된다. 즉, 영업활동으로 현금을 창출한 것이다.

여기서 왜 감가상각비만 감안하는 것일까? 유형자산 투자는 기업의 영업경쟁력을 결정하고, 감가상각비는 유형자산과 관련된 가장 중요하고 커다란 비용이기 때문이다. 유형자산으로 현금을 얼마나 창출할 수 있는지 알아보는 지표가 바로 EBITDA다.

EBITDA = 영업이익 + 감가상각비

EBITDA는 많은 설비를 갖춘 기업의 영업활동현금흐름 창출 능력으로 봐도 무방하다. 영업이익은 200이지만 감가상각비 170은 현금으로 지출한 비용이 아니므로 회사가 실질적으로 창출한 현금흐름에 속한다. 결국 이 회사의 영업활동현금흐름 창출 능력은 200이 아니라 370으로 보더라도 무방하다. 이로써 감가상각비가 EBITDA에 커다란 영향을 준다는 걸 알 수 있다.

EBITDA는 이자$_I$, 세금$_T$, 유형자산상각$_D$, 무형자산상각$_A$을 차감하기 전 Before 이익Earnings을 의미한다. 쉽게 말하면 '영업이익+감가상각비'다. 기업의 영업활동현금흐름 창출 능력은 EBITDA로 알 수 있다. 어느 기업에든 감가상각비가 있기 때문에 EBITDA는 항상 영업이익보다 크다. 증권사 분석 자료는 EBITDA를 계산해서 보여주므로 둘을 비교해볼 수 있다.

다음 표는 증권사에서 분석한 후성의 영업이익과 EBITDA 자료다.

증권사는 후성의 2018년 영업이익을 680억 원, EBITDA를 977억 원으로

▶ **후성 영업이익과 EBITDA**

(단위: 십억 원)

	2015	2016	2017E	2018E	2019E
매출액	161.2	192.1	257.0	320.9	456.6
증가율(Y−Y,%)	(13.8)	19.2	33.8	24.8	42.3
영업이익	15.2	36.4	43.7	68.0	107.3
증가율(Y−Y,%)	흑전	139.6	19.9	55.6	57.8
EBITDA	29.6	54.7	50.4	97.7	140.2

추정하고 있다. 두 금액은 감가상각비만큼 차이가 나는데 감가상각 규모가 매우 크다는 것을 알 수 있다. 이는 영업활동으로 영업이익보다 더 많은 현금을 회사 내에 유입한다는 의미다.

이제 설비투자 규모와 감가상각비를 비교해보자.

▶ **후성 설비투자 규모와 감가상각비**

(단위: 십억 원)

	2015	2016	2017E	2018E	2019E
영업활동현금흐름	34.6	34.9	19.1	60.3	76.4
당기순이익	13.7	65.6	34.7	56.4	87.3
자산상각비	14.4	18.3	6.7	29.7	32.9
운전자본 증감	7.0	(19.6)	(47.9)	(14.9)	(22.8)
매출채권 감소(증가)	(3.0)	(6.1)	(2.1)	(14.3)	(21.9)
재고자산 감소(증가)	9.6	(4.8)	(2.7)	(10.0)	(15.4)
매입채무 증가(감소)	2.8	(9.5)	6.0	9.1	13.9
투자현금	(40.9)	(13.3)	(34.5)	(61.8)	(40.0)
단기투자자산 감소	(0.8)	(2.5)	5.0	(0.1)	(0.1)
장기투자증권 감소	(4.2)	0.0	(0.2)	(0.2)	(0.2)
설비투자	(36.3)	(9.8)	(39.1)	(60.0)	(38.0)

후성의 2018년 영업활동현금흐름 추정치는 603억 원인데 설비투자에 600억 원을 투입할 예정이다. 영업활동으로 유입된 금액을 대부분 설비투자에 사용한다는 얘기다.

현금흐름표를 볼 때는 감가상각비와 설비투자 규모를 비교해야 한다. 감가상각비 규모 내에서 투자하는지 아니면 그보다 더 많이 투자하는지 알아봐야 한다. 만일 감가상각비보다 더 많이 설비투자를 하면 잉여현금흐름은 줄어든다.

잉여현금흐름은 영업활동현금흐름에서 설비투자 금액을 제외한 개념이다. 일반적으로 잉여현금흐름이 큰 기업이 좋다. 설비투자를 많이 해서 미래의 현금흐름 창출 능력을 확대하는 것도 좋지만, 기업의 현금 창출 능력을 감안해 투자 규모를 결정해야 한다. 무리하게 설비투자를 많이 할 경우 자금 사정이 악화된다. 감가상각비 한도 내에서 설비투자를 하면 영업활동현금흐름은 크게 훼손되지 않는다.

58

현금흐름표 확인하기
법인세비용 vs. 법인세 납부

다음에 예시한 표는 더존비즈온의 손익계산서다. 아래쪽에 법인세비용이 나온다.

　손익계산서에 나오는 법인세비용은 실제로 법인세를 납부한 내용을 기록한 것이 아니다. 세전순이익 493.4억 원을 감안해 기업회계 기준에 따라 내야 할 세금을 회사에서 자체적으로 추정하고 비용처리한 것이다. 실제 법인세 납부는 회계연도 종료 후 3개월 내에 한다. 즉, 법인세비용 87.6억 원은 2018년 3월말까지 세무서에 내면 된다. 2017년말 기준 회계처리할 때는 법인세를 추정해서 기록하는 것이다.

　주의할 것은 회사에서 계산한 법인세비용이 실제 납부해야 할 세금과 다르다는 점이다. 세법은 기업회계 기준과 세금 산정방식이 다르기 때문이다. 그렇다고 금액에 큰 차이가 있는 것은 아니다.

▶ 더존비즈온 손익계산서

(단위: 원)

구분	제41기	제40기
매출액	205,605,874,624	176,766,995,761
매출원가	84,090,666,510	71,810,027,933
매출총이익	121,515,208,114	104,956,967,828
판매비와관리비	69,830,380,157	66,544,816,562
영업이익	51,684,827,957	38,412,151,266
기타수익	2,650,578,720	1,163,096,645
기타비용	3,762,592,970	3,608,583,986
금융수익	545,803,361	1,056,001,930
금융원가	1,778,086,686	1,435,878,795
법인세비용차감전순이익	49,340,530,382	35,586,787,060
법인세비용	8,760,114,614	7,348,383,865
당기순이익	40,580,415,768	28,238,403,195

앞서 말했듯 영업활동현금흐름에서 현금을 지출하지 않았는데 비용처리한 것은 현금흐름 계산에서 더해줘야 한다. 따라서 법인세비용은 영업활동현금흐름에 더해준다.

다음 표는 더존비즈온의 사례인데 보다시피 법인세비용을 영업활동현금흐름에 더했다(380쪽 표 참조). 여기서 '2. 비현금 조정'은 손익계산서상에서 현금 유출이 없었는데 비용처리한 것과 현금 유입이 없었는데 수익처리한 것을 조정하는 항목이다.

'3. 운전자본 조정'은 매출채권, 매입채무, 금융자산, 부채 등이 변동할 때 이를 조정해주는 항목이다. 운전자본은 재무상태표에 해당하는 항목이다. 예를 들어 매출채권이 증가하면 현금이 회사 밖으로 빠져나가는데 이런 부분을 조정해주는 항목이다.

조정항목은 더 있다. 법인세 납부, 이자, 배당금 부분이다. 법인세를 납부하면 현금이 줄어 이를 영업활동현금흐름에서 빼야 한다. 가령 2016년 사업을

▶ 더존비즈온 현금흐름표

(단위: 원)

과목	제41기		제40기	
I.영업활동현금흐름		50,080,136,632		49,616,235,395
1.당기순이익	40,580,415,768		28,238,403,195	
2.비현금 조정	30,933,706,843		30,263,654,590	
유형자산처분이익	(908,090)		(24,719,330)	
유형자산처분손실	1,801,221		–	
무형자산손상차손	719,000,000		739,095,430	
외화환산이익	(21,785,236)		(422,728,815)	
외화환산손실	620,570,017		40,187,262	
감가상각비	11,039,834,666		10,402,491,525	
무형자산상각비	4,663,008,356		4,937,525,628	
매도가능금융자산손상차손	1,407,412,462		1,700,000,000	
퇴직급여	4,692,329,521		4,366,886,366	
당기손익금융자산평가손실	8,321,722		–	
대손상각비	1,087,382,725		1,617,193,451	
기타 대손충당금환입	(2,360,248,221)		(962,414,083)	
배당금수익	(24,004,941)		(4,904,653)	
이자수익	(486,220,792)		(553,833,136)	
이자비용	832,275,316		1,080,491,080	
법인세비용	8,760,114,614		7,348,383,865	
3.운전자본 조정	(13,307,010,502)		(3,593,510,467)	
매출채권 감소(증가)	(4,861,239,855)		6,357,292,962	
기타채권 감소(증가)	(488,833,108)		182,108,717	
기타금융자산 감소(증가)	(1,405,789,408)		81,378,122	
기타유동자산 증가	(7,145,510,185)		(5,189,212,765)	
재고자산 감소(증가)	210,388,184		(534,951,965)	
매입채무 증가	336,528,430		610,105,098	
기타채무 증가	784,232,775		1,018,825,504	
기타유동부채 증가	3,348,594,502		1,956,023,903	
기타금융부채 증가(감소)	(245,007,594)		246,778,192	
사외적립자산불입액	(3,756,397,710)		(8,240,393,892)	
퇴직금순지급액	(83,976,533)		(81,464,343)	
4.법인세납부	(8,284,993,409)		(5,120,240,697)	
5.이자 수취	962,282,786		919,601,896	
6.이자 지급	(833,446,292)		(1,096,577,775)	
7.배당금 수취	24,004,941		4,904,653	
II.투자활동현금흐름		(23,555,181,044)		(24,142,867,470)

통해 발생한 법인세를 2017년에 납부하면 재무상태표의 현금이 줄어든다. 2016년말에 법인세를 계산했다가 이듬해인 2017년 3월 납부하면 2017년에 현금이 유출되기 때문이다.

더존비즈온은 2016년(제40기) 손익계산서의 법인세비용으로 73.4억 원을 계상했는데 2017년(제41기) 현금흐름표의 법인세 납부를 보면 실제로 세금은 82.8억 원을 납부했다. 회사가 계산한 법인세비용보다 세금을 조금 더 낸 것이다. 이는 기업회계 기준과 세법상의 세금 계산 차이 때문이다.

정리하면 손익계산서의 법인세비용은 현금 유출이 없는 비용이므로 영업활동현금흐름에 더해준다. 반면 법인세 납부는 재무상태표에 현금 감소를 일으키므로 영업활동현금흐름에서 빼준다. 법인세비용과 법인세 납부를 구분해야 한다.

59

투자활동현금흐름
: 설비투자

투자활동현금흐름을 살펴보자. 다음 표는 후성의 재무상태표 중 투자활동
과 관련된 부분이다.

표에서 굵게 표시한 부분 중 첫 번째와 두 번째는 금융자산에 투자한 것이
고 마지막은 설비투자와 무형자산투자다. 이처럼 기업의 투자는 크게 설비
투자와 금융자산투자로 나뉜다. 투자활동현금흐름은 이 부분의 현금 유출
입을 보는 것이다.

직접법과 간접법 현금흐름표 작성에서 영업활동현금흐름은 작성 방식이
다르지만 투자활동과 재무활동은 어느 방식이든 같다. 후성의 투자활동현
금흐름을 보자.

투자활동현금흐름은 증가와 감소, 취득과 처분이 쌍으로 존재한다. 이에
따라 단기금융자산, 단기대여금, 장기금융자산, 보증금 등은 감소·증가라는

(단위: 원)

과목	제12기말	제11기말
자산		
Ⅰ. 유동자산	107,280,032,420	86,512,073,371
현금 및 현금성자산	34,764,202,398	20,274,922,794
단기금융자산	1,340,000,000	2,150,000,000
매도가능금융자산	6,546,000,000	–
당기손익인식금융자산	556,692,480	473,971,810
매출채권 및 기타채권	35,643,842,664	38,906,179,433
재고자산	26,106,412,634	21,655,462,181
기타유동자산	2,322,882,244	3,051,537,153
Ⅱ. 매각예정비유동자산	–	36,719,111,452
Ⅲ. 비유동자산	208,834,936,985	187,700,247,867
장기금융자산	269,000,000	109,000,000
매도가능금융자산	15,736,317,064	12,593,064,634
공동기업투자	3,233,044,553	2,606,764,628
관계기업투자	16,498,748,522	–
유형자산	162,031,296,767	159,528,991,344
무형자산	3,456,271,478	3,643,850,042
기타비유동금융자산	1,539,394,926	416,526,411
이연법인세자산	6,070,863,675	8,802,050,808
자산총계	316,114,969,405	310,931,432,690

용어를 쓴다. 유형자산과 무형자산, 매도가능금융자산은 처분·취득이라는 용어를 사용한다.

금융자산 감소는 금융자산 매각을 의미하며 이는 현금이 회사로 유입된 것이다. 2017년 단기금융자산 18억 원을 매각한 후성은 단기금융자산이 감소했다. 대신 그만큼 현금이 유입되었다. 단기금융자산 증가는 8.5억 원인데 이는 단기금융자산을 사면서 현금 8.5억 원이 회사 밖으로 빠져나갔음을 의미한다. 마찬가지로 장기금융자산, 대여금, 보증금 등도 같은 관점으로 분석한다.

유형자산(설비, 토지, 건물 등)은 처분한 만큼 현금이 회사에 들어오고 취

▶ 후성 투자활동현금흐름표

제12기 2017.01.01.부터 2017.12.31.까지
제11기 2016.01.01.부터 2016.12.31.까지

(단위: 원)

과목	제12기	제11기
II. 투자활동현금흐름	(31,557,968,773)	(13,310,809,589)
단기금융자산 감소	1,800,000,000	3,740,000,000
단기대여금 감소	14,024,326,900	19,016,520
유형자산 처분	134,522,722	558,511,176
무형자산 처분	360,909,090	767,655
단기금융자산 증가	(850,000,000)	(2,270,000,000)
매도가능금융자산 취득	(6,698,400,000)	–
단기대여금 증가	(10,031,250,980)	(4,018,110,880)
장기금융자산 증가	(300,000,000)	(1,345,000,000)
보증금 감소	2,662,000	–
유형자산 취득	(29,615,247,105)	(9,821,547,172)
무형자산 취득	(385,491,400)	(174,446,888)

득한 만큼 현금이 나간다. 후성은 제12기에 유형자산 1.3억 원을 처분했고 296.1억 원을 취득했다. 무형자산도 동일한 과정에서 보면 된다.

이처럼 투자활동현금흐름은 직접법과 간접법이 동일하기 때문에 직관적으로 이해하기가 쉽다.

금융자산이나 매도가능증권에 자금을 투자하는 것과 유무형자산에 투자하는 것은 구분할 필요가 있다. 금융자산 투자는 기업의 잉여자금을 영업과 관련이 없는 곳에 운용하는 것이고, 유무형자산 투자는 영업과 직접 관련이 있기 때문이다. 일반적으로 영업과 관련된 투자를 우선 진행하고 잉여자금이 생기면 금융자산에 운용한다. 만일 설비투자 자금이 부족할 경우 우선 금융자산을 매각해 조달한다. 제조업체에서 금융자산에 투자하는 것은 설비투자를 위한 자금 비축용 창고 정도로 이해하면 된다.

⚙ 영업 관련한 실질 투자금액 확인하기

아래 표는 후성의 재무상태표로 유형자산이 제11기 1,595.2억 원에서 제
12기 1,620.3억 원으로 약 25.1억 원 증가했다. 그렇다면 후성의 제12기 유형
자산 투자 규모는 어느 정도일까?

투자활동현금흐름표의 유형자산 취득액 296.1억 원이다. 이 금액이 1년
동안 후성이 유형자산에 투자한 규모일까? 그렇지 않다. 유형자산을 외상으
로 취득했을 수도 있다. 유형자산을 외상으로 취득했다면 이 부분은 미지급
금으로 부채항목에 계상한다. 그러므로 전체 유형자산 투자금액을 알려면

▶ **후성 재무상태표**

(단위: 원)

과목	제12기말	제11기말
자산		
Ⅰ. 유동자산	107,280,032,420	86,512,073,371
현금 및 현금성자산	34,764,202,398	20,274,922,794
단기금융자산	1,340,000,000	2,150,000,000
매도가능금융자산	6,546,000,000	–
당기손익인식금융자산	556,692,480	473,971,810
매출채권 및 기타채권	35,643,842,664	38,906,179,433
재고자산	26,106,412,634	21,655,462,181
기타유동자산	2,322,882,244	3,051,537,153
Ⅱ. 매각예정비유동자산	–	36,719,111,452
Ⅲ. 비유동자산	208,834,936,985	187,700,247,867
장기금융자산	269,000,000	109,000,000
매도가능금융자산	15,736,317,064	12,593,064,634
공동기업투자	3,233,044,553	2,606,764,628
관계기업투자	16,498,748,522	–
유형자산	162,031,296,767	159,528,991,344
무형자산	3,456,271,478	3,643,850,042
기타비유동금융자산	1,539,394,926	416,526,411

▶ 후성 유형자산 변동 내역

(단위: 천 원)

구분	토지	건물	구축물	기계장치	기타 유형자산	건설중인 자산	합계
기초장부가액							
취득원가	18,939,922	35,412,912	26,611,665	233,701,570	21,122,132	7,324,775	343,112,976
감가상각누계액	–	(8,158,365)	(8,934,919)	(134,081,833)	(14,595,156)	–	(165,770,273)
손상차손누계액	–	–	(1,578,480)	(16,214,482)	(1,412)	–	(17,794,374)
정부보조금	–	–	–	–	(19,338)	–	(19,338)
순장부가액	18,939,922	27,254,547	16,098,266	83,405,255	6,506,226	7,324,775	159,528,991
기중변동액							
취득	–	106,151	–	1,134,194	1,488,615	28,599,093	31,328,053
대체	–	565,987	3,200,580	6,821,945	1,950,766	(13,007,145)	(467,867)
처분	–	608,342	(704,677)	(1,187,624)	(19,292)	–	(1,303,251)
감가상각비	–	(1,748,676)	(1,234,194)	(19,463,043)	(2,599,135)	–	(25,045,048)
손상차손환입	–	–	186,675	386,488	–	–	573,163
환율차이	–	(1,733,957)	–	(834,232)	(1,852)	(12,704)	(2,582,745)
기말순장부가액	18,939,922	25,052,394	17,546,650	70,262,983	7,325,328	22,904,019	162,031,296

주석사항을 봐야 한다.

후성의 유형자산 금액을 보면 기초에 1,595.2억 원이고 기말에 1,620.3억 원이다. 장부가액 기준으로 25.1억 원이 증가했다. 그렇다면 후성은 1년 동안 유형자산에 25.1억 원을 투자했을까? 그렇지 않다. 실제로 1년 동안 유형자산 투자금액은 주석사항의 '취득'항목에 있는 313.2억 원이다. 감가상각비 250.4억 원으로 인해 유형자산 규모가 크게 증가하지 않은 것처럼 보이는 것이다.

유형자산에서 주목해야 할 부분은 감가상각비와 투자활동현금흐름에 있는 유형자산 취득액이다. 이 항목은 앞으로 다룰 잉여현금흐름에서 설명할 것이다. 후성은 신규 설비투자로 313.2억 원을 집행했고 감가상각비는 250.4억 원이다.

60

투자활동
: 설비투자와 감가상각비

토지를 제외한 유형자산은 감가상각 대상이므로 매년 일정 금액을 비용으로 처리해야 한다. 이러한 감가상각은 손익계산서상에서 이익 규모에 영향을 미치지만 현금흐름에는 영향을 주지 않는다. 통상적으로 비용은 현금 지출을 의미한다. 그러나 감가상각비는 비용으로 떨어내도 현금이 나가지 않는다. 다만 유형자산 가치가 감소하므로 감소한 만큼 자산을 줄이는 것이다. 자산가치가 감소했는데 그걸 그대로 둘 수는 없지 않은가. 예컨대 자산가치가 100이었는데 시간이 흐르면서 가치가 10이 감소했다면 이제 자산가치는 90이다. 이처럼 자산가치가 감소할 때 이를 반영해 재무상태표에 90으로 기록한다.

손익계산서는 자산이 벌어다주는 돈의 내역을 일목요연하게 기록한 장부다. 자산은 '경제적 효익을 가져다주는 것'으로 정의한다. 자산은 돈을 벌어다주며 자산이 돈을 벌기 위해서는 자산을 사용해야 한다. 이를테면 기계장치는 사용할수록 마모가 일어나 가치가 떨어진다. 이때 자산으로써 돈을 벌어다준 부분과 마모로 인해 가치가 감소한 부분을 모두 반영해야 한다. 그래야 자산이 정확히 얼마를 벌어다줬는지 알 수 있다. 이것을 식으로 표시하면 다음과 같다.

자산이 실제로 벌어들인 돈 = 자산이 벌어준 돈 − 자산가치 감소(감가상각)

손익계산서는 일정 기간 동안 자산이 얼마나 돈을 벌어들였는가를 따진다는 의미에서 이처럼 도식화할 수 있다. 개인택시사업에 비유해보자. 먼저 자본금 2,000만 원으로 택시를 구입한다. 이는 영업활동을 위해 자산을 구성하는 행위다. 재무상태표에서 내 자산은 2,000만 원이다. 다음 표는 사업 첫해 1월 1일의 재무상태표와 손익계산서다.

▶ 사업 첫해 1월 1일 재무상태표와 손익계산서

재무상태표				손익계산서	
자산		부채		매출액	
				매출원가	
				판매관리비	
유형자산	2,000				
		자본		영업이익	
		자본금	2,000	세전순이익	
				법인세	
		이익잉여금			
자산총계	2,000	부채와 자본 총계	2,000	당기순이익	

이제 사업을 시작해 1년간 택시 영업으로 돈을 번다. 영업 결과는 손익계산서에 기록하고 연간 결산서도 작성한다. 가령 한 달에 200만 원씩 번다면 1년에 2,400만 원의 수익을 올린다. 구입한 택시를 5년간 사용하면 폐차한다고 가정해보자. 1년 동안 사용할 경우 자동차 가치가 400만 원 감소해 1,600만 원이 된다. 영업 1년 후인 12월 31일 재무상태표와 손익계산서를 작성해보자.

1년간 자산으로 벌어들인 돈: 2,400만 원
1년간 감소한 자산가치 금액: 400만 원
―――――――――――――――――――――――――――
1년간 증가한 자산가치: 2,000만 원

* 다른 비용은 일체 없다고 가정한다.

이 내용을 재무상태표와 손익계산서에 기록하면 다음과 같다.

▶ **사업 1년 후 결산 내역(12월 31일)**

재무상태표					손익계산서	
자산		**부채**			**매출액**	2,400
현금	2,400					
					매출원가	400
					판매관리비	
유형자산	2,000					
	-400	**자본**			**영업이익**	
	1,600					
		자본금	2,000		세전순이익	
					법인세	
		이익잉여금	2,000			
자산총계	4,000	**부채와 자본 총계**	4,000		**당기순이익**	2,000

택시 영업으로 요금을 전액 현금으로 받아 매출액 2,400만 원이 현금으로 들어왔다. 유형자산은 2,000만 원에서 가치가 400만 원 감소해 1,600만 원이 되었다. 그 감소한 부분은 감가상각비로 비용처리한다. 한 해 동안 이익은 2,000만 원이며 결산이 끝났으니 이를 재무상태표 이익잉여금 계정으로 이월한다.

이렇게 이월하는 부분을 좀 더 생각해보자. 손익계산서는 1년간 자산이 벌어들인 돈과 지출한 비용을 계산하는 장부다. 여기에는 어디서 얼마를 벌었고 얼마나 지출했는지 일목요연하게 적는다. 1년간 수익과 비용을 비롯해 그 결과인 이익을 기록한다.

그다음 해에 다시 1년간 영업을 시작할 때는 제로에서부터 출발한다. 다음 해 1월 1일 손님을 태우기 전에 손익계산서는 모든 항목이 제로여야 한다. 이렇게 손익계산서를 비우는 것을 결산회계라고 한다. 이익이든 손실이든 비워야 한다. 그렇게 비우는 곳이 재무상태표의 자본항목 내에 있는 이익잉여금 계정이다. 손익을 이익잉여금 계정에 비우고 다음 해 손익계산서를 다시 시작한다.

재무상태표의 왼쪽과 오른쪽은 일치한다. 이제 현금흐름 차원을 생각해보자. 매출액 2,400만 원을 전액 현금으로 받으면 그만큼 현금이 유입되었는데 손익계산서를 보면 순이익이 2,000만 원이다. 손익계산서만 보면 회사에 현금이 얼마나 유입되었는지 알 수 없다. 현금흐름을 파악할 수 없다.

이때 손익계산서를 토대로 현금흐름을 파악해보는 것이 현금흐름표다. 당기순이익이 전부 현금이라 가정하고 계산해보는 것이다. 당기순이익이 전액 현금이려면 매출액이나 비용항목을 전부 현금으로 지출해야 한다. 그런데 비용으로 처리한 것 중에서 현금으로 지출하지 않은 것이 있으면 당기순이익에 더해줘야 한다. 이런 비용을 '현금 지출이 없는 비용'이라고 한다. 이 지출을 현금흐름표에서 당기순이익에 더해준다. 앞의 표에서 '당기순이익 2,000+현금 지출이 없는 비용(감가상각비) 400=현금 유입액 2,400'이다. 이것은 재무상태표에 있는 현금과 일치한다.

유형자산 가치가 감소해도 비용으로 현금이 나가지는 않는다. 유형자산은 매입할 때만 현금이 유출된다. 가치가 감소했다고 현금이 유출되는 것은 아니다. 단지 가치가 감소했다는 사실을 재무상태표에 적는 것뿐이다. 그리고 그만큼을 손익계산서에 비용으로 회계처리한다. 이는 앞서 말한 대로 자산이 실제로 벌어들인 돈을 계산해보기 위해서다.

아무튼 이 사례에서는 1년간 영업한 결과 자산가치가 2,000만 원 증가했다. 첫해 결산을 끝내고 2년차 재무상태표와 손익계산서는 아래 표처럼 시작한다. 손익계산서를 비운 상태로 출발한다.

▶ **2년차 사업 시작 첫날**

재무상태표

자산		부채	
현금	2,400		
유형자산	1,600		
		자본	
		자본금	2,000
		이익잉여금	2,000
자산총계	4,000	**부채와 자본 총계**	4,000

손익계산서

매출액	
매출원가(감가상각비)	
판매관리비	
영업이익	
세전순이익	
법인세	
당기순이익	

61

잉여현금흐름을
계산하는 방법

투자자는 영업이익, 순이익 등을 중요시한다. 이익이 증가해야 주가에 긍정적이라고 생각하기 때문이다. 그런데 이익 증가 못지않게 중요한 것이 잉여현금흐름이다. 설비투자를 마무리하고 잉여현금흐름이 크게 증가하기 시작할 때 주가흐름도 양호해서다.

잉여현금흐름을 어떻게 계산하는지 알아보자.

▶ **잉여현금흐름을 어떻게 계산할까**

영업활동현금흐름

    (−)유형자산 투자에 따른 현금유출

잉여현금흐름(FCF)

기업은 영업활동을 하는 동시에 투자활동도 한다. 기업이 성장하려면 반드시 영업과 관련된 투자를 해야 한다. 투자활동은 영업과 관련된 유형자산 투자와 여유자금을 운용하는 금융자산 투자로 나눌 수 있다. 잉여현금흐름 계산에서는 영업과 관련된 유형자산 투자만 고려한다.

잉여현금흐름은 간단히 영업활동현금흐름에서 유형자산 투자(설비투자 등)로 유출된 현금을 빼면 나온다. 영업활동으로 회사에 유입된 현금으로 설비투자를 단행한 뒤에도 현금에 잉여가 있을 때 이를 잉여현금흐름이라고 한다.

어떻게 정의하느냐에 따라 잉여현금흐름에는 여러 가지 공식이 있으므로

▶ **잉여현금흐름 계산 사례**

주요 재무정보	연간							
	2013/12 (IFRS연결)	2014/12 (IFRS연결)	2015/12 (IFRS연결)	2016/12 (IFRS연결)	2017/12 (IFRS연결)	2018/12(E) (IFRS연결)	2019/12(E) (IFRS연결)	2020/12(E) (IFRS연결)
매출액	1,296	1,364	1,577	1,768	2,056	2,334	2,684	3,043
영업이익	184	205	290	384	517	576	705	845
영업이익(발표 기준)	184	205	290	384	517			
세전계속사업이익	122	120	242	356	493	574	706	846
당기순이익	137	109	217	282	406	447	559	666
당기순이익(지배)	135	108	214	282	401	442	545	664
당기순이익(비지배)	2	2	3	1	5			
자산총계	1,934	2,106	2,135	2,365	2,734	2,969	3,437	4,017
부채총계	1,026	929	808	832	879	997	1,030	1,060
자본총계	907	1,177	1,328	1,533	1,855	1,972	2,406	2,958
자본총계(지배)	901	1,171	1,319	1,524	1,840	1,978	2,410	2,938
자본총계(비지배)	6	6	9	9	15			
자본금	148	148	148	148	148	149	149	149
영업활동현금흐름	317	376	465	496	501	587	699	788
투자활동현금흐름	-211	-105	-178	-241	-236	-365	-357	-389
재무활동현금흐름	-196	-237	-215	-101	-115	-282	-119	-132
CAPEX	59	63	99	50	332	151	204	174
FCF	259	314	366	446	169	408	504	663

▶ 유형자산 투자와 관련된 CAPEX

항목	2013/12 (IFRS연결)	2014/12 (IFRS연결)	2015/12 (IFRS연결)	2016/12 (IFRS연결)	2017/12 (IFRS연결)
영업활동현금흐름	317.2	376.1	464.9	496.2	500.8
투자활동현금유출액	225.0	156.2	207.7	339.2	403.7
단기금융자산 증가					
관계기업 등 지분관련투자자산 증가					
퇴직급여, 보험, 연금자산 증가					
생물자산 증가					
투자부동산 증가					
유형자산 증가	58.5	62.5	98.8	49.9	332.1

▶ 더존비즈온 현금흐름표

(단위: 십억 원)

	2015	2016	2017	2018F	2019F
영업활동현금흐름	46.6	49.3	50.0	62.0	71.4
당기순이익	21.7	28.2	40.6	45.5	56.4
유무형자산상각비	15.9	15.3	15.7	18.7	18.4
기타비현금손익가감	(0.1)	1.3	18.1	0.2	0.2
운전자본 변동	1.4	(3.9)	(13.3)	(2.4)	(3.7)
매출채권 감소(증가)	0.7	6.4	(4.8)	(4.4)	(6.5)
재고자산 감소(증가)	1.2	(0.5)	(0.2)	(0.2)	(0.3)
매입채무 증가(감소)	0.2	0.6	0.3	1.9	2.8
기타	(0.7)	(10.4)	(8.6)	0.3	0.3
투자활동현금흐름	(17.8)	(24.1)	(23.5)	(16.7)	(17.7)
단기투자자산 처분(취득)	(3.9)	0.1	0.0	(0.9)	(1.0)
장기투자증권 처분(취득)	0.0	(0.0)	14.5	(0.1)	(0.1)
설비투자	(9.9)	(5.0)	(33.2)	(6.6)	(7.5)
유형자산 처분	0.0	0.0	0.9	0.0	0.0
무형자산 감소(증가)	(2.5)	(0.4)	(1.3)	(8.4)	(8.4)
Gross cash flow	49.5	58.5	65.9	64.4	75.0
Gross investment	12.4	28.1	35.5	18.2	20.4
Free cash flow	37.1	30.4	30.4	46.2	54.6

큰 틀에서 보는 것이 좋다. 대체로 영업활동현금흐름에서 자본적 지출을 위해 사용한 현금을 뺀 것이라고 이해하면 된다. 사업보고서를 보고 잉여현금흐름을 직접 계산하는 것도 가능하지만 편리하게 네이버 금융이나 증권사 보고서를 보면 잉여현금흐름을 바로 확인할 수 있다.

네이버 금융에 나오는 잉여현금흐름은 영업활동현금흐름에서 CAPEX Capital Expenditures(미래의 이윤 창출을 위한 설비투자)를 차감한 숫자다. CAPEX는 투자활동현금흐름에서 유형자산 투자와 관련된 현금유출액이다.

앞의 표는 증권사에서 분석한 더존비즈온 현금흐름표다.

네이버 금융의 미래 현금흐름표 추정치는 여러 증권사에서 나온 분석 자료들 평균값이다. 증권사에서 나온 자료를 취합한 것이므로 네이버 금융의 잉여현금흐름을 사용하는 것이 좋다.

62

잉여현금흐름을
어떻게 활용할까

잉여현금은 어디에 사용할 수 있을까? 예를 들어 제시한 다음 표가 보여주듯 영업활동현금흐름 아래에는 투자활동현금흐름과 재무활동현금흐름이 있다. 투자활동에서 유형자산 투자를 제외하면 금융자산 투자활동이 남는다. 재무활동에는 배당과 채무상환 활동 등이 있다.

다음 표를 보면 영업활동현금흐름 500을 창출했고 그 현금으로 설비투자 200을 집행했다. 이에 따라 잉여현금흐름은 300이다. 이제 그 잉여현금으로 무엇을 할 수 있는지 알아보자.

우선 금융자산 투자를 할 수 있다. 금융자산 투자는 수익을 얻기 위해 회사의 여유자금을 운용하는 영업외 활동이다. 재무활동에서는 배당금을 지급할 수 있다. 또한 은행 등에서 빌린 돈을 갚거나 전환사채 조기상환 등 채무상환에 사용할 수도 있다.

현금흐름표

영업활동현금흐름(A)	500
투자활동현금흐름	
－ 유형자산투자(B)	200
－ 금융자산투자	
재무활동현금흐름	
－ 배당	
－ 채무상환	
현금 증감	

잉여현금흐름(A-B)　=　300

잉여현금흐름이 플러스인 경우와 마이너스인 경우로 나눠 회사의 자금 사정을 알아보자. 잉여현금흐름이 플러스일 때는 영업활동으로 유입된 현금으로 설비투자 등 유형자산 투자를 집행하고도 현금이 남는다. 이 경우 설비투자를 위해 추가로 돈을 빌리거나 유상증자를 해서 자금을 조달할 가능성은 낮다. 반면 배당금을 지급하고 부채를 상환할 수 있다.

잉여현금흐름이 마이너스인 경우에는 영업활동현금흐름으로 설비투자를 감당하지 못한다. 이때는 설비투자에 부족한 자금을 추가로 조달해야 한다. 자금은 금융기관 차입, 회사채 발행, 유상증자 등으로 조달할 수 있다. 차입하거나 회사채를 발행하면 금융비용이 발생한다. 유상증자를 하면 향후 배당 압력이 있고 발행주식수가 증가하면서 주가를 희석한다. 설비투자 자금뿐 아니라 배당금 지급을 위해 자금이 추가적으로 필요할 수도 있다. 잉여현금흐름이 마이너스거나 당기순이익이 적자일지라도 배당 압박을 받을 수 있다.

요약하자면 잉여현금흐름이 플러스일 경우 배당을 지급하고도 남는 돈으로 부채를 상환해 재무구조를 개선할 수 있다. 반대로 잉여현금흐름이 마이너스면 자금을 추가로 조달해야 하므로 금융비용 부담이 늘고 재무상태가 나빠진다. 따라서 현금흐름표를 볼 때는 잉여현금흐름이 플러스인지 확인해야 한다.

하나의 사례로 후성의 잉여현금흐름을 계산해보자.

▶ **후성 연결현금흐름표**

제12기　2017.01.01.부터 2017.12.31.까지
제11기　2016.01.01.부터 2016.12.31.까지
제10기　2015.01.01.부터 2015.12.31.까지

(단위: 원)

	제12기	제11기	제10기
영업활동현금흐름	51,901,673,855	34,938,983,276	34,645,649,700
영업으로 창출한 현금	55,368,611,017	38,829,298,177	38,415,478,471
이자수취(영업)	296,129,346	117,990,344	83,124,648
이자지급(영업)	(2,602,270,082)	(3,867,747,840)	(4,134,265,015)
배당금수취(영업)	59,167,200	77,975,489	242,916,940
법인세납부(환급)	(1,219,963,626)	(218,532,894)	38,394,656
투자활동현금흐름	(31,557,968,773)	(13,310,809,589)	(40,883,018,764)

후성은 제12기에 영업활동현금흐름 519억 원을 창출해 투자활동에 총 315.5억 원을 사용했다. 이 중에서 유형자산 취득에 296.1억 원을 썼다. 후성의 2017년 잉여현금흐름은 영업활동현금흐름 519억 원에서 유형자산 취득 296.1억 원을 뺀 222.9억 원이다.

후성은 잉여현금흐름 222.9억 원으로 무엇을 했을까? 금융자산 투자, 매도가능자산 투자 등 영업과 관련이 없는 투자에 약 19.5억 원을 사용했다. 그리고 차입금 상환에 41.7억 원을 썼다. 최근 3년간 후성은 배당금을 지급하지 않아 배당금으로 나간 돈은 없다. 그 결과 2018년 현금이 161.7(=222.9-

▶ **후성 잉여현금흐름**

투자활동현금흐름	(31,557,968,773)	(13,310,809,589)	(40,883,018,764)
단기금융자산 감소	1,800,000,000	3,740,000,000	9,750,000,000
단기대여금 감소	14,024,326,900	19,016,520	13,150,630
장기금융자산 감소			420,000,000
유형자산 처분	134,522,722	558,511,176	451,937,549
무형자산 처분	360,909,090	767,655	609,090,909
정부보조금 수취			24,000,000
단기금융자산 증가	(850,000,000)	(2,270,000,000)	(10,520,000,000)
매도가능금융자산 취득	(6,698,400,000)		(4,175,829,990)
단기대여금 증가	(10,031,250,980)	(4,018,110,880)	(9,703,745)
장기금융자산 증가	(300,000,000)	(1,345,000,000)	(830,000,000)
보증금 감소	2,662,000		
유형자산 취득	(29,615,247,105)	(9,821,547,172)	(36,274,649,558)
무형자산 취득	(385,491,400)	(174,446,888)	(258,014,559)
보증금 증가			(83,000,000)

▶ **후성은 잉여현금흐름을 어떻게 사용했을까**

재무활동현금흐름	(4,172,694,250)	(6,757,057,484)	11,697,540,145
단기차입금 차입			41,834,995,276
장기차입금 차입	19,600,000,000	7,000,000,000	14,000,000,000
단기차입금 상환	(5,000,000,000)	(467,086,800)	(53,010,765,579)
유상증자 및 발행분담금 환급	23,418,668,000	344,566	21,577,706,048
유동성장기부채 상환	(30,343,092,250)	(1,540,515,250)	(6,304,395,600)
장기차입금 상환	(11,848,270,000)	(12,800,000,000)	(6,400,000,000)
주식매수선택권행사		1,050,200,000	
환율변동효과 반영 전 현금 및 현금성자산 순증가(감소)	16,171,010,832	14,871,116,203	5,460,171,081
현금 및 현금성자산에 대한 환율 변동효과	(1,681,731,228)	(145,788,279)	(145,788,279)
현금 및 현금성자산 순증가(감소)	14,489,279,604	14,725,327,924	5,538,782,433

19.5-41.7-0)억 원 증가했다.

후성은 매년 영업활동현금흐름이 증가하고 있다. 영업활동으로 돈을 벌어

▶ 후성 신규 시설투자 계획

신규 시설투자 등		
1. 투자구분	시설증설	
투자대상	반도체 특수가스 생산시설	
2. 투자내역	투자금액(원)	55,400,000,000
	자기자본(원)	163,378,557,186
	자기자본대비(%)	33.91
	대규모 법인 여부	미해당
3. 투자목적	전방 반도체산업의 성장에 따른 수요 증가에 적극적으로 대응하기 위함	
4. 투자기간	시작일	2017-12-01
	종료일	2018-12-31
5. 이사회결의일(결정일)	2017-11-27	

투자활동에서 과감하게 설비투자를 집행하고 부채를 상환한 뒤에도 현금이 증가했다. 자금 사정이 좋은 기업이다.

63

서비스기업의
잉여현금흐름

무형자산 투자가 많은 서비스기업은 영업활동현금흐름에서 유형자산과 무형자산 투자로 유출된 현금을 빼면 잉여현금흐름이 나온다. 서비스기업은 무형자산 투자가 많기 때문에 이를 감안해서 잉여현금흐름을 계산하는 것이 바람직하다.

▶ **잉여현금흐름 파악하기**

영업활동현금흐름

　(－)유형자산 투자에 따른 현금 유출
　(－)무형자산 투자에 따른 현금 유출

서비스기업 잉여현금흐름(FCF)

　대표적인 서비스기업인 CJ E&M의 재무제표에서 무형자산을 살펴보고 잉

제8기　2017.12.31. 현재
제7기　2016.12.31. 현재
제6기　2015.12.31. 현재

(단위: 원)

	제8기	제7기	제6기
자산			
유동자산	1,279,699,294,740	995,627,348,261	940,144,217,324
현금 및 현금성자산	124,616,100,298	81,265,028,350	47,493,272,198
매출채권	518,660,299,822	498,109,333,182	406,450,567,144
선급금	157,355,674,321	248,580,133,043	131,440,330,594
유동매도가능금융자산	60,030,000	60,030,000	0
기타유동금융자산	281,675,503,145	142,949,373,751	337,273,057,259
기타유동자산	20,305,975,023	17,372,092,152	10,141,670,019
미수법인세환급액	3,255,644,935	2,590,547,312	3,429,431,349
재고자산	6,206,059,275	4,700,810,471	3,915,888,761
매각예정자산	167,564,007,921	0	0
비유동자산	2,479,220,689,926	1,797,327,635,564	1,424,711,404,174
매도가능금융자산	136,004,408,011	156,692,482,981	77,991,343,288
만기보유금융자산	0	0	7,519,395,000
투자지분증권	1,057,819,846,729	462,580,777,802	495,330,178,618
유형자산	313,333,473,094	275,496,954,761	77,339,271,637
무형자산	783,393,360,340	723,525,340,026	653,159,648,557
투자부동산	1,853,595,974	2,715,953,894	3,578,311,814
기타비유동금융자산	38,316,635,201	39,236,884,406	22,448,495,842
기타비유동자산	88,338,634,764	78,451,292,422	32,937,005,913
이연법인세자산	60,160,735,813	58,627,949,272	54,407,753,505
자산총계	3,758,919,984,666	2,792,954,983,825	2,364,855,621,498

여현금흐름을 계산해보자. CJ E&M은 유형자산보다 무형자산이 많은데 무형자산 내역은 주석사항에서 확인할 수 있다.

　무형자산에서 가장 큰 비중을 차지하는 것은 판권이다. CJ E&M은 회사 설립 때부터 판권 구입에 2조 454억 원을 지출했다. 2017년 신규로 사들인 판권비만 3,591억 원이다. 상각 누계액은 1조 7,211억 원인데 2017년 판권 상

▶ CJ E&M 무형자산 내역

(단위: 천 원)

구분	영업권	산업재산권	판권	개발비	소프트웨어
취득원가:					
기초금액	300,398,431	1,712,633	1,776,408,323	5,671,395	7,326,307
취득금액	–	331,629	359,125,832	–	726,230
처분 및 폐기금액	(528,000)	(25,509)	(4,418,185)	–	(51,486)
기타증감	–	97,190	(86,036,675)	–	(121,766)
연결범위 변동으로 인한 증감	33,707,918	82,568	379,274	–	41,340
기말금액	333,578,349	2,198,511	2,045,458,569	5,671,395	7,920,625
상각 및 손상차손누계액:					
기초금액	(3,072,325)	(42,735)	(1,473,697,336)	(5,603,362)	(6,135,599)
무형자산상각비	–	(8,429)	(325,174,859)	(40,820)	(292,546)
손상차손 및 환입	(853,984)	–	(2,187,168)	–	–
처분 및 폐기금액	–	10,445	4,339,365	–	14,309
기타증감	–	–	75,548,465	–	57,951
연결범위 변동으로 인한 증감	–	(23,152)	–	–	(388,353)
기말금액	(3,926,309)	(63,871)	(1,721,171,533)	(5,644,182)	(6,744,238)
장부가액:					
기초금액	297,326,106	1,669,898	302,710,987	68,033	1,190,708
기말금액	329,652,040	2,134,640	324,287,036	27,213	1,176,387

구분	라이선스	회원권	기타무형자산	합계
취득원가:				
기초금액	590,001	18,493,113	155,857,526	2,266,457,729
취득금액	21,106	1,897,132	10,841,687	372,943,616
처분 및 폐기금액	–	(20,000)	(366,500)	(5,409,680)
기타증감	–	760,000	(1,510,220)	(86,811,471)
연결범위 변동으로 인한 증감	–	151,082	10,440,024	44,802,206
기말금액	611,107	21,281,327	175,262,517	2,591,982,400
상각 및 손상차손누계액:				
기초금액	(481,112)	(3,672,385)	(50,227,535)	(1,542,932,389)
무형자산상각비	(117,682)	–	(13,931,557)	(339,565,893)
손상차손 및 환입	–	–	(167,435)	(3,208,587)
처분 및 폐기금액	–	– 364,500	4,728,619	
기타증감	–	–	(2,527,551)	73,078,865
연결범위 변동으로 인한 증감	–	–	(278,150)	(689,655)
기말금액	(598,794)	(3,672,385)	(66,767,728)	(1,808,589,040)
장부가액:				
기초금액	108,889	14,820,728	105,629,991	723,525,340
기말금액	12,313	17,608,942	108,494,789	783,393,360

각액은 3,251억 원이다. 그만큼 판권을 많이 사들이기도 했지만 상각도 많이 했다. 판권은 콘텐츠의 인기가 시들해지면 금세 가치가 떨어지는 특징이 있다. 그다음으로 큰 항목은 영업권이다. 회사를 M&A할 때 CJ E&M은 경영권 프리미엄으로 3,003억 원을 지불했다.

현금흐름표에서 무형자산을 어떻게 처리하는지 알아보자.

▶ CJ E&M 무형자산 처리

제8기　2017.01.01.부터 2017.12.31.까지
제7기　2016.01.01.부터 2016.12.31.까지
제6기　2015.01.01.부터 2015.12.31.까지

(단위: 원)

	제8기	제7기	제6기
영업활동현금흐름	239,177,535,259	258,777,878,860	295,450,649,275
당기순이익(손실)	421,948,665,596	60,857,852,801	52,920,339,642
당기순이익조정을 위한 가감	13,055,822,566	364,883,651,835	332,014,954,054
법인세비용	170,365,063,167	6,673,163,356	6,411,116,068
이자비용	14,999,822,939	12,350,131,082	13,740,869,564
매도가능금융자산처분손실	2,375,281,659	3,753,570,471	1,321,978,314
매도가능금융자산손상차손	46,733,757	9,135,540,393	546,718,500
매출채권처분손실	5,037,405	4,815,446	408,698
파생금융자산평가손실	5,314,595,745	2,161,405,747	0
파생금융자산거래손실	138,379,610	684,414,000	192,887,470
외화환산손실	5,230,690,246	3,119,562,805	1,222,840,371
감가상각비	19,103,077,836	15,807,550,051	13,911,253,751
무형자산상각비	339,565,892,608	383,812,795,440	306,069,097,869
충당부채전입액	1,799,598,919	368,769,946	720,980,137
투자활동현금흐름	(551,038,162,363)	(533,683,073,188)	(188,917,998,196)
단기금융자산 감소	733,686,067,214	517,739,591,000	211,048,750,000
유형자산 처분	1,861,723,666	315,844,957	364,394,993
무형자산 처분	212,919,091	1,215,775,934	4,132,426,509
관계기업에 대한 투자자산 처분	654,480,749	22,728,662,228	13,986,064,080
선물계약, 선도계약, 옵션계약 및 스왑계약에 따른 현금유입	5,821,250,000	170,826,008,229	49,592,490,000
합병 및 연결범위 변동으로 인한 현금 증가	0	0	2,765,128,061

기타투자활동 현금유입	0	228,000,000	0
단기대여금 및 수취채권 취득	0	(210,693,348)	(3,500,000,000)
장기대여금 및 수취채권 취득	(1,765,871,603)	(4,600,000,000)	(150,000,000)
유동성보증금 증가	(130,845,088)	(10,606,311)	(21,390,405)
보증금 증가	(13,578,278,653)	(12,948,513,585)	(2,037,269,961)
단기금융상품 취득	(878,467,683,329)	(296,851,977,698)	(45,728,000,000)
장기금융상품 취득	(1,691,766,941)	(8,945,881,359)	(46,860,000)
관계기업에 대한 투자자산 취득	(4,909,091,400)	(20,000,000)	(19,510,000,000)
유형자산 취득	(46,857,033,634)	(212,478,161,654)	(8,029,163,215)
무형자산 취득	(322,870,036,105)	(358,740,866,847)	(334,887,249,458)
투자부동산 취득	0	0	(4,311,789,600)

무형자산 가치가 떨어졌을 때는 이를 비용으로 상각처리한다. 비록 비용으로 처리하지만 현금이 유출되는 것은 아니다. 따라서 무형자산상각비는 간접법으로 영업활동현금흐름을 계산할 때 당기순이익에 더해준다. 결국 무형자산을 상각처리하는 것은 현금흐름에 영향도 주지 않는다.

투자활동현금흐름을 보면 무형자산 취득으로 현금 3,228억 원이 유출되었다. 이는 2017년 무형자산을 구입할 때 지급한 현금이다.

이제 CJ E&M의 잉여현금흐름을 계산해보자. 다음은 증권사 보고서 현금흐름표 부분이다.

2017년 CJ E&M의 영업활동현금흐름은 2,392억 원이고 유무형자산 구입에 따른 현금유출액은 3,697억 원이다. 따라서 잉여현금흐름은 –1,285억 원이다. 서비스기업의 잉여현금흐름은 제조업과 달리 무형자산 비중이 높기 때문에 유무형자산 모두를 감안해서 봐야 한다.

특히 표에서 혼동하기 쉬운 부분이 유무형자산 감소 표기와 관련된 부분이다.

유무형자산 감소 3,000: 괄호가 없으면 플러스를 의미하며 '유무형자산이 3,000억 원 감소했다'고 이해하면 된다. 자산이 감소했다는 것은 자산을

▶ CJ E&M 잉여현금흐름 계산하기

(단위: 십억 원)

	2016	2017	2018E	2019E	2020E
영업활동현금흐름	258.8	239.2	509.0	486.6	461.7
당기순이익	60.9	421.9	189.8	202.0	209.3
자산상각비	399.6	358.7	459.8	409.4	381.4
운전자본 증감	(167.3)	(169.9)	(35.4)	(20.0)	(24.6)
매출채권 감소(증가)	(75.5)	(42.6)	(29.7)	(44.5)	(55.3)
재고자산 감소(증가)	(1.1)	(4.7)	(1.9)	(0.6)	(0.8)
매입채무 증가(감소)	0.9	9.4	(2.6)	26.3	32.6
투자활동현금흐름	(533.7)	(551.0)	(302.0)	(307.2)	(313.3)
단기투자자산 감소	224.5	(143.8)	(9.9)	(10.3)	(10.7)
장기투자증권 감소	(97.4)	1.4	66.1	64.0	62.0
설비투자	(212.5)	(46.9)	(38.2)	(40.6)	(43.9)
유무형자산 감소	(357.2)	(320.8)	(312.4)	(312.4)	(312.4)

매각했다는 의미이므로 현금이 회사에 들어온다.

유무형자산 감소 (3,000): 괄호는 마이너스를 의미하기 때문에 감소의 감소를 뜻한다. 따라서 '유무형자산이 3,000억 원 증가했다'고 이해하면 된다. 자산이 증가했다는 것은 자산을 매입했다는 의미이므로 현금이 회사 밖으로 나간다. 이런 표기도 있다. 유형자산 증가(감소) (3,000)으로 표기된 경우 감소액이 3,000억 원이라는 의미다. 마찬가지로 유형자산 증가(감소) 3,000으로 표기된 경우 회사에서 유형자산을 샀다는 의미다.

영업활동, 투자활동, 재무활동 모두 괄호가 있으면 현금 유출을 뜻한다.

또 하나 눈여겨볼 부분은 2017년 자산상각비가 3,587억 원이고 유무형자산 투자금액이 3,697억 원이라는 점이다. CJ E&M은 감가상각비와 유무형자산 투자금액이 비슷하다. 이와 같이 자산상각비와 투자금액이 비슷할 경우에는 신규 투자를 해도 자금 사정에 크게 영향을 받지 않는다. 자산상각비 내에서 신규 투자가 이뤄지는 기업은 자금 사정에 여유가 있는 것이다.

분석하고자 하는 기업의 유무형 자산상각비와 유무형자산 투자금액을 비교해보는 것은 꼭 필요하다.

예를 들어 어떤 기업이 유형자산을 1,000억 원 보유하고 있고 감가상각비가 매년 100억 원이라고 가정해보자. 이 기업이 유형자산을 신규로 50억 원 취득했다면 어떨까? 연말에 유형자산은 950억 원으로 50억 원 줄어들고 대신 현금 50억 원이 유입되면서 기업의 현금 사정이 좋아진다. 만일 유형자산을 신규로 200억 원 취득한 경우는 어떨까? 연말에 유형자산은 1,100억 원으로 100억 원 늘어나고 대신 현금 100억 원이 유출되어 기업의 현금 사정이 나빠진다.

감가상각비와 유형자산 신규 투자비용을 비교하면 설비투자 부문에서 전년보다 현금이 많이 나가는지 적게 나가는지 알 수 있다. 일반적으로 감가상각비 한도 내에서 신규 투자가 이뤄지는 기업이 현금흐름 측면에서 유리하다.

64

잉여현금흐름이
주가에 미치는 영향

설비투자 시기에 영업실적은 둔화되거나 나빠지는 경향이 있다. 설비투자를 한 뒤 의미 있는 매출이 발생하기까지는 시간이 걸리지만 그 기간에도 금융 비용과 감가상각비 등은 지속적으로 발생하기 때문이다. 이 시기에는 잉여 현금흐름이 마이너스일 경우가 많다. 이익이 줄고 잉여현금흐름이 마이너스 인 시기에는 일반적으로 주가가 하락하는 경향이 있다.

몇몇 기업의 사례로 설비투자 시기와 설비투자를 마무리하는 시점에 이익 과 잉여현금이 어떻게 변하는지 살펴보고, 이때 주가는 어떻게 반응하는지 알아보자.

메디톡스는 2013년 9월 엘러간과 4,000억 원 규모의 기술 수출 계약을 체결했다. 계약금으로 700억 원 정도가 유입되면서 2014년 영업활동현금흐 름이 1,054억 원에 이른다. 이후 마일스톤 방식으로 로열티를 받는 조건이라

▶ **메디톡스 잉여현금흐름 추이**

(단위: 억 원)

주요 재무정보	연간							
	2013/12 (IFRS연결)	2014/12 (IFRS연결)	2015/12 (IFRS연결)	2016/12 (IFRS연결)	2017/12 (IFRS연결)	2018/12(E) (IFRS연결)	2019/12(E) (IFRS연결)	2020/12(E) (IFRS연결)
매출액	391	759	885	1,333	1,812	2,287	2,718	3,222
영업이익	168	500	517	752	902	1,073	1,361	1,758
영업이익(발표기준)	168	500	517	752	902			
세전계속사업이익	168	539	520	750	884	1,076	1,352	1,652
당기순이익	143	436	423	592	732	851	1,070	1,305
영업활동현금흐름	166	1,054	224	541	597	934	1,147	1,354
투자활동현금흐름	-60	-837	-75	-1,143	-413	-167	-166	-169
재무활동현금흐름	-70	-209	68	492	-74	-388	-218	-190
CAPEX	166	166	301	1,365	380	127	115	124
FCF	0	887	-77	-824	216	790	991	1,215

▶ **설비투자가 메디톡스 주가에 미치는 영향**

2015년부터 영업활동현금흐름은 메디톡스 자체 영업에 따른 현금흐름이다.

메디톡스는 2014년부터 오송 제2공장을 건설하느라 대규모 투자를 진행했다. 2년간 1,666억 원을 투자했고 2017년 대규모 투자를 마무리했다. 다행히 수출 호조 등으로 실적이 개선되어 2017년부터 잉여현금흐름이 좋아지기 시작했다. 2018년에는 대규모 투자가 없고 이익이 늘어나면서 잉여현금흐름이 큰 폭으로 증가할 것으로 보인다.

설비투자 시기에는 이익이 정체되고 잉여현금흐름이 마이너스가 되기 때문에 회사의 자금 사정이 빠듯해지고 주가흐름이 좋지 않았다. 하지만 설비투자를 마무리하고 매출이 증가하면서 이익이 늘어나고 잉여현금흐름이 큰 폭으로 증가하자 주가도 이에 긍정적으로 반응하고 있다.

티씨케이는 2015년부터 2017년까지 지속적으로 설비투자를 진행했다. 이처럼 과감한 투자와 전방산업 호조, 독점적 기술력 덕분에 티씨케이는 매출이 본격적으로 성장했다. 투자가 곧바로 매출로 연결된 이유는 1년 내에 마무리할 수 있는 설비투자였기 때문이다.

2017년부터 잉여현금흐름이 본격적으로 커졌고 2019년에는 더 커질 것으로 보인다. 전방산업 호조로 늘어나는 수요를 감당하고자 2018년과 2019년 사이에 설비투자를 하면 잉여현금흐름이 달라질 수도 있다. 그렇다 하더라도 설비투자 기간이 짧은 편이라 매출 역시 곧바로 큰 폭으로 증가한다는 점에

▶ **티씨케이 주요 재무정보**

(단위: 억 원)

주요 재무정보	연간						
	2013/12 (IFRS별도)	2014/12 (IFRS별도)	2015/12 (IFRS별도)	2016/12 (IFRS별도)	2017/12 (IFRS별도)	2018/12(E) (IFRS별도)	2019/12(E) (IFRS별도)
매출액	351	452	619	894	1,303	1,773	2,158
영업이익	35	70	161	274	477	639	808
영업이익(발표 기준)	35	70	161	274	477		
세전계속사업이익	28	59	153	280	481	654	827
당기순이익	19	47	132	227	373	512	652
영업활동현금흐름	107	119	232	249	396	494	650
투자활동현금흐름	-126	-83	-210	-285	-204	-384	-122
재무활동현금흐름			0	1	1	0	-101
CAPEX	17	48	116	246	120	286	170
FCF	90	70	116	2	276	275	614

주목해야 한다. 2016년만 해도 잉여현금흐름이 거의 없었지만 이제는 본격적으로 匯사에 현금이 쌓이는 모습이 확연하다. 설비투자를 마무리하고 잉여현금흐름이 본격적으로 증가하면서 주가흐름도 좋게 나타나고 있다.

아미코젠은 2015년부터 2017년 사이에 대규모 투자를 진행했다(412쪽 표 참조). 이로 인해 잉여현금흐름이 좋지 않았다. 2018년부터는 잉여현금흐름이 본격적으로 커질 것으로 보인다. 제약바이오업황이 호조를 보이고 내적으로는 잉여현금흐름이 커지면서 주가도 3년간의 침체를 끝내고 좋은 흐름을 보이고 있다. 아미코젠은 2018년부터 본격적으로 현금이 사내에 유입될 것으로 예상된다.

더존비즈온은 2011년부터 강촌캠퍼스에 투자하기 시작했는데 2014년까지 투자를 일단락하고 2015년부터 매출이 크게 늘어나고 있다. 잉여현금흐름은 2014년부터 300억 원대로 올라섰고 2018년에는 500억 원대를 예상한다. 2018년 잉여현금흐름을 530억 원으로 추정한다면 배당금 100억 원을 지출해도 사내에 현금 430억 원이 남는다.

▶ 아미코젠 현금흐름표

	2015	2016	2017	2018F	2019F
영업활동현금흐름	123.4	112.8	118.8	223.5	311.6
당기순이익	25.4	19.0	-35.8	181.3	276.1
현금유출 없는 비용 및 수익	33.9	77.7	136.0	96.8	117.3
유형자산감가상각비	21.4	47.7	69.1	68.2	73.8
무형자산상각비	2.8	5.0	4.9	4.9	4.7
영업활동 관련 자산부채 변동	80.0	35.1	27.9	-30.8	-43.0
매출채권 감소(증가)	108.8	17.2	32.7	-29.4	-35.1
재고자산 감소(증가)	-13.9	99.4	-88.2	-22.8	-40.0
매입채무 증가(감소)	-60.5	-84.2	83.6	21.9	32.7
투자활동현금흐름	-290.6	-158.2	-325.1	-281.5	-211.8
투자자산 감소(증가)	-17.0	-8.8	14.2	0.0	0.0
유형자산 감소	1.8	11.0	0.2	0.0	0.0
CAPEX	-58.1	-138.3	-114.5	-115.0	-45.0
FCF	65.3	-25.5	4.3	108.5	266.6

(단위: 억 원)

▶ 아미코젠 주가흐름

(단위: 억 원)

주요 재무정보	연간							
	2013/12 (IFRS연결)	2014/12 (IFRS연결)	2015/12 (IFRS연결)	2016/12 (IFRS연결)	2017/12 (IFRS연결)	2018/12(E) (IFRS연결)	2019/12(E) (IFRS연결)	2020/12(E) (IFRS연결)
매출액	1,296	1,364	1,577	1,768	2,056	2,334	2,684	3,043
영업이익	184	205	290	384	517	576	705	845
영업이익(발표 기준)	184	205	290	384	517			
세전계속사업이익	122	120	242	356	493	574	706	846
당기순이익	137	109	217	282	406	447	559	666
영업활동현금흐름	317	376	465	496	501	587	699	788
투자활동현금흐름	−211	−105	−178	−241	−236	−365	−357	−389
재무활동현금흐름	−196	−237	−215	−101	−115	−282	−119	−132
CAPEX	59	63	99	50	332	151	204	174
FCF	259	314	366	446	169	408	504	663

* 2017년 CAPEX 332억 원 중에는 600억 원대 건물 매입에 따른 지출 300억 원이 포함되어 있다. 이는 투자용 부동산이다. 따라서 2017년 FCF는 469억 원 정도였다.

2017년말에 보유한 현금 770억 원이 있어서 2018년말 현금성 자산이 약 1,200억 원에 달할 것으로 보인다. 2019년에는 잉여현금흐름이 600억 원대에 이를 것으로 추정하는데 배당금을 주고 나면 500억 원 이상 현금이 증가할 것으로 예상된다. 매년 현금이 500억 원씩 증가하는 상황을 생각해보자. 이러한 현금증가를 담보로 추가대출을 일으킬 경우 1,000억대 회사를 한 해에 하나씩 인수할 만한 자금이다. 현금흐름도 매우 안정적이라 5년 연속 잉여현금흐름이 300억 원 이상 기록 중이다. 회사에 계속 현금이 쌓이고 있고 주가도 이에 긍정적으로 반응하고 있다.

잉여현금흐름과 주가는 밀접한 상관성이 있다. 현재 보유한 종목이 투자 시기인가, 아니면 투자가 끝나고 잉여현금흐름이 증가하는 시기인가 살펴봐야 한다. 주가는 잉여현금흐름이 본격적으로 증가할 때 상승하는 경향이 있음을 주목하자.

▶ 더존비즈온 현금자산 내역

과목	제41기말
자산	
유동자산	122,911,461,500
현금 및 현금성자산	52,638,388,031
기타금융자산	24,810,867,383
매출채권 및 기타채권	34,561,908,237
기타유동자산	9,798,336,206
재고자산	1,101,961,643
비유동자산	150,499,326,422
매도가능금융자산	1,903,651,416
유형자산	103,531,563,188
투자부동산	4,350,207,995
무형자산	28,977,840,819
기타금융자산	6,633,737,484
이연법인세자산	5,102,325,520
자산총계	273,410,787,922

▶ 더존비즈온 주가흐름

* 2014년부터 잉여현금흐름이 300억 원대를 유지하자 결국 주가가 급격히 오르기 시작했다.

65

자금을 조달하고 상환하는 재무활동현금흐름

재무활동현금흐름은 비교적 간단하다. 재무활동은 자금 조달 및 상환과 관련 있다. 기업은 설비투자를 해야 하고 운영자금도 필요하다. 물론 배당금도 지급해야 한다. 여기에다 금융기관 빚이나 회사채 만기가 돌아오면 상환해야 한다. 이러한 일련의 자금 집행을 재무활동이라고 한다.

기업의 가장 주된 활동은 영업활동이다. 영업활동으로 현금이 들어와야 그 자금을 투자활동에 사용할 수 있다. 영업활동으로 유입된 현금을 투자활동에 집행하고도 남는 것이 가장 이상적이다. 앞서 살펴본 잉여현금흐름이 중요한 이유다.

성장하는 기업은 투자를 많이 해야 하기 때문에 영업활동으로 들어온 현금보다 더 많은 돈이 투자활동에 들어간다. 이때 부족한 자금은 재무활동으로 조달한다. 따라서 재무활동은 영업활동과 투자활동 상황에 따라 종속적으로 결정된다.

성숙기업은 투자활동이 많지 않기 때문에 잉여현금흐름이 커지는 경향이 있다. 잉여현금으로 배당을 많이 하기도 한다. 빚을 상환하면 재무구조가 좋아진다. 성장기업과 성숙기업의 재무활동에는 큰 차이가 있다.

디티앤씨의 현금흐름표를 보면서 재무활동현금흐름을 알아보자.

▶ **디티앤씨 현금흐름표**

(단위: 억 원)

	2017	2016	2015
영업활동현금흐름	74.0	3.5	-16.7
투자활동현금흐름	-148.7	-146.4	258.0
-유형자산증가	-162.5	-113.6	-216.4
재무활동현금흐름	66.5	121.8	63.7

영업활동현금흐름이 증가하고 있지만 투자활동현금흐름을 충당하기엔 자금이 많이 부족하다. 회사는 지속적으로 과감한 투자를 진행하고 있다. 투자활동으로 유출된 자금이 총 신규 투자를 의미하지는 않는다. 설비를 외상으로 사는 부분도 있기 때문이다. 실제 신규 투자 금액을 알아보자.

최근 3년간 유형자산 투자 규모는 558.4억 원이다. 투자활동에서 유형자산 취득에 따른 자금 유출액 492.5억 원과 차이가 난다. 유형자산 일부를 부채로 구입했을 것으로 추정된다.

디티앤씨는 매출액이 500억 원 정도인데 최근 3년간 무려 558억 원의 신규 투자를 집행했다. 반면 최근 3년간 영업활동으로 들어온 현금은 고작 60.8억 원이다. 영업활동으로 유입된 현금으로 신규 투자자금을 조달하기엔 많이 부족하다. 그래서 디티앤씨는 재무활동으로 자금을 조달했다.

▶ 디티앤씨 2017년 유형자산 투자

(단위: 천 원)

구분	기초	취득	처분	대체	감가상각비	환율변동 효과	당기말
토지	9,408,691	826,882	–	1,876	–	–	10,237,449
건물	23,747,697	21,788	–	–	(638,418)	–	23,131,067
기계장치	21,398,629	8,157,010	–	–	(5,745,312)	–	23,810,328
차량운반구	168,119	10,436	(10,264)	–	(46,691)	–	121,600
비품	540,719	554,030	–	–	(241,538)	(3,543)	849,668
시설장치	9,981,001	2,043,764	–	601,000	(684,810)	–	11,940,955
금융리스자산	121,554	–	–	–	(41,334)	–	80,220
건설 중인 자산	235,703	6,300,233	–	(602,876)	–	–	5,933,060
합계	65,602,114	17,914,144	(10,264)	–	(7,398,102)	(3,543)	76,104,348

▶ 디티앤씨 2016년 유형자산 투자

(단위: 천 원)

구분	기초	취득	처분	대체	감가상각비	환율변동 효과	당기말
토지	8,536,920	871,771	–	–	–	–	9,408,691
건물	21,751,817	2,609,726	–	–	(613,845)	–	23,747,697
기계장치	17,848,743	8,107,217	–	–	(4,557,331)	–	21,398,629
차량운반구	99,245	122,023	(2)	–	(53,146)	–	168,119
비품	555,635	159,966	–	–	(174,867)	(15)	540,719
시설장치	8,431,640	2,140,221	–	–	(590,861)	–	9,981,001
금융리스자산	162,888	–	–	–	(41,334)	–	121,554
건설 중인 자산	10,000	225,703	–	–		–	235,703
합계	57,396,888	14,236,627	(2)	–	(6,031,384)	(15)	65,602,114

차입으로 대규모 투자를 할 경우 두 가지 부정적인 효과가 나타난다. 첫째, 금융비용 부담이 늘어나 순이익이 줄어든다. 투자한 뒤 매출이 상승하기까지는 시간이 걸리고 그 기간에는 비용 효과가 더 크게 나타난다. 그 결과 당기순이익이 줄어든다. 둘째, 감가상각비 부담이 증가하면서 영업이익이 감소한다. 디티앤씨는 대규모 투자로 순이익 감소 경향이 나타났고 주가는 지속적으로 하락했다.

(단위: 천 원)

구분	기초	취득	사업결합	처분
토지	6,003,000	1,881,940	153,889	(153,889)
건물	11,491,841	6,260,863	180,966	(180,549)
기계장치	6,479,806	9,799,783	–	(12,000)
차량운반구	37,178	98,939	67,589	(72,715)
비품	419,453	253,457	31,968	–
시설장치	5,494,773	3,360,147	1,042	–
금융리스자산	204,221	–	–	–
건설 중인 자산	7,885,162	2,040,635	–	–
합계	38,015,434	23,695,764	435,454	(419,153)

구분	대체	감가상각비	환율변동 효과	당기말
토지	651,980	–	–	8,536,920
건물	4,474,134	(475,438)	–	21,751,817
기계장치	4,770,783	(3,189,629)	–	17,848,743
차량운반구	–	(31,746)	–	99,245
비품	–	(149,242)	–	555,636
시설장치	18,900	(443,222)	–	8,431,640
금융리스자산	–	(41,334)	–	162,887
건설 중인 자산	(9,915,797)	–	–	10,000
합계	–	(4,330,611)	–	57,396,888

디티앤씨는 설비투자를 마무리하고 매출이 크게 증가하면 실적 개선을 기대할 수 있다. 영업레버리지와 재무레버리지 효과가 기대되기 때문이다. 감가상각비와 금융비용은 고정비다. 따라서 매출이 증가하면 매출액 대비 감가상각 비율과 매출액 대비 금융비용비율이 낮아진다.

2017년 디티앤씨는 매출이 23.2퍼센트 증가하면서 영업이익이 늘어났다. 잉여현금흐름도 개선되고 있다. 2018년 매출과 잉여현금흐름 개선 여부를 지켜봐야 한다. 매출이 증가하면서 잉여현금흐름이 개선되는 추세를 보인다면 주가는 긍정적으로 반응할 것이다.

▶ 디티앤씨 주요재무정보

(단위: 억 원)

주요 재무정보	연간				
	2013/12 (GAAP개별)	2014/12 (IFRS별도)	2015/12 (IFRS연결)	2016/12 (IFRS연결)	2017/12 (IFRS연결)
매출액	198	275	318	404	498
영업이익	49	93	28	31	56
영업이익(발표기준)	49	93	28	31	56
세전계속사업이익	50	85	27	22	42
당기순이익	45	72	36	24	41
영업활동현금흐름	54	71	−17	4	74
투자활동현금흐름	−92	−204	−258	−146	−148
재무활동현금흐름	105	407	64	122	67
CAPEX	99	194	216	114	163
FCF	−45	−123	−233	−110	−88

▶ 디티앤씨 3년간 자금조달 내역

제17기 2016.01.01.부터 2016.12.31.까지
제16기 2015.01.01.부터 2015.12.31.까지
제15기 2014.01.01.부터 2014.12.31.까지

(단위: 원)

	제17기	제16기	제15기
재무활동현금흐름	12,186,751,623	6,372,859,500	40,724,286,111
단기차입금 증가	782,272,496	2,198,000,000	
장기차입금 증가	3,000,000,000	12,500,000,000	3,800,000,000
전환사채 발행	10,000,000,000		
주식 발행			40,534,499,000
금융리스부채 증가			249,000,000
단기차입금 상환	(644,000,000)	(2,498,000,000)	(780,000,000)
유동성장기부채 상환	(696,694,043)	(1,539,456,412)	(621,589,694)
장기차입금 상환	(220,000,000)	(4,172,625,598)	(44,990,000)
금융리스부채 지급	(34,826,830)	(115,058,490)	(99,114,680)
주식발행비		(2,313,518,515)	
현금 및 현금성자산 순증가(감소)	(2,104,584,086)	(21,105,487,628)	27,412,366,319
기초현금 및 현금성자산	13,251,234,861	34,349,718,485	6,962,331,262
외화표시 현금 및 현금성자산 환율변동효과	119,712,765	7,004,004	(24,979,096)
기말현금 및 현금성자산	11,266,363,540	13,251,234,861	34,349,718,485

최근 3년간 디티앤씨는 어떻게 자금을 조달했을까?(419쪽 표 참조)

자금조달 내역을 보면 2014년 기업공개로 405억 원이 유입되었다. 2015년 에는 장기차입금이 87억 원 증가했다. 그리고 2016년엔 장기차입금과 전환 사채로 자금을 조달했다. 특히 디티앤씨는 기업공개로 확보한 자금으로 공격 적인 투자를 했다.

일반적으로 투자를 마무리하고 매출이 본격적으로 증가하면 영업레버리 지 효과와 재무레버리지 효과가 동시에 작동하면서 영업이익과 잉여현금흐 름이 크게 개선된다. 이때 주가도 상승하는 경향이 있다.

66

재무활동현금흐름과
배당금

타기업 지분을 보유할 경우 회사는 배당금을 받는다. 배당금을 받는 일은 영업활동에 속하므로 영업활동현금흐름의 '배당금 수취'에 기록한다. 현대자동차의 현금흐름표를 보면 배당금을 받은 내역이 나온다(422쪽 표 참조).

현대자동차는 많은 기업의 지분을 보유하고 있다. 이들 기업에서 배당금을 받을 경우 영업활동현금흐름에서 배당금 수취 항목으로 계상한다. 표에서 2017년 배당금 수취금액은 1년 전인 2016년 결산 실적에 따라 결정된 것이다. 즉, 2017년 현금흐름표에 기록한 배당금 수취금액은 현대자동차 자회사들이 2016년 실적에 따라 2017년 3월 주주총회에서 결의한 뒤에 지급한 배당금이다. 이 배당금이 실제로 들어오는 때는 2017년 4~5월이다.

▶ 현대자동차 연결현금흐름표

제50기　2017.01.01.부터 2017.12.31.까지
제49기　2016.01.01.부터 2016.12.31.까지
제48기　2015.01.01.부터 2015.12.31.까지

(단위: 백만 원)

	제50기	제49기	제48기
영업활동현금흐름	3,922,421	996,964	1,248,415
영업으로 창출한 현금흐름	5,943,229	3,319,870	2,507,556
연결당기순이익	4,546,400	5,719,653	6,509,165
조정	12,781,081	11,165,345	9,495,809
영업활동으로 인한 자산부채 변동	(11,384,252)	(13,565,128)	(13,497,418)
이자수취	517,453	486,709	712,853
이자지급	(1,746,629)	(1,670,859)	(1,458,498)
배당금수취	852,820	932,038	1,149,100
법인세지급	(1,644,452)	(2,070,794)	(1,662,596)

▶ 현대자동차 종속회사 및 관계기업 투자 상황

(단위: 백만 원)

구분	기초	취득(처분)	지분법손익	배당금	기타	기말
BHMC	2,225,824	–	(74,456)	(592,318)	(102,471)	1,456,579
BHAF	445,735	–	64,120	(3,440)	(26,062)	480,353
WAE	186,929	4,721	(8,423)	(5,268)	(10,154)	167,805
PTS	111,997	18,023	16,006	(18,930)	(6,840)	120,256
기아자동차㈜	8,811,840	–	308,823	(151,050)	(87,288)	8,882,325
현대건설㈜	3,267,243	–	15,479	(11,664)	(311,148)	2,959,910
현대위아㈜	821,861	–	(14,781)	(7,583)	(5,347)	794,150
현대파워텍㈜	502,891	–	52,349	–	(7,945)	547,295
현대다이모스㈜	371,499	–	31,512	–	(3,287)	399,724
현대커머셜㈜	256,078	–	136,510	(15,000)	(3,791)	373,797
현대차투자증권㈜	245,501	–	13,906	(3,226)	(1,415)	254,766
유코카캐리어스㈜	174,100	–	7,470	–	(21,315)	160,255
현대오토에버㈜	107,382	–	15,576	(4,126)	330	119,162
해비치호텔앤드리조트㈜	108,082	–	(1,784)	–	233	106,531
기타	433,159	57,400	(34,718)	(10,360)	(16,051)	429,430
계	18,070,121	80,144	527,589	(822,965)	(602,551)	17,252,338

반면 현대자동차가 주주들에게 지급하는 배당금은 재무활동현금흐름에 속한다. 현대자동차는 2017년(제50기) 배당금 지급액 명목으로 현금 1조 1,386억 원을 유출했다. 2017년 배당금 유출액은 2016년 결산에 따른 금액이다. 2017년 3월 주주총회에서 2016년 실적을 바탕으로 배당금을 결정하고 두 달 이내에 배당금을 지급한다. 현대자동차는 2016년 5조 7,196억 원의 순이익을 냈고 이를 바탕으로 1조 1,386억 원을 배당한 것이다.

간단히 용어를 설명하자면 배당금 수취는 영업활동현금흐름에서 자금 유입 항목이며 이는 현대자동차가 지분을 보유한 계열사로부터 배당금을 받는 것을 말한다. 배당금 지급은 재무활동현금흐름에서 자금 유출 항목으로 현대자동차가 주주들에게 배당금을 지급한 금액이다.

▶ **현대자동차 연결현금흐름표**

제50기　　2017.01.01.부터 2017.12.31.까지
제49기　　2016.01.01.부터 2016.12.31.까지
제48기　　2015.01.01.부터 2015.12.31.까지

(단위: 백만 원)

	제50기	제49기	제48기
재무활동현금흐름	2,181,191	5,691,418	7,213,667
단기차입금 순증감	1,345,789	(1,369,186)	1,887,238
장기차입금 및 사채 차입	28,134,152	27,509,144	28,132,100
종속기업 증자	75,449	25,536	15,646
종속기업 취득		(96,595)	11,104
종속기업 처분		34,206	27,153
장기차입금 및 사채 상환	(26,264,109)	(19,015,198)	(21,142,350)
자기주식 취득		261,552)	(314,945)
배당금 지급	(1,138,661)	(1,084,546)	(1,352,510)
기타 재무활동으로 인한 현금유출입액	28,571	(50,391)	(49,769)
현금 및 현금성자산 환율변동 효과	(427,759)	181,994	(166,844)
현금 및 현금성자산 증가(감소)	931,440	558,626	234,950
기초 현금 및 현금성자산	7,890,089	7,331,463	7,096,513
기말 현금 및 현금성자산	8,821,529	7,890,089	7,331,463

현금흐름표
실전 분석

이제 애경유화 현금흐름표를 사례로 들어 현금흐름표를 분석해보자. 영업활동현금흐름부터 살펴보자.

▶ **애경유화 연결현금흐름표**

제6기 2017.01.01.부터 2017.12.31.까지
제5기 2016.01.01.부터 2016.12.31.까지
제4기 2015.01.01.부터 2015.12.31.까지

(단위: 원)

	제6기	제5기	제4기
영업활동현금흐름	31,247,612,494	67,348,488,438	72,863,003,789
영업활동으로 인한 자산·부채 변동	51,757,884,615	74,059,899,297	87,514,724,293
이자수취(영업)	1,270,213,070	582,453,812	189,886,453
이자지급(영업)	(1,679,883,973)	(1,342,264,069)	(1,681,165,884)
배당금수취(영업)	1,241,988,206	1,341,399,080	358,083,915
법인세납부(환급)	(21,342,589,424)	(7,292,999,682)	(13,518,524,988)

보다시피 최근 3년간 애경유화는 영업활동현금흐름이 줄어들고 있다. 어느 부분에서 줄어드는 것일까? 우선 법인세납부가 전년 대비 140억 원 정도 증가했다. 자산·부채 변동에서는 223억 원이 줄어들었다. 2017년에 법인세를 많이 낸 것은 2016년 실적이 좋았다는 의미이므로 크게 문제되지 않는다. 그러므로 자산·부채 변동을 확인해봐야 하는데 그 구체적인 내용은 주석사항에 자세히 나온다.

▶ **애경유화가 영업으로 창출한 현금**

(단위: 천 원)

구분	당기	전기
연결당기순이익	64,731,268	53,367,524
조정 항목:		
법인세비용	22,662,333	16,950,399
감가상각비	7,709,486	7,611,937
무형자산상각비	303,182	310,624
기타감가상각비	830	830
대손충당금환입	(122,410)	(301,236)
외화환산손익	(320,862)	1,589,608
이자비용	2,149,288	1,972,630
퇴직급여	1,367,908	1,423,220
유형자산처분손익	(15,398,505)	132,965
당기손익금융자산처분이익	–	(183,045)
주식보상비용	35,682	–
매출채권처분손실	11,460	–
재고자산폐기손실	65,978	229,579
이자수익	(1,409,108)	(658,259)
지분법손익	(433,015)	247,109
배당금수익	(96,000)	(96,000)
기타	–	38,897
영업활동으로 인한 자산 부채 변동:		
매출채권 및 장기매출채권 감소(증가)	4,245,683	(17,904,923)
기타수취채권 감소	(267,064)	231,012
기타유동자산 감소(증가)	(5,533,863)	1,573,621
기타비유동자산 감소	–	186,645
재고자산 증가	(21,279,500)	(4,287,656)

구분	당기	전기
매입채무 증가	(6,801,893)	14,583,757
기타지급채무 증가(감소)	199,694	1,356,498
예수금 증가	140,146	–
선수금 증가	3,696,326	–
선수수익 증가	(278)	–
기타유동부채 감소	(98,485)	(552,776)
퇴직금 지급	(559,049)	(917,394)
관계사 전입액	81,408	–
사외적립자산 증가	(3,200,000)	(2,989,379)
기타장기종업원급여 감소(증가)	(122,755)	143,712
영업으로 창출한 현금	51,757,885	74,059,899

당기순이익이 전년 대비 113.6억 원 증가했다. 법인세비용은 2017년 세전 이익에 따른 법인세를 예상하고 비용처리한 것으로 이때 현금 유출은 없다. 실제로 현금이 유출되는 시점은 2018년 3월 세무서에 세금을 납부할 때다. 손익계산서에서 비용처리했으므로 간접법 현금흐름표에서는 당기순이익에 더해줬다.

감가상각비는 큰 차이가 없지만 유형자산처분손익은 153.9억 원 유출되 었다. 이 부분은 손익계산서를 보면서 분석해볼 필요가 있다.

▶ 애경유화 손익계산서

제6기 2017.01.01.부터 2017.12.31.까지
제5기 2016.01.01.부터 2016.12.31.까지
제4기 2015.01.01.부터 2015.12.31.까지

(단위: 원)

	제6기	제5기	제4기
매출액	959,818,485,063	867,743,146,138	912,104,905,716
매출원가	828,737,253,576	740,446,234,651	833,491,654,573
매출총이익	131,081,231,487	127,296,911,487	78,613,251,143
판매비와관리비	55,950,272,412	52,286,639,302	46,316,784,028
영업이익(손실)	75,130,959,075	75,010,272,185	32,296,467,115

기타수익	22,636,326,151	9,191,450,882	10,195,884,859
기타비용	10,050,963,136	12,442,660,249	11,035,353,433
금융수익	6,667,613,626	6,467,473,421	9,431,742,415
금융비용	7,423,349,137	7,661,503,986	10,560,012,443
지분법 적용 대상인 관계기업과 조인트벤처의 당기순손익에 대한 지분	433,015,318	(247,109,053)	4,125,657,269
지분법이익	1,578,866,758	2,230,634,955	4,125,657,269
지분법손실	(1,145,851,440)	(2,477,744,008)	0
법인세비용차감전순이익(손실)	87,393,601,897	70,317,923,200	34,454,385,782

* 유형자산 처분이익과 처분손실은 기타수익과 기타비용에 속한다.

구체적인 사항은 주석란에 나온다.

▶ **애경유화 유형자산 처분이익**

(단위: 천 원)

구분	당기	전기
외환차익	5,820,596	7,812,304
외화환산이익	416,516	443,045
유형자산처분이익	15,563,815	–
잡이익	835,399	936,102
합계	22,636,326	9,191,451

(단위: 천 원)

구분	당기	전기
외환차손	6,789,684	8,502,314
외화환산손실	237,734	550,16
유형자산처분손실	165,310	132,965
기부금	2,223,707	3,020,898
기타 감가상각비	830	830

* 처분손익 = 처분이익 – 처분손실

　　손익계산서에 유형자산처분이익 155.6억 원이 계상되어 있다. 그런데 유형자산 처분은 투자활동에 속하므로 일단 영업활동현금흐름에서는 제외한다.

즉, 차감한다.

투자활동에 보면 유형자산 처분으로 현금이 유입된 것을 알 수 있다.

손익계산서 처분이익 153.9억 원과 투자활동에서 처분에 따른 현금 유입액은 다르다. 가령 유형자산을 100억 원에 사서 120억 원에 팔았다면 유형자산처분이익 20억 원이 손익계산서에 잡히고, 투자활동현금흐름엔 120억원이 현금유입으로 잡힌다. 처분한 금액 전체가 투자활동현금흐름으로 유입되기 때문이다.

이런 까닭에 손익계산서에서 유형자산처분이익으로 잡힌 금액을 영업활동현금흐름에서 차감한다.

매출채권은 42.4억 원 감소했는데 이는 매출채권을 많이 회수했다는 의미로 그만큼 현금이 유입되었다. 재고자산의 경우 212.7억 원 증가하면서 현금이 유출되었다. 매입채무는 68억 원 감소했기 때문에 현금이 유출되었다. 순운전자본은 '매출채권+재고자산-매입채무'인데 이 부분에서 현금 유출입을 보면 238.3억 원이 유출되었다. 전년도 순운전자본 유출액 76억 원 대비 크게 증가한 셈이다.

결론적으로 영업활동현금흐름이 2017년에 크게 줄어든 이유는 두 가지다. 첫째, 순운전자본이 크게 늘어났다. 운전자본은 매출 규모가 커지거나 원재료를 많이 사거나 외상으로 산 원재료 구매대금을 지급할 때 증가한다. 영업이 갑자기 확대될 때 이런 현상이 발생하므로 나쁘게만 볼 일은 아니다. 둘째, 전년도에 영업을 잘해 갑자기 이익이 증가하면서 법인세 납부액이 늘어났다. 이런 이유로 영업활동현금흐름이 줄었으므로 큰 문제가 아니다.

이제 투자활동현금흐름을 보자.

제조업은 설비투자를 하기 때문에 투자활동에서는 대체로 현금이 유출된다. 그런데 애경유화는 투자활동에서 오히려 현금이 유입되었다. 앞서 살펴

▶ **애경유화 투자활동현금흐름**

제6기　2017.01.01.부터 2017.12.31.까지
제5기　2016.01.01.부터 2016.12.31.까지
제4기　2015.01.01.부터 2015.12.31.까지

(단위: 원)

	제6기	제5기	제4기
투자활동현금흐름	3,315,031,503	(23,549,430,872)	(4,520,340,628)
투자활동으로 인한 현금유입액	20,111,416,225	5,942,209,321	5,267,256,899
기타수취채권 처분	182,705,000	6,127,500	0
당기손익인식금융자산 처분	0	5,175,000,000	0
장기금융상품 처분	0	3,000,000	0
매도가능금융자산 처분	50,890,000	8,159,000	502,865,000
기타장기수취채권 감소	426,670	294,604,960	511,147,500
유형자산 처분	19,770,413,755	139,204,994	25,000,000
무형자산 처분	27,687,000	0	198,680,000
투자부동산 처분	0	0	3,473,335,770
정부보조금 수취	79,293,800	316,112,867	556,228,629
투자활동으로 인한 현금유출액	(16,796,384,722)	(29,491,640,193)	(9,787,597,527)
기타장기수취채권 취득	(531,000,000)	(330,000,000)	(809,490,500)
당기손익인식금융자산 취득	0	0	(5,000,000,000)
단기금융상품 취득	(2,188,694,755)	(21,781,699,602)	0
장기금융상품 취득	0	(1,005,800,000)	0
매도가능금융자산 취득	0	(1,262,105,500)	(39,330,000)
유형자산 취득	(14,076,689,967)	(5,084,348,091)	(3,938,777,027)

본 대로 유형자산 처분에 따른 자금이 유입되었기 때문이다. 설비투자는 전년도보다 훨씬 많은 140.7억 원을 집행했다. 애경유화의 2017년 잉여현금흐름은 171.7억 원이다.

마지막으로 재무활동현금흐름을 보자.

2017년 재무활동은 배당금 96억 원을 지급한 것밖에 없다. 전년도에도 배당금 외에 유출입이 별로 없다. 2015년에는 단기차입금 591.8억 원을 실질적으로 상환했다. 2017년 한 해 동안 회사에 현금이 242.6억 원 증가했다. 영

▶ 애경유화 재무활동현금흐름

(단위: 원)

	제6기	제5기	제4기
재무활동현금흐름	(9,333,694,198)	(3,720,719,362)	(67,290,742,310)
재무활동으로 인한 현금유입액	98,248,971,825	104,008,398,361	21,468,500,000
단기차입금 증가	94,248,971,825	104,008,398,361	21,468,500,000
장기차입금 증가	4,000,000,000	0	0
재무활동으로 인한 현금유출액	(107,582,666,023)	(107,729,117,723)	(88,759,242,310)
단기차입금 상환	(91,790,398,763)	(101,089,129,223)	(80,656,753,810)
유동성장기차입금 상환	(680,400,000)	(555,400,000)	(2,017,900,000)
자기주식 취득	(5,500,140,260)	0	0
장기미지급금 및 기타채무 감소	(4,482,000)	0	0
배당금지급	(9,607,245,000)	(6,084,588,500)	(6,084,588,500)
환율변동 효과 반영 전 현금 및 현금성자산 순증가(감소)	25,228,949,799	40,078,338,204	1,051,920,851
현금 및 현금성자산에 대한 환율 변동효과	(961,394,720)	30,915,936	13,184,491
기초현금	70,137,120,078	30,027,865,938	28,962,760,596
기말현금	94,404,675,157	70,137,120,078	30,027,865,938

업활동현금흐름이 전년도에 비해 감소했지만 자금 상황에는 문제가 없음을 의미한다.

애경유화 현금흐름표 분석을 종합하면 매출 증가에 따른 순운전자본 증가, 설비투자 지출에도 불구하고 현금이 회사 내부로 많이 유입되었다. 이는 외형 확대로 이익이 증가하고 유형자산 처분으로 현금이 증가했기 때문이다.

대한민국 주식투자자를 위한
완벽한 재무제표 읽기